JN186198

日本が戦った男の死に方

FDR'S DEADLY SECRET

ルーズベルトの死の秘密

スティーヴン・ロマゾウ　エリック・フェットマン
渡辺惣樹＝訳

草思社

FDR'S DEADLY SECRET
by Steven Lomazow, MD, and Eric Fettmann
Copyright © 2009 by Steven Lomazow, MD, and Eric Fettmann
All rights reserved.
Japanese translation rights arranged with Steven Lomazow & Eric Fettmann
in care of Einstein Thompson Agency, LLC, New York
through Tuttle-Mori Agency, Inc., Tokyo

訳者まえがき

今年（二〇一五年）は先の大戦が終わってから七十年目の節目の年である。七十年という長い歳月が経過したにもかかわらず日本人はいまだにあの戦争をなぜ戦うことになったかを問い続けている。ただその問いの追究はほとんどが国内事情に向けられている。日本の指導者——それは政治家であり軍人であるが——が愚かだった、あるいは明治憲法に欠陥があったといった分析は枚挙にいとまがない。

それでも日本人の多くはそうした研究が導き出す答えに満足できない。日本人は自らが温和な民族であることを知っている。優しい民族が誤った指導者によって大陸への進出を決めてしまった、中国大陸への戦線を拡大させてしまった。あの時代は狂っていたとする分析に説得力を感じない。何か変だと思う。その理由は、どれほど日本の愚かさを赤裸々に分析しようがそれはあくまで日中戦争の原因を書いているにすぎないからである。

日中戦争の始まりをどこにするかの議論はあろう。満州事変（一九三一年）に起源を求める研究者もいるだろうし、上海事変（一九三二年）にその始まりをみる者もいるかもしれない。しかし日中両国がどれほどいがみ合っても、そして現実に干戈《かんか》を交えていてもそれはあくまで日中の局地戦である。その戦いにアメリカが参入しない限り太平洋戦争（大東亜戦争）にはならなかった。

アメリカは在米資産凍結（一九四一年七月二十五日）、石油全面禁輸（同年八月一日）そして中国からの全面撤退を要求したハル・ノート手交（同年十一月二十五日）と日本を執拗に追い詰める外交攻勢をかけた。これらの施策はもはや外交と呼べるものではなかった。このどれ一つとっても、現代の視点からみれば戦争行為そのものであった。あの戦争の始まりは日本の真珠湾攻撃ではない。真珠湾攻撃はアメリカの対日外交政策の結果であって、日米戦争の原因ではない。

フランクリン・ルーズベルト大統領はドイツにも冷たかった。彼の対ヨーロッパ外交は、ドイツとの妥協の道を探る動きをことごとく妨害するものだった。対独宥和を実現し、もっとも危険な国ソビエトの防波堤としてドイツを利用すべきだと主張する政治家はイギリスにもアメリカにも多かった。そうした声をルーズベルトは盟友ウィンストン・チャーチルとともに抹殺した。

ヒトラーはベルサイユ条約の不正義解消を目指して政権を運営し、その総仕上げが自由都市ダンツィヒの回復であった。ポーランド領土に囲い込まれたドイツ人の港ダンツィヒが回復できればドイツは東に向かうことを明らかにしていた。ヒトラーは『我が闘争』の中でもイギリスとは同族であり、けっして戦いたくないと書いていた。ヒトラーはドイツ国家生存のためには東に向かい、ウクライナの穀倉地帯やコーカサスの油田地帯を征圧しなくてはならなかった。ヒトラーは、アメリカはもちろん英仏とも戦いたくなかった。ヒトラーは英仏が、ポーランド支援の名目で対独宣戦布告したあとも繰り返し講和のきっかけを探っていた。

つまり歴史を真摯に見つめれば、「個人の自由を奪う全体主義国家」のレッテルを貼られた日独などの枢軸国の「悪行」をどれほど丹念に研究しても、二つの限定戦争が世界大戦となる原因はわからないのである。

ヨーロッパと極東における局地戦争を世界大戦に拡大させたのは、あくまでフランクリン・ルーズベルトだった。彼の外交は和平を模索する「フリ」はするが、けっして平和を求めてはいない。外交交渉で妥協点を見出したいヒトラー政権との交渉のテーブルにポーランドをつかせないように圧力をかけたのは、ルーズベルトの意を受けたウィリアム・ブリット駐仏大使であった。ルーズベルト政権が、ポーランドに交渉のテーブルにつくことを勧めた時期は、ドイツの軍事行動がもはや止められない時期であった。

対日交渉も同様である。ルーズベルトは首脳会談を望む近衛文麿首相の懇請を拒否し続けた。近衛はなんとか外交交渉での妥協の場を探っていた。ルーズベルトが本当に戦争回避を願っていれば、日本との首脳会談を真剣に考慮することもできた。しかしその気配を感じさせる行動は一切とっていない。そうでありながら、突然、真珠湾攻撃の直前に天皇宛てに和平を願うメッセージを発した。もはや引き返しのつかない時期に和平を探るかのようなアクションをとる工作が対日外交でも使われた。

あの大戦の原因を探るには、「フランクリン・ルーズベルトの外交とはいかなるものだったのか」と問うところから始めなければならない。その作業は簡単ではない。最高権力者の意思決定には複合的な要因が重なる。ピンポイントでその原因を語ることは誰にもできない。しかし、その作業の出発点だけはわかる。大統領はいかなる人物であったかを考えることである。

フランクリン・ルーズベルト大統領は行政府の長であると同時に軍の最高指揮官である。先の戦争で日本は二百万人以上が命を失った。そうでありながら、日本が戦った男がどのように政権を奪取し、維持し、死んでいったかを知る日本人はほとんどいない。その理由は、先に書いたように、あの戦争の原因を日本の国内事情だけで語ってきたからである。それは言ってみれば、「井戸の中から空を見て」天気予報をするようなものである。滑りやすい井戸の壁を登って地上に出てこそ天空全体が観察できるのである。

本書は日本が戦った男フランクリン・デラノ・ルーズベルトとはいかなる人物であったかを理解するための入門書である。日本人が「井戸の外」に出る第一歩となる書である。本書の執筆者は医学者スティーヴン・ロマゾウとジャーナリスト、エリック・フェットマンの二人である。メインテーマはフランクリン・ルーズベルトの真の死因を探ることにあるが、けっして医学的謎解きの書ではない。彼がいかにして政権を奪取したか、死に至る病を抱えたルーズベルトがどう政権を維持したか、そして政権要路、医師、メディアあるいは大統領を囲む女たちがそれにどう関わってきたかが語られる。さらには彼の死の場面や亡骸《なきがら》の防腐処理の模様までが赤裸々に描かれているのである。ここまで書ききった書はアメリカでもこれまでになかった。

もちろん、本書を読むだけでいっきに井戸の外に出られはしない。それでも、少なくとも井戸の外に出ることの大切さを伝えてくれる。これ以上ここで語るのは読者に対して失礼になる。翻訳者として、歴史研究者としての感想は巻末に記すことにする。

なお文中の小見出しは原書にはない。読みやすさを考慮し、訳者がつけたものである。

ルーズベルトの死の秘密○目次○

写真提供
31 頁、113 頁：アマナイメージズ
209 頁：ゲッティイメージ

はじめに

ハリー・ゴールドスミス医師が衝撃的な論文を発表したのは一九七九年のことである。医学専門誌『外科および産婦人科学（*Surgery, Gynecology & Obstetrics*）』に発表されたその論文には「フランクリン・ルーズベルトの死因の秘密」[*1]と標題が付けられていた。ルーズベルト（ＦＤＲ）の死因についての定説に疑義を呈した最初の学術論文であった。ゴールドスミス医師は、権威ある外科医だった。彼は、ＦＤＲ（ルーズベルトの略記）の左眉の上の色素沈着したシミは悪性の癌（皮膚癌）であったと推論した。そこにシミがあることは誰の目にも明らかであったが、ＦＤＲが生きている間はこのことに触れる者はいなかった。

ゴールドスミス医師の推論が正しければ、ルーズベルトの死（訳注：一九四五年四月十二日）の真因について再検討しなくてはならないだろう。また同時に彼の晩年の数年間の政治についても再評価が必要になってくる。病《やまい》は年を追うごとに彼の健康を蝕《むしば》み、その仕事ぶりに何らかの影響を与えたはずである。歴史家の間では長年にわたって、ＦＤＲの第二次世界大戦期における健康状態について議論されてきた。彼は、大統領として、また同時に軍の最高指揮官として職務を果たせる健康状態にあったのか。それは長らく疑問視されていた。ゴールドスミス医師の論文はこの問いに答えるヒントを提供していた[*2]。

第二次大戦期にＦＤＲを実際に診察した医師のうち、論文発表当時存命だったのはハワード・ブルーエン医師一人だった[*3]。彼はゴールドスミス医師の論文に色をなして反論した。ブルーエンの激しい反発のせいか、この問題についての研究はその後しばらく封じられてしまった。

このことがあらためて注目を浴びたのは一九九一年のことであった。この年、ルーズベルトの遠縁の従姉妹《いとこ》で、彼と親交の深かったマーガレット・サックリー[*4]が亡くなった。彼女はＦＤＲとの親交を記した日記を残していた。またＦＤＲから彼女に宛てた手紙も保存されていた。ルーズベルトの伝記を著していた作家は複数いるが、彼らにも知られていなかった資料が見つかったのである。ルーズベルトとの親交は知られてはいたが、伝記作家たちにとってデイジー（訳注：マーガレットの愛称）はあくまで脚注で語られる程度の人物であった。

ところがＦＤＲは彼女に多くの秘密を打ち明けていた。ＦＤＲが秘密を漏らすほど信用していたのは愛人のルーシー・マーサー・ラザフォード[*5]とデイジーだけであった。デイジーの日記が公表されたのは一九九五年のことである。ゴールドスミス医師の論文とデイジーの日記の内容は、それまでＦＤＲの病について書かれた内容と矛盾していた。伝記作家はＦＤＲの担当医師の説明をそのまま受け入れていたのである。

筆者が、本書で試みようとするのは、新たに見つかった資料をもとにしてルーズベルトの医学的伝記（medical biography）を著すことである。結論を言ってしまえば、ＦＤＲの死因は皮膚癌によるものと思われる。残された診察記録や明らかにされてきた状況証拠からそう結論づけることが妥当である。左眉の上の皮膚癌が脳および腹部に転移したことによって死亡したのであろう。ＦＤＲはドイツ降伏の日（訳注：V-E Day　一九四五年五月八日）のおよそ一カ月前に突然亡くなった。公式な死因は脳溢血となっている。しかし我々は彼の本当の死因は皮膚癌の転移による心臓の機能停止にあると考えている。

本書は政治的な意図を持っていない。しかし、癌がＦＤＲの本当の死因であると主張することは、亡くなる前の段階でＦＤＲは本当に大統領として機能していたか（適切な判断が下せていたか）に疑義を生じさせる。したがって、本書が政治的な意味合いを持たざるを得ないだろうことを覚悟している。

ＦＤＲはヤルタ会談（一九四五年二月四日～十一日）ではすでに病人であり（sick man of Yalta）、ソビエトの独裁者スターリンとまともな交渉などできる状態ではなかったと主張する者にとっては、その主張を補強する書になろう。逆に、世界の惨禍を救うために死の病に冒されながらもスターリンとの交渉にあたった英雄であると主張することもできよう。

そうした政治的な議論は不可避だろうが、ヨーロッパ、アフリカあるいはアジアの各地でわが兵士が命がけの戦いを繰り広げている時期に、ホワイトハウスでは医師たちが戦っていたという事実がある。彼らの敵はＦＤＲの身体を蝕んでいた小児麻痺（ポリオ）の後遺症であり、癌であり、弱った心臓であった。多くの史家は、ＦＤＲは病人として受身でいたように書いているが、そうではなかった。彼自身がこの戦いの中心人物であった。彼は枢軸国との戦いと同様、病との戦いにおいても一貫して最高責任者であった。

ＦＤＲは自らの目標を達成するまでは死ねないと決めていた。そのために自らの体調は大統領職遂行に十分なほど良好であると国民に思わせなければならなかった。彼は医師たちの助けを借りてそれを実行した。その戦いは時間との戦いでもあった。そしてＦＤＲは戦いに勝利した。世界の歴史を変えてしまうほどの戦いに彼は勝ったのである。

注

＊1 Unanswered Mysteries in the Death of Franklin D. Roosevelt.

＊2 ゴールドスミス医師は二〇〇七年に『ある沈黙の陰謀』を発表している。Harry S. Goldsmith, *A Conspiracy of Science: The Health and Death of Franklin D. Roosevelt*, iUniverse Inc., 2007.

＊3 Howard G. Bruenn（一九〇五—九五）海軍軍医。心臓病専門医。ベセスダ（Bethesda）海軍病院勤務。

＊4 Margaret Suckley（一八九一—一九九一）ルーズベルトの遠縁（sixth cousin）。愛人関係にあった可能性がある。

＊5 Lucy Mercer Rutherfurd（一八九一—一九四八）ルーズベルトの愛人。

1章　名演説家の躓き

異様な〝だらだらスピーチ〟

ルーズベルトは十二年にわたって大統領職にあった。これほど長期間この職にあった者は彼以前も以後も一人もいない。彼は演説の名手であった。議会でも、政治集会でも、あのラジオを通じた国民への語りかけ（いわゆる「炉辺《ろへん》談話」）でも聴衆を魅了した。彼の演説は自信に溢れ、簡潔でありながら、聞く者の心に訴えるものがあった。十二年にわたって、よどみなくこなしたその演説に変調を来たしたのは、一九四五年三月一日のことであった。

ＦＤＲはこの日、議会で、ヤルタ会談の報告をすることになっていた。ワシントン議会やラジオに聞き入る国民に会談の成果を語るのである。チャーチルとスターリンとの三巨頭によって話し合われた戦後世界の枠組みがスピーチの内容であった。しかしこの日の演説は何か違っていた。いや何かが変であった。

まず彼は車椅子に座ったままであった。これまでに重要な演説をする場合には必ず立って聴衆に訴えていた。FDRは車椅子で議場に入るのがつねであったが、介助を受けながらも、鉄製の副木で支えられた不自由な足を引きずって自ら演壇に向かったのである。彼は二十年以上前に小児麻痺を患い不自由になった足のことを、演説のなかで触れたことは一度もなかった。ところがこの日は違った。

「今日はいつもと違い、座ったままでのスピーチになることをご容赦願いたい。十ポンドの鉄の塊（副木）をつけて立ったままでしゃべるよりも、座って話したほうが楽なことはご理解いただけると思う」

これがルーズベルトの口から出た最初の言葉であった。FDRは、言ってみればおよそ四半世紀にわたって、身体が不自由であっても、自らの意志で介助もなく副木も使わずに立ち、また歩くことができると選挙民に思い込ませる戦いを続けてきた。これまで身体の不自由さをあからさまに見せてしまう場面はなかっただけに、議員たちは一様に驚いた。大統領が演説のために議場に現れるのは二十六カ月ぶりのことだった。身体は疲れきっているようであった。肉体的にも精神的にも精気がなかった。

演説の前日に陸軍のエドウィン・ワトソン将軍[*1]の葬儀があった。FDRの信頼の厚かった将軍はヤルタからの帰路、大西洋上の戦艦クインシーの艦上で亡くなった（二月二十日）。脳卒中による突然の死であった。ワトソン将軍の死に、大統領は悲しみに打ちひしがれた。帰国するまでの間（訳注：バージニア州ニューポート帰港は二月二十七日）沈み込んだままであった。将軍の葬儀は激しく降りしきる霙《みぞれ》まじりの雨のなかで執り行なわれた。その葬儀にFDRは出席していた。

ＦＤＲは下肢に障害があったが、エネルギーの塊のような男であった。そういうタイプであることを自慢にしていた。その彼が少なくとも四十ポンド（十八キログラム）も体重を減らし、目の下にはくっきりと黒い隈を浮かせていた。ＦＤＲに近い人々はそのことを心配していた。主席秘書官のウィリアム・ハセット[*2]は、大統領は呆けてしまった（slipping away）のではないかと心配していた。議会に現れたルーズベルトの異常さは誰の目にも明らかだった。

スピーチ原稿は大きな活字でタイプされていたが、彼はその文章が判読できなかった。ＦＤＲはおそらく六週間以上前から視力の低下に気づいていたはずだった。日に日に視力が落ちていた。とくに左側の視野に問題があった。彼は読むべき個所を見失わないようにしなくてはならなかった。両手（の指）を使い、読むべき位置を、指を滑らせながら確認していた。これまでにはなかった仕草であった。そのことを周囲の者が気づいたのは、数週間前のことである。ニュースカメラの前で、一九四五年の年頭教書原稿の一部を読み上げたときにそうした仕草を見せていた。この年、ＦＤＲは年頭教書を議会では読み上げていない。伝統となっている大統領の年頭教書の議会演説を行なわなかったのである。

しかしこの日のスピーチは、大統領自らが議会に向けて行なわざるを得ないものだった。文書だけの報告ではすまなかった。ヤルタ会談から帰った大統領の報告を、議会も国民も待ち望んでいた。この日のスピーチはルーズベルトの政治経歴のなかでも最も重大なものであったかもしれない。彼は自分の体力が限界に来ていることに気づいていただろう。その状況のなかで、彼の理想とする戦後世界を語らなければならなかった。ヤルタで何を決めてきたかの報告よりも、むしろ大戦後の平和維持の仕組みを議会とアメリカ国民に理解させなければならなかった。先述のマーガレット・サックリー（デイジー）は、「平和維持の国際組織をつくる。ルーズベルトの頭にあったのはただその思いだけであった」[*3]と日記に記している。実際ルーズベルトは、マーガレットに、国際組織ができたなら、大統領職を辞してその組織の長になりたいと打ち明けていた。

ルーズベルトはウッドロー・ウィルソン元大統領を敬愛していた。ウィルソンは国際連盟を設立することができたがアメリカの加盟はならなかった。政党間の激しい論争の結果、議会はアメリカの加盟を認めなかった。ウィルソンはこの政治闘争に敗れたのである。そしてその敗北は彼の健康までも蝕んだ。ウィルソンの生涯を描いた映画『ウィルソン』[*4]が公開されたのは一九四四年のことである。ウィルソンを演じた役者アレクサンダー・ノックスが低い声でつぶやく敗北の声を、ルーズベルトは聞いていた。「私は絶対に彼の二の舞にはならない」[*5]。それがルーズベルトの強い意志だった。

しかしルーズベルトの思いとは裏腹に、議会での彼のスピーチぶりは危ういものだった。戦いはもうすぐ終わる。戦後世界に平和秩序を維持する仕組みを構築するためには、まず議会と世論の理解が必要だった。そのためには力強いスピーチが必要だった。しかしその日のスピーチは散々なものだった。彼は演説の天才であった。二十世紀の政治家のなかでも指折りの名演説家であった。十二年前の大統領就任演説では大恐慌に沈みきった国民に、「我々が恐れるべきはただ一つ、その恐れ自身である」[*6]と訴え、国民に希望を与えた。

しかしこの日の演説は十二年前とはまったく違っていた。何度も言葉に詰まり、読み上げる内容も誤っていた。単純な間違いもあれば、重大なミスもあった。ルーズベルトは演説原稿の読むべき位置をしばしば見失っていた。その場所を見つけようとアドリブで時間を稼ぐのに懸命であった。『タイム』誌はルーズベルトが読むべき場所を四十九回も見失ってしまい、原稿にはない七百語ものよけいな言葉を使って誤魔化していたと報じた（一九四五年三月十二日号）。

ルーズベルトの失態に落胆したのは演説草稿を作成したスピーチライター、サミュエル・ローゼンマン[*7]であった。彼はこれまで七度にわたって教書演説の原稿執筆を担当していた。

「大統領の即席のアドリブはスピーチそのものとは何の関連もなく、『馬鹿げていた』[*8]」

大統領秘書の一人だったグレイス・タリー[*9]も次のように嘆いている。

「サミュエルと私には耐えがたい演説だった。大統領はこれまでの彼とはまったく違っていた」

ロス・マッキンタイア提督[*10]（海軍医官）も、「大統領が何度も手を目の前にやり、何か視野を遮っているものを払う仕草をしていた」と書き残している。マッキンタイア提督はルーズベルトが死ぬまで「大統領に健康問題はない」と説明していた主治医であった。心臓専門医として日々の体調を見ていたハワード・ブルーエンも、「彼のスピーチは、たどたどしく、ときおり何をしゃべっていたのか忘れるほどだった」と述べている。ブルーエンがそれを公に認めたのは大統領の死後二十五年後のことであった。ブルーエンはFDRが次のように言い訳していたと書き残している。

「記憶を頼りにしゃべったところがあったし、なかには『オフレコ』の話もあったから、それに気をつけているうちに原稿のどこをしゃべっていたかわからなくなった、と笑いながら言い訳していた」

ルーズベルトのこの三月一日の演説を、わずか数フィート離れたところで聞いていた議員がいる。バーク・ヒッケンルーパー上院議員である。[*11] 彼は大統領の手がふつうでないことに気づいた。近くの同僚議員に、「あの手を見てみろ」と呟いた。大統領の右手が変であった。大統領は右手では演説原稿をめくることができず、左手ばかりを使っていた。わずか一カ月前のカメラの前でのスピーチでは、彼は右手を忙《せわ》しなく使って原稿をめくっていたのである。

新聞もFDRの演説の異常さ（出来の悪いスピーチ）を見逃さなかった。親ルーズベルトのメディアも、そうでないものもこの件を報道した。『ニューヨーク・タイムズ』紙の一面見出しは次のようなものだった。[*12]

「大統領は演説原稿のあちこちに書き込みをしていた。（そのせいかどうか）彼のスピーチはでこぼこ道をバギー（無蓋の四輪駆動車）で走るような（惨めな）ものだった」

この日の記事はさらに続けて、公式記録（Congressional Report）の速記は、実際にしゃべった言葉ではなく、用意された原稿に拠るようホワイトハウスからの指示があったとも伝えていた。報道官のジョナサン・ダニエルズは、[*13] 大統領のスピーチをそのまま記録しても文意が通らなかったことを認めた。[*14]『ニューヨーク・タイムズ』ワシントン支局のアレン・ドゥルーリー記者は、「FDRの演説は冗長で、話があちこちに飛び、散漫なものであった」[*15] と日記に書いている。

ドゥルーリーはルーズベルトの演説後に副大統領がとった態度も記している。副大統領はFDRが登用したハリー・トルーマンであったが、「（トルーマンは）『最高の演説だった』と絶賛したあとに笑い出した」のであった。[*16]『シカゴ・トリビューン』紙は反FDRの立場をとるメディアであっ

ルーズベルトは初めて椅子に座ったまま議会で演説した（1945 年 3 月 1 日）。ヤルタ会談の成果を報告したが、そのスピーチは間違いや無意味なアドリブが多く、聞く者を驚かせた。（Bettmann／CORBIS）

ただけに、「ＦＤＲのだらだらスピーチ」[*17]と直截な表現を使って辛辣に批判した。この記事のなかで、大のルーズベルト嫌いのウォルター・トローハン[*18]記者は、「ＦＤＲは何度もつっかえ、目の前のタイプされた演説原稿のどこをしゃべっているか、わからなくなっていた」と書いた。

ＦＤＲの間違いには単語の読み間違いもあった。決断（decision）を結論（conclusion）に、同意（agreement）を手配（arrangement）に読み違えた。あるいは同じ言葉を二度繰り返して文意を不明にしていた。「文官代表による協議」と原稿にはあったのだが、ＦＤＲは「文官代表の代表による協議」と読んでしまった。「代表（representative）」という単語を二度読みしたのである。またＦＤＲは原稿にないアドリブのコメントを入れたが、演説内容と乖離《かいり》した的外れなものだった。実際の演説がどのようなものであったかは以下のウェブサイトを通じて確認できる。〈www.fdrsdeadlysecret.com〉（訳注：ここには

音声とそれを文章に起こしたものがアップされている）

残された映像と音声を確認していると、はからずも政治家のプライベートな空間、つまり誰にも見せたくない弱さを露呈した空間に侵入してしまったような感覚になる。画面のなかの人物は、かつては最高の演説家であった。知的で優れたレトリックを駆使したスピーチを何百回とこなし、聴衆を魅了した政治家である。それが目の前の演説原稿を読むのに四苦八苦しているのだ。ルーズベルトの頭が混乱していたというわけではなかった。むしろ逆だった。彼は頭をフル回転させて、現実に起こっている醜態を隠そうとしていたのである。

左眉上のシミの正体

いったい彼の身体のなかで何が起こっていたのだろうか。用意されていた原稿の文章と、ルーズベルトが実際に読み上げた言葉を比較すると、その答えのヒントが見つかる。なぜなら彼のおかした間違いはランダムではなく、そこには一定のパターンがあったからである。彼は手元の原稿の左端に書かれた単語を見つけるのに苦労していた。そのため、スピーチをしながら何とかしてその単語を頭のなかで補って文章にしようとしていた。

なぜ原稿の左端の部分が見えなかったのか。その原因は彼の目そのものにあるのではなかった。脳に機能障害が起きていたのである。専門用語で言えば、片側視野欠損（left hemianopia）と呼ばれるものである。右脳の後ろの部分に何らかの問題が発生し、左側の視野に障害を起こしていたと考えられる。ルーズベルトの左眉の上には色素沈着したシミがあった。このシミは過去およそ二十年間にわたって少しずつ大きくなり、黒ずんできたものだった。このシミは、日焼けの痕《あと》のような良性のものではなかった。死に至る病メラノーマ、つまり皮膚癌であった。それが悪性化してから四、五年を経て脳に転移した。脳内にできた腫瘍は彼の生命をこの演説のわずか六週間後に奪ったのである。現代医学の見地からしても、皮膚癌からの転移によって生じた脳内腫瘍の特徴は、ルーズベルトの症状と同じく、まず視覚に変調が起き、その後急激に体力が弱り、死に至るというものだ。

片側視野欠損は多くの場合、脳卒中などの発作の結果として現れるが、脳神経系に障害が起きた場合でも起こる。脳内で視覚を司る部分の近くに腫瘍ができると、このような症状が出ることがある。

ルーズベルトは一九四五年四月十二日にウォームスプリングス（ジョージア州）の療養先で亡くなった。突然の脳内出血を起こしてから二時間半後のことであった。このとき二人の医師が居合わせたが、その一人が先述のブルーエン医師であった。神経学者であれば、彼の残した記述から、右脳後部の障害がＦＤＲの左側の視覚機能を奪った原因であることがわかる。皮膚癌は脳に転移しやすいことが知られている。その結果、引き起こされる脳溢血による死亡は皮膚癌患者の死因で二番目に挙げられている。

ルーズベルトに片側視野欠損が起きていることを示す事件があったのは、一九四五年一月十四日のことである。この日、ＦＤＲはハイドパークの自邸にいた。近くに住むデイジーを昼食に誘う電話をかけた。デイジーは「(その時刻は)二時五分前で、彼は正午近くだと勘違いしていた」[19]と記録している。片側視野欠損が起きている患者は時計の針を正確に読めないことが多い。現在では患者に、時計の文字盤の絵を描かせてみることで欠損の有無を確認するのがふつうである。

FDRの主治医がこの症状を知っていたかは確認できない。仮に知っていたとしても医師にできることは何もなかっただろう。当時の医学論文でも、皮膚癌は死に至る病であること、そしてほとんどの場合、脳あるいは内臓に転移することが明らかになっている。FDRのケースがその典型と言える。主治医らが脳神経の障害(片側視野欠損)の存在に気づいていたかは定かではない。しかし少なくともFDRの左眉上のシミが悪性で、すでに転移していることだけはわかっていただろう。いずれにせよ三月一日の混乱したスピーチで、FDR本人も医師も、目の前の原稿が読めなくなっていることだけははっきりわかった。演説を聴いたスピーチライターのローゼンマンも「たった四カ月前の大統領選挙戦でみせた、闘志満々の、彼本来の雄弁さはもはやどこにもなかった」と記録している。[20]

ローゼンマンが嘆くのも無理はなかった。FDRの病の進行はかなり早かったのである。前年十月の大統領選の演説は素晴らしかった。たとえばフィラデルフィアのシャイブ・パークでの演説会でFDRは、演説原稿をまるでトランプをシャッフルするような手つきで扱っていた。なぜそんなふうにページをめくるのかと聞かれたFDRは、演説のなかで聴衆に受けたフレーズがあったので、それをもう一度使おうと思い、[21]探していたと答えていた。この逸話を、郵政長官フランク・ウォーカーはロバート・シャーウッド[22]に伝え、よどみない大統領のスピーチに感服していたのだった。

しかしもはや演説の名手の姿はどこにもなかった。議会での演説を終えたルーズベルトは車椅子で議場の外に押されていった。六十三歳になった彼の弱々しい身体が場外に消えていくのを見た多くの議員たちは、もしかしたら大統領の姿を見るのはこれが最後ではないかと感じた。そして彼らの危惧は現実のものになった。

心臓病専門医の〝暴露〟論文

今となっては、第三十二代大統領フランクリン・ルーズベルトの死因が何であったかを正確に知ることはできない。解剖がなされていないためである。なぜそれが行なわれなかったのかについても意見が分かれている。当時の医師の所見の断片が一九五七年になって明らかになっているが、主治医のロス・マッキンタイアが保管していたはずのカルテは未だにその行方がわかっていない。

彼の死後四半世紀の間、FDRの死因の説明は、四月十二日にウォームスプリングスの現場にいた医師によるものだけであった。健康であったルーズベルトは突然に、まったく予期せぬ脳溢血を起こした。動脈硬化が進んでいたためである――このように説明された。[*23] 大統領のげっそりと痩せこけた姿も、議会での情けないほど間違いばかりのスピーチも、決して病気が原因ではなく、極度の疲労つまり戦時における最高指揮官であることの緊張と過労によるものである。これが一貫した公式説明であった。ワシントンの大統領を知る者の間で健康問題が囁かれていたことには、なんの考慮もされていない説明であった。

FDRは健康に問題があったのではないかという噂は無視されてきたが、それが単なる噂と片付けられないことがわかったのは一九七〇年のことであった。心臓病専門医ハワード・ブルーエンが医学専門誌に、ルーズベルトが長期にわたって深刻な心臓疾患に苦しんでいたことを明らかにした。ブルーエン医師の存在は世間には知られていなかった。しかし彼は一九四四年四月以来、毎日FDRの体調を診ていた。ブルーエン医師はFDRの病状は重篤で、とくに最後の一年は極度の高血圧で、厳しい体調管理を強いられ、職務を犠牲にせざるを得なかったことを明らかにした。彼の論文は真実の暴露としておおいに歓迎され、その内容に疑問の余地はないとされた。

ブルーエンによれば、FDRが激しい心臓発作を起こしたのは一九四四年三月のことであった。ワシントン大学の心臓病専門医ウェイン・レヴィ（Wayne C. Levy）はこうした症状を起こした患者の生存率モデルを作っている（二〇〇六年）。レヴィは記録されていたFDRのデータを使い、発作が起きた時点での大統領の生存率を割り出した。それによれば、一年以内の死亡確率は二三パーセント、五年以内の死亡確率は七八パーセントであり、現代で言えば九十歳の男性の余命率に匹敵するものである、と彼は結論づけている。[*24]

ブルーエンの論文はすべてを明かしたものではなかった。これまでにわかっている証拠や証言との不一致があり、明らかに隠されていることもあった。たとえば彼は、大統領が自身の健康についてまったく気にしていなかったとしているのだが、前述のデイジーの日記の記述ではそんなことはなかったことがわかる。デイジーは一九九一年に亡くなった。彼女の死後に発見された日記には、FDRが自らの病状をよく理解していたことが記されている。

本書では、ルーズベルトは病状を理解し、医師の指導に従っていただけではなく、より強い意志でむしろ医師の行動をコントロールしていたことを明らかにしたい。主治医マッキンタイアのとった行動は、すべてルーズベルトの指示によるものだったのである。四選を目指した時期にあって、彼は自身の病状を理解していてもなお、最も難しい時期にあるわが国の最高指揮官を務めることができると考えたのである。あの戦いを勝ち抜き、戦争を終わらせ、その上、戦後世界のありようまで決める交渉役が十分に務まると考えたのであった。

医師らを巻き込んでの大博打

本書ではもう一つ明らかにしたいことがある。ＦＤＲの死の直前の一年における彼の健康状態である。果たしてＦＤＲには大統領の責務を全うするのに必要な体力があったのかどうかについても分析したいと思っている。癌が脳に転移しているとすれば、これまで主治医らが説明してきた心臓疾患の症状とは異なる症状が見られたはずである。彼らの主張は大統領の「病」は過労であるとした。筆者はそうではないと考えている。ＦＤＲは悪性の皮膚癌に冒され、それが脳および腹部に転移していたのではないかと推論している。その結果、脳溢血を起こし、突然死したのではないか。ＦＤＲは前立腺癌にも冒されていた可能性がある。その治療が健康に何らかの悪影響を与えたこともあったのではなかろうか。ＦＤＲは癌に冒されていた。これこそが長い間隠されてきたＦＤＲの本当の死因ではないか。これが本書のテーマである。

ＦＤＲには生前から前立腺癌の疑いがかけられていて、この疑いは広まっていた。また一九四八年には眉の上のシミが悪性の皮膚癌ではなかったかという疑念も浮かんでいた。この問題を最初に扱ったのが、すでに述べたようにハリー・ゴールドスミス医師の「フランクリン・ルーズベルトの死因の秘密」という論文であった。彼以前の研究者はＦＤＲの左眉の上にシミがあることを記してはいたが、ただそれだけであった。ゴールドスミス医師の研究は、ＦＤＲの死因が皮膚癌の転移によるものではないかとの意見を、医学的証拠に基づいて提示した嚆矢となった。

ＦＤＲの死後に解剖が行なわれていないことや、カルテが見つかっていない以上、これから筆者が述べる見立ては十分な検証ができないものであることは認めざるを得ない。マッキンタイア医師もブルーエン医師も、ＦＤＲが癌であったことを否定していることを考えればなおさらである。そのうえＦＤＲは重篤な心臓疾患（cardiovascular）を抱えていた。いつそれが彼の生命を奪ってもおかしくなかった。彼の大統領第四期目の任期中に発作が起きても何の不思議もなかった。また、死の一年ほど前から脳疾患の症状である「意識が飛んでしまう」場面がよく見られたとも記録されている。これは（転移による脳の腫瘍からくる）高血圧が引き起こしたものだと考えられるが、このことについてほとんどの歴史家が言及していない。

ＦＤＲの周囲にいた人物が残した観察の記録も看過できない状況証拠であり、ＦＤＲの死因が癌ではないかと疑わせている。またＦＤＲの周囲にいた医師で、これまで知られていなかった人物が、大統領は癌の転移によって亡くなったのではないかと述べていたことが知られてきている。ウィリアム・カルホーン・スターリング医師[*25]や、ＦＤＲとの関係を知られることがなかったフランク・レイヒー医師[*26]などの証言が引用され、癌の転移の可能性が語られるようになってきた。

こうした指摘が真実であれば歴史的には大きな意味を持つ。ＦＤＲの死についての従来の解釈は、

ＦＤＲが病を得たのは一九四四年初めのことで、このことを自覚したうえで第四選を目指した。彼の病が急激に悪化したのは死の数週間前のことであり、それでもＦＤＲは強靱な精神力で大統領の責務を果たした、というものである。しかし悪性の皮膚癌に冒されていたことが大統領第二期目のころにわかっていたとすれば、ＦＤＲ自身が自らの生命はこの先五年持たないことを知っていたことになる。

もしそうであれば、ＦＤＲと彼を取り巻く医師たちは、皮膚癌については秘密にしようと決めたのだろう。彼らは小児麻痺による身体障害が軽度であると国民に信じさせることに成功していた。癌についても隠すことができると考えたのかもしれない。ドイツと日本との戦いには、ＦＤＲのようなタフな精神力を持つ人間が必要だ。そう考えたのかもしれない。

筆者は本書で、もう一つの指摘をしたいと思っている。それは主治医のマッキンタイアの態度である。彼には医師としての能力が欠けており、大統領の健康管理に失敗したのではないか。彼はＦＤＲの任期中あるいは死後に、明らかに虚偽の発表をしているが、それは自身の無能さを隠そうとしたためではなかったか。マッキンタイアが合衆国大統領に対し、できる限りの治療を行なっていたことは間違いない。海軍の持つあらゆる医療技術を駆使した。それだけでなく、躊躇《ためら》うことなく、当時の最高レベルの医師のアドバイスを受けてもいる。

ブルーエン医師はそうした環境のなかで治療に携わることになった。これまで彼は、アドバイスを求められたら意見を言うだけの受身の立場で医療スタッフに加わっていたと見られていた。しかし実際はそうではなかった。積極的に治療にかかわっていた。そのこともあって、彼はＦＤＲの本当の死因について隠さなければならなくなった。彼は一九九五年に亡くなっているが死ぬまでそれを守り通した。

マッキンタイアとブルーエンの二人は、合衆国最高指揮官であり、二十世紀最大の権力を持ったカリスマ指導者であるルーズベルトの利益を守るために行動した。患者でもあるルーズベルトの名誉を守るためにベストを尽くしたことに疑いの余地はない。しかしその行為がアメリカ国民の利益となったのかと問われれば、それは疑問である。

皮膚癌であるとわかっていたルーズベルトが、病気を理由に三選を目指さなかったとしたら歴史は変わったのだろうか。三選阻止に立った共和党の政治家はウェンデル・ルイス・ウィルキー（大統領候補）とチャールズ・マクナリー（副大統領候補）のコンビであった。歴史の皮肉かもしれないが、二人ともこの選挙の後、ルーズベルトの三期目が終わる前に亡くなっている（訳注：ウィルキーは一九四四年十月八日、マクナリーは四四年二月二十五日）。仮にこの二人が選挙に勝ち、そして任期中に亡くなっていれば、ウィルキーが選ぶ国務長官が先の大戦の最中に大統領になっていた可能性があった。すなわち、それが誰であれ国民の選んでいない政治家が大統領になることを意味した。

一九四〇年の選挙でFDRが三選に臨まなかったらどうなっていただろうか。この場合に考えられる民主党の有力候補は、副大統領のジョン・ナンス・ガーナー[*27]と郵政長官のジェイムズ・ファーリー[*28]であった。ガーナーは当時すでに七十二歳の高齢であったが、ニューディール政策をめぐる対立でFDRと袂《たもと》を分かっていた。後者は少数派のカソリック教徒で選挙基盤が弱かった。両者とも

1945年3月1日のヤルタ会談の議会報告。これがFDRの議会での最後のスピーチとなった。この席で初めて10ポンド（4・5キログラム）の鉄製の歩行補助具を装着していることを明らかにしたうえで、座ったままでのスピーチを詫びた。

外交の経験はなかった。一九四四年の選挙における共和党候補トーマス・E・デューイ[*29]にも外交経験はなかった。もし彼がこの年の選挙で勝っていれば、海千山千のスターリンとチャーチルとの外交交渉は（外交能力未知数の）デューイの双肩にかかることになった。

一九四〇年の三選を目指す時期に、健康に問題があったことを知っていたにもかかわらず、FDRは不測の事態に備えての慎重な副大統領選びをしていない。健康に問題がなく、かつ能力のある人物を副大統領に選ぶべきであるにもかかわらず、その人事は国内政治のパワーバランスだけが考慮されている。幸いに、と言うべきかもしれないが、FDRが第四期政権の副大統領に選んだのはハリー・トルーマンであった。第三期政権の副大統領ヘンリー・ウォレス[*30]を留任させることもあり得た。ウォレスが選ばれなかったのは幸いだった。彼は共産主義やスターリンに対してあまりにも宥和的でナイーブな態度を見せた政治家であった。仮に彼がFDRの死後、大統領として外交を指揮したら、戦後世界のありようがどれほど危うくなったか、計り知れないものがある。

FDRは健康不安を抱えながら、主治医らを巻き込んで、いちかばちかの大博打を打った。それは自らが最高の指導者であるという思い込みがなせるわざだった。彼が三選そして四選を果たしたことは、（他の大統領候補の資質に鑑みれば）それなりの正しさがあったのかもしれない。しかし、病には勝てなかった。重篤な病を隠したままで大統領の職を目指した彼の決断は、大統領職のあるべき姿について、私たちが真摯に考えなければならないことを示したのである。

注

＊1 Edwin Watson（一八八三―一九四五）陸軍少将。ＦＤＲの軍事顧問。ＦＤＲと親しく、彼が立ったり座ったり、歩く際には介助役を務めた。

＊2 William Hassett（一八八〇―一九六五）一九三五年からホワイトハウスでＦＤＲの秘書として働く。時に広報官の役割も兼ねた。一九四四年二月十九日から主席秘書官。

＊3 Geoffrey C. Ward, ed., *Closest Companion*, Houghton Mifflin, 1995. 一九四五年三月三十一日付「日記」。原注

＊4 Alexander Knox（一九〇七―九五）カナダ生まれの俳優。

＊5 Howard G. Bruenn, Clinical Notes on the Illness and Death of President Franklin D. Roosevelt, *Annals of Internal Medicine*, 1970 Apr. p587. 原注

＊6 the only thing we have to fear is fear itself. 一九三三年三月四日の就任演説での言葉。

＊7 Samuel Rosenman（一八九六―一九七三）コロンビア大学法学部卒業。ニューヨーク州最高裁判事を経て、ルーズベルトの顧問およびスピーチライターを務める。

＊8 Samuel Rosenman, *Working with Roosevelt*, Harper & Brothers, 1952, p527. 原注

＊9 Grace Tully（一九〇〇―一九八四）ルーズベルトの女性私設秘書を一九四一年から四五年まで務める。

＊10 Ross T. McIntire（一八八九―一九五九）軍医総監。一九三二年から四五年までルーズベルトの主治医を務める。

＊11 Burke Hickenlooper（一八九六―一九七一）共和党上院議員。アイオワ州。任期は一九四五年から六九年。

＊12 *New York Times*, March 2, 1945. 原注

＊13 Jonathan Daniels（一九〇二―八一）一九四五年三月から数カ月の短い期間、報道官を務めた。作家。後日著書のなかでＦＤＲと秘書ルーシーが愛人関係であったことを明かした。

＊14 Jonathan Daniels, *White House Witness*, Doubleday, 1975, p255. 原注

＊15 Allen Drury, *A Senate Journal*, McGrow-Hill, 1963, p373. 原注

＊16 同右。

＊17 *Chicago Tribune*, March 2, 1945.

＊18 Walter Trohan（一九〇三―二〇〇三）『シカゴ・トリビューン』紙ワシントン支局長。

＊19 *Closest Companion*, p381. 原注

＊20 *Working with Roosevelt*, p527. 原注

＊21 Frank Walker（一八八六―一九五九）郵政長官。任期は一九四〇年から四五年。

＊22 Robert Sherwood（一八九六―一九五五）劇作家。ＦＤＲのスピーチライター。

＊23 Hugh E. Evans MD, *The Hidden Campaign*, M. E. Sharpe, 2002, p135. 原注

＊24 レヴィ医師から著者への私信（二〇〇九年五月二十七日付）。原注

＊25 William Calhoun Stirling FDRの泌尿器担当医師。

＊26 Frank Lahey（一八八〇―一九五三）ハーバード大学医学部卒業。ボストンで開業。一九四四年三月、ホワイトハウスからの要請でFDRを診断した。FDRが四選した場合、その任期を全うすることはできないだろうとの意見を主治医マッキンタイアに伝えたが、そのことは口外しなかった。ただ将来これが問題になる可能性を考えてメモを残し、弁護士に預けていた。

＊27 John Nance Garner（一八六八―一九六七）テキサス州下院議員を経てFDRの第一期、第二期政権の副大統領。一九四〇年の大統領選では自ら民主党候補として予備選に出馬したが敗北し引退した。

＊28 James A. Farley（一八八八―一九七六）民主党全国委員会議長。アイルランド系カソリック。

＊29 Thomas Edmund Dewey（一九〇二―七一）ニューヨーク州知事（任期は一九四三年から五五年）。四四年および四八年の大統領選挙で共和党候補となった。

＊30 Henry Wallace（一八八八―一九六五）FDR政権で農務長官、商務長官を歴任。第三期政権で副大統領。

2章　ウィルソン大統領の悪しき先例

過保護な子供

ルーズベルト大統領死去のニュースは世論にショックを与えたが、それも次第に静まっていった。世論の大勢は大統領の死因は過労によるものだとの理解に落ち着いていった。大統領は世界恐慌に対処しなくてはならなかった。それに続いて世界大戦が始まった。尋常でない仕事量だった。ロバート・タフト[*1]上院議員は、「大統領は国民のために、文字どおり働きすぎで亡くなった」[*2]と述べたが、それが世間の受け止め方であった。

しかしＦＤＲはまだ六十三歳であり、老齢というほどではなかった。また、アメリカ国民には知らされていなかったが、亡くなる前の十六カ月間は日々の仕事量を、休息を含めて一日四時間に制限されていた。これでは人類にとって最悪の事件に対処する大統領がこなすべき仕事などできない。仕事の量は決して多くなかったのだ。主治医らはＦＤＲの健康状態は上々だと言い続ける一方で、負担の少ないスケジュールを組んでいたというわけである。

さらに言えば、ＦＤＲは時間の半分をワシントンやホワイトハウス以外で過ごしていた。厳しい交渉が要求される海外での会談もあったし、選挙活動で首都を留守にすることもあった。しかしワシントンを離れていた時間のほとんどはハイドパーク（ニューヨーク）の私邸にいたか、ウォームスプリングス（ジョージア州）で静養していた。シャングリラ（＝キャンプ・デービッド。メリーランド州）や、側近のバーナード・バルークの別荘[*3]（ホブコー・バロニー、サウスカロライナ州）に行くこともしばしばであった。

医学評論家のノア・ファブリカントが、「ルーズベルトの人生は何十年にもわたる病との闘いだった」と述べているように、たしかにルーズベルトは多くの病に悩まされてきた。「風邪をよくひいたし、副鼻腔炎、咽頭炎、扁桃炎、喉頭炎、気管炎、気管支炎を患い、インフルエンザにも感染した。肺炎になったこともあった[*4]」。またこれは周知のことだが、大統領職に就く前にポリオ（小児麻痺）を患い、身体の自由を失った。ルーズベルトはポリオの後遺症と闘うだけでなく、それが大統領職に何の悪影響も与えないというメッセージを国民に送り続けなければならなかった。

若き日のＦＤＲは生命を脅かすほど重篤な病気をいくつも患い、そうした病は彼の体力を奪った。七歳（一八八九年）のときにはイギリスに向かう船上でチフスに感染した。両親は治療にお金を惜しむことなく、無事回復している。船長はフランクリンのために個室をあてがい、医師をしている従兄弟《いとこ》に無線で連絡をとり、港に待機させた。イギリスでは医師の家に数週間泊めてもらい、療養に専念することができた。ミルクにポートワインを混ぜた飲料も与えられた。両親のお金と地位がなせるわざだった。彼がイギリスの旅を楽しんだのは全快して後のことだった。

ＦＤＲは一八八二年一月三十日にハイドパークで生まれた。父ジェイムズと二度目の妻サラ・デラノの間に初めてできた子供であった。ＦＤＲには三十歳年上の異母兄ジェイムズ（通称ロージー）がいた。この兄は一九二七年に亡くなっている。ＦＤＲは難産の末に産まれた子供であった。出産に二十四時間かかり、母子ともに生命の危険があった。医師はクロロホルムを使用し母親に麻酔しなければならないほどだった。

（難産だったこともあってか）フランクリンが過保護に育てられたことは間違いない。十四歳まで学校に通わず家庭教師によって教育された。一八九二年に六週間だけ通ったドイツの学校が唯一公教育を受けた場であった。幼年期に接した同年代の者はダッチェス郡（ニューヨーク州）の邸近くに住む従兄弟や近所の子供たちだけであった。フランクリンは五歳のころ、グロバー・クリーブランド大統領に会っている。[*5]父がフランクリンを連れてホワイトハウスを訪問したのだ。このとき大統領が幼いフランクリンにかけた言葉が「きみが将来アメリカ大統領になることはないだろう」であったことはよく知られている。

ＦＤＲはふつうの子供とは違い、修道院で社会から隔離されて生活しているような育ち方をした。同世代の子供たちとの接触もほとんどなかった。そのことはＦＤＲを病気からも遠ざけていたと言えるかもしれない。有名な大学予備校であるグロトン校に入るや、立て続けに病気に罹っている。まず鼻炎がひどくなった。この持病はＦＤＲに一生つきまとうことになるのだか、出産時に母親に処方したクロロホルムの影響が疑われている。その後も麻疹《はしか》、おたふくかぜ、蕁麻疹《じんましん》と続いた。風邪にかかることもしばしばで、運動中の怪我も多かった。過保護に育った子供の典型だった。ＦＤ

Rの伝記を著しているジェフリー・ウォードは「クロトン校に漂うあらゆる病原菌に感染したようなものだ」[*6]と記している。

一八九八年、アメリカはスペインに宣戦布告した（四月二十五日）。FDRは級友二人と一緒に学校を抜け出し海軍に入隊しようとしたが、猩紅熱《しょうこうねつ》に罹って諦めたと伝えられている。ウォードは、この話はおそらくかなりの部分が海軍に憧れていたフランクリンの創作だと考えている。海軍に入ろうとした話は作り話かも知れないが、FDRがしょっちゅう病気に罹っていたのは事実だった。彼は腎炎にも罹ったことがある。このとき両親はヨーロッパ旅行中であったが、急いで帰国した。腎炎はFDRのその後の体調に影響を与えた可能性がある。[*7]

側近中の側近、ハウ

FDRはハーバード大学とコロンビア大学ロースクールを卒業した。成績は優秀ではなかった。彼が縁戚にあたるエレノア[*8]と結婚したのは一九〇五年のことであった。この年、ニューヨーク州の弁護士資格試験に合格している。試験日に彼はひどい鼻炎に悩まされた。資格を得て法律事務所に雇われたが、彼は義理の伯父セオドア・ルーズベルトが歩んだのと同じ道を目指していた。ニューヨーク州議会議員を経て海軍次官に指名され、さらに同州知事選に勝利した。

彼が州議会上院選挙に挑戦したのは一九一〇年のことである。もともとは引退を予定していた州下院議員に選挙区を譲ってもらい、楽々と当選を果たせるはずであった。しかし件の議員が心変わりしたため、上院への挑戦に変更した。選挙区はハイドパークの周辺で、元来共和党が強いところだった。共和党はつねに二対一の圧倒的な大差で民主党候補に勝利していた。しかしこの年は共和党の分裂選挙となった（訳注：共和党候補の指名選挙で敗れたセオドア・ルーズベルト元大統領が新党進歩党を結成し、大統領選に臨んだため共和党の票が割れていた）。この分裂劇がニューヨークの選挙にも大きな影響を与え、彼は勝利した。大統領選キャンペーンでは、ＦＤＲは持ち前の演説の才能を遺憾なく発揮し、当選したウィルソンを喜ばせた。

州議会では新人議員であったが、彼には「ルーズベルト」の名前があった。（伯父のセオドア・ルーズベルトの人気で）この名前は全国的に知られるブランドであった。ＦＤＲは、当時ニューヨーク州民主党主流の票田であったタマニー・ホールの組織内の腐敗に果敢に挑戦した。[*9] 彼は民主党政治家の若手のホープとなったのである。

しかし一九一二年の州議会選挙では、早くも議員生命の危機に直面している。チフスに罹患したのである。この夏、彼はカナダのニューブランズウィック州の小島（カンポベロ島）にある別荘で過ごした。その帰途にチフスが原因の高熱に襲われ、マンハッタンの自邸で療養しなくてはならなかった。選挙運動など、とてもできる身体ではなかった。これで彼の政治家としてのキャリアは終わるのではないかとさえ思われたのである。

しかし彼にはつきがあった。彼の雇った政治顧問が素晴らしい活躍を見せたのである。顧問は（ニューヨーク州都の）アルバニーで『ニューヨーク・ヘラルド』紙の記者をしていたルイス・マックヘンリー・ハウという男だった。[*10] ＦＤＲは演説草稿の作成を彼に任せ、ハウはゴーストライターの才能を発揮した。彼はルーズベルトが初めて州議会にデビューした時期にインタビューをしたことがある。ＦＤＲに接したハウは、「彼は必ず大統領になる男である」と確信した。彼はおよそ四半世紀にわたってルーズベルトの側近中の側近として活躍した。一九三六年に亡くなったが、このとき『タイム』誌は次のように書いた。[*11]

「ＦＤＲを数百万もの国民が支持している、彼を直接知る者も数千人はいよう。彼の顧問と言われる者も数百人はおり、親友と言える者もかなりいる。しかしハウほどの親密な関係を築いた者は一人もいない」

たしかにルーズベルトの周囲には多くの支援者がいた。しかし、ハウはＦＤＲの生涯の友のごとき立場を勝ち取った。彼は百五十センチメートルの小軀で、幼年期の事故のせいで顔が少しばかり歪んでいた。自らを「中世の小鬼」だと称し、「子供たちは僕の顔を見ると逃げ出したものだ」と自嘲的に語っていた。彼は慢性の気管支炎に悩んでいた。心臓も胃腸も弱かった。そのこともあってか金銭的には苦労した。一九一二年に彼がＦＤＲに接近したのは、それが理由だったかもしれない。ハウはこのころ、ウィルソン大統領の選挙キャンペーンに参画する仕事を欲しがっていた。ＦＤＲはそのハウを自らの選挙スタッフにすることを決め、妻のエレノアに伝えた。

ＦＤＲは選挙までの六週間をベッドの上で過ごさなければならなかった。ＦＤＲに代わって選挙区をくまなく回ったのはハウだった。ＦＤＲは選挙の代理人のハウが、いったいどんな活動をしているのかよく把握していなかった。ハウは当時としては異例なほど高額の三千ドルを選挙にかけた（訳注：この時代の三千ドルは三千万ドルから四千万ドルに相当する）。新聞一面を使った広告を多用し、支援要請の私信を一万一千通も郵送した。そこにはＦＤＲのサインが入っていた。伝記作家ジーン・エドワード・スミスは、ハウは得票に結びつくようなことは何であれ、フランクリンの名前を使って公約した、と述べている。

ハウの作戦は成功した。ＦＤＲは、自らは一日として選挙戦に参加することなく再選を果たした。それも次点との票差を前回選挙よりも増やしての勝利であった。[*12] ハウはこのキャンペーンの成功以来、ルーズベルトにぴたりと寄り添うことになる。そして病床のＦＤＲへの手紙には必ず「親愛なる未来の大統領殿」と書き込んだ。[*13]

ＦＤＲは州議会選挙に当選するとワシントン政界に進出することを考えた。一九一二年の大統領選ではウィルソンの当選に協力した。その見返りに大統領は、財務次官あるいはニューヨーク港税関長などの役職を提示した。しかしＦＤＲはそうした役職には興味を示さなかった。彼が最終的に受けたのは海軍次官のポストであった。彼はこのポストをずっと狙っていたのである。海軍長官には、ノースカロライナ州の新聞経営者ジョセファス・ダニエルズ[*14]が抜擢されていた。長官は海軍についてはずぶの素人であった。

ＦＤＲはハウをアシスタントとしてワシントンに連れて行くことを決めている。ハウに託した本当の狙いは、人脈を広げ、ＦＤＲの名を世間に広めることであった。

ウィルソン大統領と主治医グレイソン

ウィルソン大統領に対するルーズベルトの忠誠心は厚かったが、政権の方針には必ずしも与《くみ》していない。ウィルソン政権は一九一四年に始まった大戦への参戦に及び腰であった。ＦＤＲは伯父のセオドア・ルーズベルトや、（ヨーロッパの戦争に）干渉したい共和党議員に情報を漏らしていた。同時に海軍省の人員増強を画策した。彼はダニエルズ長官ではアメリカを参戦に導くには力不足だと考えていた。（そのこともあってか）一九一四年には民主党の上院議員候補の座を狙ったが、タマニー・ホール系の候補者に予備選で敗北している。

海軍次官時代にもFDRは病に悩まされている。一九一五年夏には虫垂炎が破裂し、カンポベロ島で五週間の療養が必要だった。一九一七年八月には、扁桃腺の周囲に膿が溜まり四日間の入院が必要だった。アメリカは結局参戦するのだが、FDRは戦争終結の少し前にヨーロッパ西部戦線の前線視察に出ている。そこでインフルエンザに罹った。帰国の船上で病状がひどくなり、肺炎（両側性肺炎）を発症して倒れている。船内ではほとんど意識を失っており、（ニューヨークに帰港すると）彼は待ち受ける車に担架で移され病院に搬送された。このときは四週間の入院生活を強いられた。職務復帰ができる直前になって再びインフルエンザに襲われている。

ウィルソン大統領の主治医はカリー・グレイソン軍医[*15]（海軍少将）であった。グレイソンはそれ以前にはセオドア・ルーズベルトとハワード・タフトの二人の大統領も担当していた。ウィルソン大統領とグレイソン軍医との関係には、医師と患者の関係を越えた個人的な友情が存在していた。『ニューヨーク・タイムズ』は、グレイソンはウィルソン大統領の腹心であり友であったと報じた。[*16]二人の関係は後のFDRとマッキンタイアとのそれに酷似していた。グレイソンはウィルソンに傾倒し、強い忠誠心を持っていた。だからこそ大統領の病気を隠したのである。

グレイソンの隠蔽は、大統領の病状について「問題ない」と嘘をついた程度のものではなかった。

カリー・グレイソン軍医（一八七八—一九三八）
ウッドロー・ウィルソン大統領の病気をウィルソン夫人と協力して隠し通した。
（Franklin D. Roosevelt Library）

一九一九年四月三日にウィルソン大統領は倒れている。このころアメリカ上院は、国際連盟にアメリカが加盟するか否かで揉めに揉めていた。上院の孤立主義に立つ議員と連盟加盟を主張する大統領は激しい論戦を繰り広げていた。その最中に大統領は倒れたのである。グレイソン軍医はインフルエンザが原因であると発表した。当時世界中でインフルエンザが流行《はや》っていた。しかし実際は脳卒中の発作で倒れ、神経にダメージを受けていたのである。

九月二十六日には脳塞栓《のうそくせん》となり、その後も発作が続いた。その結果、一週間後に大統領は左半身が麻痺し、視力障害を起こした。医学史研究のケネス・クリスペルとカルロス・ゴメスによれば、大統領は前立腺にも問題があり外科手術が必要だった。しかし診断にあたった泌尿器科医は手術をしなかった。大統領の身体は手術に耐えられない恐れがあると考えたからである。[*17]

グレイソンは、大統領の病状が明らかになれば、辞職するか、副大統領にその職を委ねる事態になることを懸念した。当時の副大統領トーマス・マーシャル[*18]は軽量級の政治家と見なされていた。グレイソンはロバート・ランシング国務長官に対して、大統領の病は回復の見込みのないほど重篤であるとの診断を下すことを拒否している。彼はファーストレディのイーディス[*19]と謀《はか》り、大統領は執務可能であるとして閣僚、議会そして国民を欺いた。二度目の妻となったイーディスを大統領に紹介したのはグレイソンであった。

大統領は世間の目から隔離された。議会の代表も大統領側近もウィルソンに会えなかった。グレイソンは閣僚たちに、大統領は神経が参っていると認めたものの、回復過程にあるので、それを（面会によって）邪魔するようなことがあってはならないと告げたのである。彼は密かにイーディスと共謀し、大統領の持つ政治権限を実質的に乗っ取った。イーディスには夫の健康を守るという「錦の御旗」があった。

驚くことに、ウィルソン大統領自身は大統領職を降りたほうがいいのではないかとグレイソンに伝えていたのだった。そうさせないよう、グレイソンは大統領を説得した。あなたは政情に明るい、健康を害して政務がうまくこなせなくても副大統領のマーシャルに任せるよりもよほどいい。こう説得した。その結果ウィルソンは、体調を壊し、心も弱り、判断力の低下した状態のまま残りの任期を過ごした。大統領の肩書きはあったが、実際にその機能を十分に果たすことはできなかった。

ウィルソン大統領の秘密をＦＤＲが知っていたかどうかはわからない。しかし同政権の高官として、大統領職が機能していない現実を見ていたことは間違いなかった。彼は後になってホワイトハウスでのウィルソン大統領の様子を次のように描写している。[*20]

「ホワイトハウスを訪れたときのことだが、ポーチコ（屋根つきの玄関）に近づくと車椅子に乗った大統領が見えた。左肩にショールが掛けられ、麻痺している左腕を被っていた。私たちに気づいた大統領は弱々しい声で『よく来てくれたね』と言ってくれた。その声の生気のなさに私は驚いた」

ウィルソン大統領の第一次大戦後の平和維持構想、国際連盟へのアメリカの加盟は挫折した。大統領の夢は政敵によって粉々に打ち砕かれた。大統領の失意の姿はFDRの心にいつまでも消えることがなかったのである。ウィルソンの健康が悪化したこのころには、FDRとグレイソンの仲は極めて親密になっていた。親交はグレイソンがそれから四半世紀後に亡くなるまで続いた。ルーズベルトの政権一期目（一九三三年）と二期目（一九三七年）の就任式の企画を、すでに海軍を退役していたグレイソンが担当したことからも二人の親密度がわかる。またホワイトハウス付きの医官の人選に際してもグレイソンのアドバイスがあった。

ウィルソン政権の二期目は一九二一年に終わる。その終焉とともにFDRの官僚としての生活は終わりを迎えた。前年の一九二〇年は大統領選挙の年だった。FDRは好運だった。突如として彼に政治的なスポットライトが当たるチャンスが舞い込んだのである。ウィルソン政権の人気はひどく落ち込んでいた。民主党はオハイオ州知事ジェイムズ・コックスを大統領候補に指名した。そのランニングメイト（副大統領候補）にルーズベルトを担ぎ出したのである。FDRの指名は常識はずれであった。三十八歳という若さであり、政治的な経験も不足していた。しかし彼には大きな財産があった。「ルーズベルト」という名前である。党はこの名前に賭けたのである。[*21]

結果は惨敗であった。ウォーレン・ハーディング（共和党上院議員、オハイオ州）とカルビン・クーリッジ[*22]（マサチューセッツ州知事）のコンビに大差で破れている（訳注：選挙人獲得数は共和党ハーディング候補が四百四、コックス候補は百二十七であった）。それでもFDRにとっては飛躍のステップとなった。全国レベルでの選挙はいい経験になった。鉄道を利用し全国を遊説した。一日に七回の演説をこなし、行く先々で有力者との人脈を築くことができた。FDRは選挙の敗北をまったく気にしていなかった。政治家として、また戦時のリーダーとして有能な政治家であるらしい、というイメージを浸透させることができたからである。選挙演説のうまさを見せつけることもできた。四十歳前の政治家としては異例のことであった。

ただ私生活には問題があった。ヨーロッパの戦場視察で両側性肺炎を患ったことはすでに述べた。寝たままの状態で自宅に戻ってきたFDRの荷をほどいたのは妻エレノアである。彼女はその荷のなかから、愛人からの恋文を発見したのである。差出人はFDRの秘書ルーシー・マーサーだった。ワシントンでは以前から二人が愛人関係にあるのではないかとの噂が立っていた。その噂は本当だったのである。それを発見したエレノアは夫と別れ、自由にしてあげたほうがいいかもしれないと考えた。

しかし政治顧問のハウもルーズベルトの母サラも離婚に強く反対した。離婚はルーズベルトの政治家としてのキャリアを終わりにしてしまう。それが理由だった。二人の説得を受けたエレノアは離婚を思いとどまった。二度とルーシーに会わないこと。それが結婚生活を続ける条件だった。FDRはそれを約束した。そしてその約束は守られることはなかったのである。FDRと妻エレノアの夫婦生活はこの時点で終焉を迎えた。

当時、政治家の私生活を扱うことはジャーナリストにはタブーとなっていたから、このことがメディアで報じられることはなかった。ルーズベルトの私生活の危機が政治生命にダメージを与えることはなかった。政界の若きスターとしての立場は変わらず、政治家としての明るい将来に何の影響もなかったのである。しかし、さらなる試練が彼を待ち受けていた。彼の夢を完全に打ち砕く可能性のある肉体上の試練であった。

注

＊1　Robert Taft（一八八九―一九五三）共和党上院議員（任期は一九三九年から五三年、オハイオ州）。父はウィリアム・タフト大統領。

＊2　*New York Times*, April 13, 1945. 一九四五年四月十三日付。原注

＊3　Bernard Baruch（一八七〇―一九六五）ＦＤＲの経済顧問。民主党を支持した金融界のボス的存在。ウッドロー・ウィルソン政権では第一次大戦時の戦時産業局長官として英仏に対する軍需品供給を担当。

＊4　Noah Fabricant, Franklin D. Roosevelt's Nose and Throat Ailments, *Eye, Ear, Nose and Throat Monthly*, February 1957. 原注

＊5　Grover Cleveland（一八三七―一九〇八）第二十二代、二十四代大統領。民主党。

＊6　Geoffrey C. Ward, *Before the Trumpet*, Smithmark Publishers, 1985, pp122-123. 原注

＊7　同右、p199. 原注

＊8　Eleanor Roosevelt（一八八四―一九六二）セオドア・ルーズベルト大統領の弟エリオットの娘。

＊9　タマニー・ホールはニューヨークへ流入する白人移民を票田にする民主党組織。アイルランド系移民が強い影響力を持ち、票の売買が頻繁に行なわれ、政治買収工作の代名詞的存在であった。

＊10　Louis McHenry Howe（一八七一―一九三六）ルーズベルトの初期の時代の政治顧問。妻エレノアの政治活動のアドバイザーでもあった。

＊11　*Time*, April 27, 1936. 原注

＊12　Jean Edward Smith, *FDR*, Random House, 2007, pp92-95. 原注

＊13 Conrad Black, *Franklin Delano Roosevelt*, Public Affairs, 2003, p73.

＊14 Josephus Daniels（一八六二―一九四八）一九一三年から二一年まで海軍長官。

＊15 Cary Grayson（一八七八―一九三八）海軍軍医。外科医。

＊16 *New York Times*, February 15, 1938. 原注

＊17 Kenneth Crispel and Carlos Gomez, *Hidden Illness in the White House*, Duke University Press, 1989, p68. 原注

＊18 Thomas R. Marshall（一八五四―一九二五）ウィルソン政権二期にわたって副大統領を務める。元インディアナ州知事。

＊19 Edith Bolling Galt（一八七二―一九六一）ワシントンの宝石商ノーマン・ガルトの未亡人。四十三歳のとき、妻を失ったウィルソン大統領と再婚。

＊20 Frank Freidel, *Franklin D. Roosevelt: A Rendezvous with Destiny*, Little Brown, 1990, p39. 原注

＊21 Warren G. Harding（一八六五―一九二三）第二十九代大統領。在任中の一九二三年八月二日に脳梗塞で死去。

＊22 John Calvin Coolidge, Jr.（一八七二―一九三三）ハーディング大統領の死去により大統領となる。一九二四年の大統領選挙にも勝利した。

3章　死の危機を乗り越えて

一九二一年、カンポベロ島の夏

一九二一年八月十日。ごくふつうの夏の日であった。しかしこの日が、ルーズベルトが他人の助けなく歩ける最後の日となった。

ＦＤＲはふだんと変わりない夏の休暇をカンポベロ島の別荘で過ごしていた。ヴィレオ（小島であるモズモドキのこと）と名づけた新しいヨットに五人の子供を乗せ、セーリングを楽しんだ。八年前に海軍次官に抜擢されて以来の本当の意味での休暇だった。

ニューヨークからみれば、だいぶ北にあるこの島にやって来る数週間前、ＦＤＲはボーイスカウトのキャンプに参加した。ベアマウンテンでのキャンプに集まった隊員は恵まれない境遇の子供たちだった。ベアマウンテンはハイドパークの自邸から四十マイル（六十四キロメートル）ほどのところにあった。その子供たちと山の中で大いに遊んだ。子供たちはスラムのような環境で育ってきたから免疫力が強かった。しかし先に述べたようにＦＤＲは過保護な環境で育った。ポリオ（訳

注：急性灰白髄炎。この病気は成人も罹るが、小児が罹りやすい。そのため日本では小児麻痺と呼ばれることが多い）のような病に罹りやすい体質だった。ルーズベルトはポリオの感染力のことはよく知っていた。五年前の一九一六年のことであるが、東海岸一帯でポリオが蔓延したことがあった。このときFDRはワシントンに戻らなければならなかったが、家族には流行が落ち着くまでカンポベロ島に留まるように指示した。当時、ポリオの致死率は二五パーセントと高かった。自邸に家族を戻すときも公共交通機関を使わせなかった。ダニエルズ海軍長官の専用ヨットを手配して家族の感染のリスクを減らしたのだった。

カンポベロ島でのこの日は事件が連続して起きた。ヴィレオを操ってセーリングに出るとすぐに、近くの小島で山火事が起きているのを発見した。数時間かけて火を消した。それからルーズベルトと子供たちはジョギングして二マイル先のラグーン（礁湖）に向かい、ひと泳ぎした。その後、ファンディ湾で飛び込みをして遊んだ。ルーズベルトは前日釣りを楽しんだが、撒餌《まきえ》のときに誤って海に落ちている。後に、あれほど冷たい水に浸《つ》かったのは初めてだったと回顧している。

ＦＤＲと子供たちが別荘に戻ったのは四時ごろだった。この日の彼は異常な疲れを感じていた。濡れた水着を着替える力さえ湧いてこないほどだった。何とか着替えをすませ、郵便物をチェックした。一時間ほどすると激しい悪寒に襲われた。夕食もとらずに厚い毛布にくるまって床に就いた。彼には子供たちのような強い免疫力はなかった。急性灰白髄炎（ポリオ）を発症させるポリオウィルスに感染したのである。背中に痛みがはしり、高熱が出た。地元の主治医であるエドワード・ベネットは悪性の風邪の症状だと診断した。しかしこの翌日にはルーズベルトは両足の自由がまったく利かなくなっていた。排尿の処理も難しい状態だった。その上、皮膚感覚が異常に過敏になった。ベッドのシーツが肌に触れるのさえ苦痛だった。[*1]

ルイス・ハウは電話をかけまくり、頼れる医者を探した。彼が見つけたのは、歳はとっているが高名なフィラデルフィアの外科医ウィリアム・キーンだった。彼は元米国医師会会長であった。たまたまメイン州（訳注：カンポベロ島のあるカナダ・ニューブランズウィック州の隣）に休暇に来ていたのをハウが探し出したのである。キーン医師は当時八十四歳であった。この四年前にグロバー・クリーブランド大統領に手術を施したことを『サタデイ・イブニング・ポスト』誌に発表していた。彼の医療チームが密かに大統領の口内の上顎部分から悪性腫瘍を摘出した（一八九三年）ことを明らかにしたのである。

キーン医師の診断は固まった血液が脊髄の下部にあり、そのために下肢が動かなくなっているのだろうというものだった。彼は両足を強くマッサージすることを勧めた。また、すぐに麻痺は回復するだろうと診立てた。しかし数日後、彼はエレノア宛に手紙をしたため、脊髄が傷ついていて回復には相当時間がかかるだろうと診立てを変えた。その手紙には六百ドルの請求書が同封されていた。二〇〇九年の貨幣価値で言えば、七千ドルにもなる高額の請求であった。

エレノアとハウの二人はその後十日間にわたってＦＤＲの両足を懸命にマッサージした。しかし何の効果もなかった。逆に容態は悪化した。胸から下はまったく麻痺した状態になり、意識は朦朧《もうろう》としたままだった。エレノアは自叙伝の原稿に、「ＦＤＲは気が違ってしまったのではないかと思われるほどで、私は怖くなった」と書いた。後にこの表現はルーズベルトが削除させている。

ポリオの診断、下る

ＦＤＲの叔父であるフレデリック・デラノ[*2]は、エレノアからＦＤＲの症状を伝える手紙を受け取っている。フレデリックはそれを複数の医師にみてもらった。そのなかの一人がサミュエル・リバインだった。彼は、当時、ピーター・ベント・ブリガム病院の内科医だったが、後に著名な循環器専門医となった人物である。彼は記されていた症状から、ＦＤＲの症状はポリオによるものではないかと推察し、それを躊躇することなくフレデリックに伝えている。[*3]リバインはＦＤＲに脊椎穿刺《せきついせんし》が処置され、脊髄内の圧力を下げる試みがなされたことを戦後発表している。リバインによれば、彼はこの処置を急いでするように勧めたが、それが実際に行なわれたのは四日後のことだった。[*4]

ルーズベルト家はボストンのロバート・Ｗ・ラベット医師の治療を受けられるよう手配した。彼はポリオ（小児麻痺）治療のエキスパートとみなされていた。彼の診立てはリバインと同じだった。彼は患者に苦痛を与えるマッサージを直ちにやめさせた。マッサージはむしろ麻痺を悪化させるだけだと判断した。

二〇〇三年、テキサス大学のアーモンド・ゴールドマン医師は医学専門誌（*Journal of Medical Biography*）に、ルーズベルトの病気はポリオではなくギラン・バレー症候群ではなかったかという論文を発表した。ギラン・バレー症候群は自己免疫疾患だが、これによってＦＤＲは末梢神経系が冒されたのではないかと推察した。ギラン・バレー症候群の存在が発表されたのは一九一六年のことであり、ラベット医師はこの疾病の存在を知っていたはずである。脊椎穿刺の治療を行なっていることが、どちらの病だったかを判断する鍵になる。また、ノア・ファブリカント医師は一九五八年の論文で、ポリオ発症の二十一カ月前に行なわれた扁桃切除手術に注目し、「もしポリオの発症が手術後すぐであったら、症状はかなり重いものになっていただろう」と述べている。

ラベット医師はマッサージを急いでやめさせたうえで、いくぶん楽観的な診立てをエレノアに伝えた。

「(FDRの)症状は極端に悪いわけではない。重要な筋肉の一部はまだ回復できる可能性がある。完全に麻痺するか、回復できるかのちょうど境目の状況だ」[*5]

ラベット医師の治療でもFDRの容態は一向に改善しなかった。FDRは次第に苛立ちをつのらせていった。マッサージ治療の再開を望むまでになった。しかしラベット医師は、「今の治療法のほかにできるものはない」と答えたのである。[*6]

ルーズベルトの病が報じられたのはジョージア州オーガスタの地方紙『デイリー・ケネベック・ジャーナル』によってであった。同紙は八月二十七日付の一面で「フランクリン・ルーズベルト、ひどい肺炎から回復」との見出しをつけ、FDRが床に伏していることを報じている。AP電として伝えられたこの情報は、ルイス・ハウが選択的にメディアに流した情報をベースにしていた。「ルーズベルトはカンポベロの別荘で質《たち》の悪い風邪に罹り肺炎の恐れもあったが、病状は改善の兆しを見せている」[*7]。記事はポリオについても下肢の麻痺についても一切触れていなかった。この時点でも、家族はFDRの病状にひどくナーバスになっていた。ハウはFDRの政治家としての将来をどう担保するかばかりを考えていた。

「FDRの麻痺については必要ない限り口外しない。もしそれが報道されてしまえば彼の将来も我々の未来もない。それで一巻の終わりだ」[*8]

ハウはFDRをニューヨークに移すことにした。この町のほうが、彼の麻痺についての情報が外に漏れることなく専門家の治療を受けられると判断したのである。先に述べた叔父フレデリック・デラノは鉄道経営者であった。フレデリックはFDRをメイン州からニューヨークに移すために特別車両を手配した。ハウはFDRの身体を担架にしっかりと固定してボートに乗せ、用意された特別車両近くまで運んだ。短い距離であったがFDRにとっては苦しい移動に違いなかった。

ハウは港に見送りにきていた人々を列車とは反対側に案内した。彼らが気づく前にFDRは車両に乗せられ、寝台に固定された。額の汗はきれいに拭かれ、口元にはシガレットホルダーが上向きにくわえられていた。このシガレットホルダーをくわえたFDRの姿は大統領になってからのトレードマークになった。FDRを乗せた列車はニューヨークのグランドセントラル駅に向けて出発した。

翌日（九月十六日）の『ニューヨーク・タイムズ』は一面で、ルーズベルトがポリオに感染したことを報じた。記事のなかでは、ルーズベルト家の主治医であるジョージ・ドレイパー医師が、「この病気で麻痺が残るということは考えられない。心配する必要はまったくない」と自信ありげに語っていたことも伝えられていた。[*9]

この記事を読んだFDRは直ちに『ニューヨーク・タイムズ』の発行人アドルフ・オックスに手紙を書いて、内心の不安を伝えた。

「医者たちは、病は軽く、格別障害を起こすようなものではないと言っています。しかし私は彼らが私の気持ちを落ち着かせるために楽観的な見通しをしゃべっているのではないかと疑いを持つこともあります。それでも医者の診立ては間違いないと私は考えています」[*10]

リハビリへの執念、政治活動再開

しかし回復は遅々としていた。「FDRを立たせようとしたが、彼は自分で立っていることができなかった」（ドレイパー医師）のである。ドレイパーは、FDRの気持ちを萎えさせることなく、回復のための長丁場の治療が必要なことを伝えなければならなかった。腕と胸は筋力を回復していた。しかし下肢の力は戻らず萎縮したままだった。プレスバイテリアン病院に入院して六週間が経ったころには、両腕を使って車椅子に自分で身体を移動させることができるようになった。FDRは何とか杖を使ってでも自分の力で立ちたくて仕方がなかった。しかしドレイパー医師はそうすることを積極的に勧めることはしなかった。

FDRは回復に楽観的だった。ハウもFDRの政治家としての将来を楽観視していた。しかし、彼の下肢は彼らの思いとは裏腹に一向に機能を回復しなかった。ルーズベルト家はFDRの将来をどうしたらよいか悩みはじめた。家庭内での論争の種になった。母親のサラは息子を政治の世界に戻すことに断固として反対だった。ハイドパークの私邸で好きな趣味に生きればよい。彼には働かなくても暮らしていける財産がある。しかし妻のエレノアの考えは違った。彼女は、一時は悲観的になっていたが、ハウの強気な主張を信じたのである。「フランクリンは必ず大統領になれる」。ハウはそう言っていた。ハウを信じたエレノアは義母サラの、静かな人生を送ってほしいという考えに反対した。[*11] エレノアがそう決めると家族の論争は終わった。FDRは政治家として大統領への道を目指すと決断したのである。

六週間の入院生活の後、ルーズベルトは東六十五番街の高級アパートにある自宅に戻った。そこで精力的に機能回復の試みが行なわれた。まず歩行器を使っての練習からであった。一対の鉄製の副木が準備され、足元から腰の上までが固定された。そして、片手で杖を持ち、杖をてこにして上半身を使いながら、腰を左右にひねって歩く動作を繰り返した。練習が始まったのは一九二二年三月のことである。次第に筋力がつき、杖をつき、介添人の肩に摑まりながら歩くことができるようになった。一方、ドレイパー医師は「膝から下の回復は絶望的だ」とラベット医師に語った。[*12]

リハビリに励む一方で、FDRは政治活動を精力的に進めていた。民主党の地区幹部に「医者から順調に回復していると言われている。まもなく従来どおりの活動に戻れる」と伝えた。すぐにチャンスが巡ってきた。ニューヨーク州前知事アルフレッド・E・スミスが次期知事選挙に立候補するにあたりルーズベルトに支援を頼んできたのである。スミスは一九二〇年の選挙に敗北していたが、このとき彼の対立候補を応援したウィリアム・ランドルフ・ハーストを嫌っていた。[*13] ハーストはセンセーショナルな記事を売りものにする、いわゆるイエロージャーナリズムの旗手的存在であった。スミスは、上院議員の椅子を狙っていたハーストを締め出そうと知事選出馬に同意していた。

ニューヨーク州北部の民主党勢力のリーダー格になっていたルーズベルトから、スミスの立候補を要請してもらう。それがスミスの作戦であった。FDRはこれを了承し、選挙民にスミスの立候補を訴えた。その訴えが多くの新聞の一面を飾った。妻のエレノアも協力した。彼女は内気な性格を克服し、人の集まるパーティーにも参加して民主党支持者のサークルに入っていった。そして支持者たちの動向を探りＦＤＲの耳となり足となった。

一方でルーズベルトは何としてでも下肢の麻痺を治そうとした。一向に回復しないなか、ポリオに詳しい医者に手当たり次第に相談した。彼自身もこの病気に詳しくなり専門家はだしになるほどだった。効果がありそうな治療法は何でも試した。麻痺した下肢に紫外線照射をしてみたり、塩水に浸かってみたり、電気ショック療法も試した。叔父のフレデリック・デラノが紹介してくれた医師がいる。ウィリアム・マクドナルドである。マクドナルド医師は回復の可能性に楽観的であり、ＦＤＲは彼を気に入っている。ＦＤＲは主治医のドレイパー医師にこう語っている。[*14]

「この国で行なわれているありとあらゆる方法を試した。ラベット法、ゴールドウェイト法、ヒッブス法、セントルイス法、シカゴ法。それぞれに意味のあるやり方だ。しかし、マクドナルド医師のやり方は一つ先を行っている。これまでのやり方は基本的に一つ一つの筋肉を伸ばすことに重点を置いている。マクドナルド式はこれを基本にしながら、筋肉を協同して動かすことを目指している。マクドナルド医師は筋肉の協調を狙っていて、その成果も出ているようだ」

ルーズベルトは下肢が不自由な状況にあっても落ち込んだ態度は見せなかった。彼にはこの麻痺から必ず回復できるという強い信念があった。ドレイパー医師も彼の意志力と（政治家として大成するという）強烈な野心には脱帽している。[*15] ルーズベルトを知る者の多くが、ＦＤＲの下肢の麻痺との闘いが、彼の性格を変えたと考えている。もちろんそれはポジティブな意味でである。ＦＤＲ

政権で労働長官を務めたフランシス・パーキンス[*16]の表現を借りれば「精神的昇華」が起きたのである。彼は「成長」したのだ。このときからFDRには人生が遊びではなくなった。肉体的にも全快を諦めはしなかった。友人には、もう一度ゴルフができるようにすると語り、一九二四年には「来年の今ごろは歩けるようになるだろう」と言えるようにまでなっていた[*17]。

FDRは（温泉）水で回復を目指すようになる。水にそんな力があると信じるには理由があった。彼は子供のころドイツの保養地バートナウハイム[*18]に四度も訪れていた。この町は温泉療法でよく知られていた。彼の父親は心臓病によいとされる治療を受けていた。ルーズベルト一家は、ここでの治療で体質を改善し、長生きできると信じるようになった[*19]。FDRが温泉水の力を頼ったのにはこうした家族の歴史があったからだった。

ルーズベルトは海に出かけることが増えていった。クルーズに出かけ、沖釣りにも頻繁に出かけた。海釣りには個人所有のボート、ラルーコ号を利用した。ハーバード時代の友人ジョン・ローレンスと共同で所有していたボートである。ローレンスはこの船にはがっかりしていた。水漏れし、しょっちゅう故障した。「水上のスラム」だと自嘲的に呼ぶほどだった。ルーズベルトは、この船にはツキがないだけだと言っていた。FDRは身体を動かすことにも積極的だった。なかでも水泳が麻痺の回復に最も効果があると感じていたようだ。

「一九二二年の夏から水泳を始めましたが、この運動が何よりも効果があるようです。水のなかでは足の重さが浮力で軽く感じられ、思いのほか両足を動かすことができます」（小児麻痺治療の専門家ウィリアム・イーグルストンへの手紙）

イーグルストン医師は、FDRと同じような障害を持つ患者に温水で泳ぐことを勧めていたのである。[*20] ルーズベルトの手紙から、彼が下肢の麻痺は必ず治せると信じていたことがわかる。「患者が治癒を信じていれば、麻痺した部分は必ずその力を取り戻せる」と書き、ノルウェーの症例を書き留めている。成人になってポリオに罹り歩けなくなった患者が、十年から十二年後に歩けるようになった事例だった。[*21] 当時彼に回復の可能性を語った医師は一人もいなかったにもかかわらず、FDRは楽観的だったのである。

自分が信じていただけではなかった。FDRは周囲の者にも、麻痺は完全回復する、今はその回復過程にあると言い続けた。そしてそれがいかにも確かなことであるかのように振る舞った。麻痺してから五年が過ぎても、FDRとスポークスマンのハウは、後遺症は軽く、永久的なものではないと発表した。たとえば一九二六年にラルーコ号上で書いた手紙にはこうある。「両足の具合はとてもよくなった。右足は副木なしでも大丈夫だ。この夏には左足の副木もいらなくなってほしいものだ」[*22]。しかしこれは本当のことではない。実際は、彼はどちらの足にも副木をつけなければ歩行することができなかったのである。

FDRは泳ぐことで機能回復しようとした。そのために何度も出かけたウォームスプリングスはルーズベルトと深く結びついた土地となった。ウォームスプリングスはジョージア州の小さな町である。一九二四年の人口はわずかに五百五十であった。今は寂れてしまったが、このころ人気のメリーウェザー・インというリゾート施設があった。ここにはマグネシウムを多く含んだ鉱泉水のプールがあった。水温は華氏八十八度（摂氏三十一度）で一定していた。

この施設をFDRに紹介したのは友人のジョージ・フォスター・ピーボディー[*23]だった。彼はメリーウェザー・インの共同所有者だった。ピーボディーは、この施設の温水プールを使ったリハビリ治療で、杖を使って歩行できるようになった少年がいるとFDRに教えた。FDRはたしかに温水に浸かると気分が明るくなることを知った。二、三時間も温水に浸かっていてもいっこうに疲れなかった。指先が動く感覚が戻ったような気分だった（原注：ポリオによる麻痺は皮膚感覚を奪うものではない）。

こういう感覚が戻るのは大事なことだった。FDRは副木を使って立つことはできた。しかし足の筋肉を使う動きはできなかった。ルーズベルトは友人への手紙のなかで、「副木は立つことには便利だが筋力の回復には役には立たない」と語っていた。[*24]

FDRはウォームスプリングスが気に入った。メリーウェザー・インのもう一人の共同所有者トム・ロイレスに話をつけ、買収することを決めている。この投資には妻のエレノアも、法律事務所のパートナーであるバジル・オコーナーもいい顔をしなかった。しかしFDRは気にしなかった。彼は自身の持つ財産のおよそ三分の二に当たる二十万一千六百六十七ドル八十三セントで購入を決めた（一九二六年四月）。これには、メリーウェザー・インの建物だけでなく周辺にある複数のコテージやプール、そして未開発の約千二百エーカー（約百四十七万坪）の森の所有権も含まれていた。その上で、知り合いの有力者を誘って「ウォームスプリングス基金」なるものを設立した。後日この基金は「全国小児麻痺基金」と改称された。[*25]

病気隠しの始まり

ルーズベルトがリハビリに努めているころ、全国区の政治にデビューする機会が訪れることになる。民主党の集票マシンとなっていた政治組織タマニー・ホールのボスだったチャールズ・マーフィーが急死した。アルフレッド（アル）・スミスは、一九二四年の党大統領候補選のキャンペーンを仕切る人物を失ったのである。スミスの支援者はルーズベルトにその役割を期待した。FDRはこの要請を、自らは面倒な政治工作にかかわらないという条件で承諾した。[*26] 民主党大会はこの年の六月、ニューヨークのマジソン・スクエア・ガーデンで始まった。FDRはスミスの指名演説を要請された。これも条件付きで了承している。その条件とは、スピーチ原稿はスミス陣営で用意するというものだった。スミス陣営は裁判官であるジョセフ・プロスカウアーの書いた原稿を用意した。[*27] プロスカウアーはスミス陣営の首席顧問だった。原稿を渡されたFDRは、あるフレーズが気に入らなかった。「（スミス候補は）政治闘争の陽気な戦士」という表現が面白くなかったのである。この原稿ではうまい演説にならないのではないかと不満げだった。[*28]

民主党大会では候補者の絞り込みに百三回も投票が繰り返された。絞り込みに際してのFDRの演説は素晴らしいものだった。六月二十六日の演説でFDRは自信ありげだった。多くの党員が感極まって涙を流したのである。片手は松葉杖を使い、もう一方の手は息子のジェイムズの肩に摑まって演壇に向かった。額には汗が滴っていた。演壇に近づくと、ジェイムズは持っていたもう一つの松葉杖をFDRに渡した。FDRは自力で登壇したのである。[*29]

FDRはこの日のために練習を重ねていた。倒れるようなことがあってはならなかった。ルーズベルトに近しい者はみな息を詰めて、彼の歩みを見守った。会場にいた誰もがその動きを見つめ、館内は静寂に包まれた。エレノアの親友の一人だったマリオン・ディッカーマンはこの間が一時間ほどにも感じられたと述懐している。たしかにそう感じさせるほどにFDRの歩みはゆっくりしたものだった。歴史家のヘンドリック・ルーン[*30]はこのときの模様を次のように描写している。

「私はこれほど強靱な意志を見たことがない。FDR自身が大統領候補であったなら、私は町に飛び出してここで目にしたことを大声で伝えたい。私が見たものは、安物の政治ショーではない。崇高さを感じさせる意志の力だ。彼の身に起きた不幸はその魂を萎えさせるはずだった。しかし彼はその不幸を見事なまでに克服したのである」[*31]

聴衆は興奮した。興奮のざわめきはFDR自らが「お静かに」と言うまで、五分間も続いた。静まったのを見届けたFDRは演説を始めた。彼の声は聴衆の心を魅了する豊かさがあった。会場全体に届くスピーチが三十分以上にわたって続いた。スピーチがいよいよ終わりになると聴衆の歓声がホールに溢れたのである。FDRの応援を受けたスミスは、演説原稿にあった「政治闘争の陽気な戦士」というニックネームを付けられた。

FDRの素晴らしいスピーチがあったが、この大会で指名を受けたのはアル・スミスではなくウォールストリートの法律家ジョン・W・デイヴィスだった。彼は十一月の大統領選では現職のカルビン・クーリッジ（共和党）に敗れている。民主党にとっては惨めな年であったが、ルーズベルトにとっては、党の若手の有望株として頭角を現した意味のある年になった。この二年後に上院議員選挙があり、立候補を打診されたが断った。議会には興味がないし、議員になることは性分に合わないという理由だった。[*32]もう一つには、リハビリに時間をかけたいということもあった。

一九二八年の大統領選でアル・スミスは再び民主党候補になることを目指した。この年の候補者選びではスミスは有力だった。このときもルーズベルトはスミスのキャンペーンの責任者を務め、応援演説を担当した。原稿づくりには自らもかかわった。この年の応援演説は前回にも増して磨きがかかっていた。演壇に向かうＦＤＲは自信に溢れ、再び聴衆を興奮させた。『ニューヨーク・タイムズ』は彼のスピーチを絶賛した。「これほど見事な政治家のスピーチは稀である」（一九二八年六月二十八日付）と論説で伝えた。

皮肉なことであるが、後に反ルーズベルトの急先鋒となった『シカゴ・トリビューン』紙のオーナー、ロバート・マコーミック[*33]でさえもこの演説を聞き、ＦＤＲを「稀代の雄弁家」と論説記事（六月二十八日付）で誉めている。評判のよさを背景にして、アル・スミスとニューヨーク州民主党は、ルーズベルトを州知事選に出馬させようと考えることになる。共和党の推す知事候補は州の司法長官アルバート・オティンガーであった。彼の人気は高かっただけに、民主党も強力な候補が欲しかった。勝てそうな候補がＦＤＲだった。

ＦＤＲはこの要請を固辞した。かつてＦＤＲはワシントン上院議員選への立候補を断っていたし、アル・スミスが推薦した民主党全国委員会議長のポストも断っていた。今回の州知事選では執拗な誘いがあったが、選挙資金がないというのが公式の断りの理由であった。たしかにウォームスプリングスでの投資で資金繰りに余裕がなかった。それでもＦＤＲを担ぎたい支援者がいた。その一人がジョン・J・ラスコブだった。彼はデュポン社とGM社の財務担当のトップであり、従来からのアル・スミスの支持者だった。

ラスコブにしてみれば、ウォームスプリングスの投資問題など小さなことだった。FDRに二十五万ドルの小切手を渡した。FDRはこの小切手を受け取らなかったが、州知事選に立候補することを承諾した。ルイス・ハウはこの決断には反対だった。FDRがハウの意見に逆らった唯一のケースだった。

過去二年間にわたる新聞報道の論調からは、FDRは麻痺を完全に克服したように思えた。三年前のアル・スミスを推す民主党大会での演説の光景から、「FDRはもはや松葉杖はいらない。副木とちょっとした杖があれば十分である」[*34]とする主張まであった。FDR自身も演説のなかで次のように述べ、回復をアピールしていた。

「七年前ポリオが流行《はや》って、小児が罹るこの病に冒されてしまった。これで運動能力が奪われてしまったが、自分は好運だった。最高の治療を受けることができた。その結果、今では自分の足で歩いている」[*35]

それでも、州知事選では、共和党はFDRの健康問題を選挙の争点にした。FDRを支持するアル・スミスなどは「知事の職務を遂行するのに曲芸師のような身体が必要なわけではない」と述べてFDRを擁護したが、選挙戦はFDRに厳しいものだった。FDRは共和党の攻撃をかわすために意図的とも言えるほど精力的なスケジュールを組んだ。健康をアピールするためだった。スピーチライターのローゼンマンは次のように語っている。

「下肢が不自由になった人間にはかなりきつい選挙運動だった。彼は一人で階段を上り下りすることができなかったから、我々は裏口を使って彼を会場に入れなければならなかった。ＦＤＲは移動が苦しいときでも笑いを絶やさなかった。苛立った態度などは一切見せていない。席に着くと落ち着いて身なりを整え、笑みを浮かべて演壇に立ったのである[*36]」

ルーズベルトは実際、この苦行を何とも思っていなかった。「ふつうの候補者だったら、選挙戦では自ら駆けずり回らなければならない。僕のこの身体では走ることはできない。どこに行っても友人の力を借りなければならない[*37]」と言い、落ち着いていた。メディアはＦＤＲに同情的だった。ＦＤＲは記者たちに身体が不自由なことを報道しないように要請していた。彼らはそれを忠実に守った。投票の当日にはカメラマンに「車から降りるところは撮ってもらっては困るよ」と念を押している。

カメラマンは、その要請に従った。車から降り、副木の調整も終え、すっかりインタビューの準備が出来上がったところで撮影は始まった。ＦＤＲはしっかりとポーズを取ってそれに応えている[*38]。この時代（一九二〇年代）のカメラマンはＦＤＲに極めて協力的で、彼らはＦＤＲの身体障害がわかる写真があると自発的に感光板を破棄した、という証言もあった。

スミスは選挙戦に大敗したが、結局、ＦＤＲは（スミスの後の）州知事に選出されることになった。僅差であったが知事の椅子を射止めたことには間違いなかった。州知事選の結果が出る前のことであるが、ＦＤＲはウォームスプリングスに行き、一カ月ほど静養している。ジョージアのこの町は彼を歓迎した。『ニューヨーク・タイムズ』（一九二八年十一月十一日付）は、ＦＤＲを次代の民主党のリーダーであると伝えた。FDRは（この上げ潮の空気を読み）スミスと距離をとることを決めた。退陣するスミスの支持者や息のかかった人物を州政府の役職から排除した。これによって州政府に影響力を残そうとしたスミスの思惑を潰したのである。二人の関係はこれで冷え切ったものになった。

スミスの州政府運営は概ね健全であったから、FDRはその恩恵を受け、州知事としての船出は順調だった。このようななかで一九二九年のウォール街の大暴落が起こる。時のフーバー大統領や、他州の知事のほとんどがこれを楽観視していたころ、失業者対策に真っ先に手を打ったのがFDRだった。[*39]そのころの選挙制度では州知事の任期は二年であった。一九三〇年の知事選では、彼を次期大統領候補にしたらどうかという声が上がってきた。声を上げたのはバートン・ウィーラー上院議員（モンタナ州）だった。

『ニューヨーク・タイムズ』の政治担当記者リチャード・オーラハンはより慎重な見方だった。「FDRは麻痺した下肢の力が完全に元に戻るまで待ちたいと考えていて、出馬は一九三六年になるのではないか」（一九三〇年四月二十八日付）との見通しを述べていた。しかしこの見通しはまったくの的外れだった。ルイス・ハウは一九三二年の大統領選に向けて準備工作を進めたのである。民主党候補に選出されるためには、まず州知事選に大差で勝利しておくことが必要だった。それによって民主党のなかで全国区の知名度を獲得し、集票力のある政治家だとアピールする必要があった。国民に健康であることをアピールすることも、いっそう重要になった。

健康をアピールする見事な企画が仕掛けられたのは一九三〇年十月十八日のことである。この日、ニューヨーク州都アルバニーで記者会見が行なわれた。エクイタブル生命の嘱託医E・W・ベックウィズ医師が、同社とほかに二十一社が、ルーズベルトの生命保険を引き受けたと発表したのである。保険額は五十六万ドル、受取人はウォームスプリングス基金という内容だった。FDRに対する医師の評価は、「あなたのように身体頑強な方は実に稀です。厳しい選挙運動にも十分に耐えられるでしょう」というものだった。「まったく」と医師は言った。「ルーズベルトの身体は三十歳の若さです」。当時FDRは四十八歳だった。血圧は一二八／八二であることも発表された。記者会見が行なわれたのは、民主党の州大会が開催されていた週である。ベックウィズ医師は、FDRが精神的にも肉体的にも厳しい時期にあって、このような正常な血圧値を示したことを手放しで賞賛した。

医師は下肢の麻痺に関する質問にも答えているが、それは不正直なものであった。「率直に言わせてもらうが、これほどの回復を見たことがないくらいだ。筋肉も骨も完全にうまく機能している」[*40]。ルーズベルトはこの発表に呼応するように、毎日水泳と乗馬を欠かさないと述べた上で、「太りすぎには注意している。百七十五ポンド（七十九キログラム）は超えたくないものだ」と語った。当時の彼の体重は百八十二ポンド（八十三キログラム）だった[*41]。

FDRは健康問題に関する懸念をうまい具合に払拭できた。同時に、不況の深刻化で共和党は世論の支持を失っていった。ルーズベルトは州知事選挙に圧勝した。それまで一度も勝ったことのない選挙区でも民主党（FDR）は勝利した。当時現職大統領であったハーバート・フーバーは、FDRが二年後の次期大統領選挙では民主党の対抗馬になることを予感していた。現職閣僚三人をニューヨークに送り、共和党候補を支援し、反ＦＤＲのキャンペーンに参加させている。

州知事選挙の翌年には、タマニー・ホールが腐敗をめぐるスキャンダルに見舞われた。ニューヨーク市の司法関係者をも巻き込み、ニューヨーク市のすべての組織とタマニー・ホールとの怪しい関係が露顕した。ルーズベルトは裁判官であったサミュエル・シーベリー[*42]を起用して調査委員会を発足させた。この事件でタマニー・ホール系の市長ジェイムズ・Ｊ・ウォーカーは辞任に追い込まれた。民主党支援組織が腐敗の中心であったにもかかわらず、ＦＤＲはそれをうまく処理したことで逆に人気を上げたのである。

ＦＤＲの集票力がはっきりすると、民主党の全国区レベルでの足場が固まった。二年後の民主党大統領候補の座を狙ったＦＤＲとハウの活動が始まった。大統領の座を狙うという二十年来の計画が始動した。とはいえ大統領への道は平坦ではなかった。

注

＊1　Hugh Gregory Gallagher, *FDR's Splendid Deception*, Vandamere Press, 1994, p11. 原注

＊2　Frederic Adrian Delano（一八六三―一九五三）アヘンを取り扱っていた米国商社ラッセル商会に勤めていた父ウォーレンの勤務先の中国（香港）で生まれる。ハーバード大学卒業後、鉄道経営に参画。初代連邦準備制度理事会副議長。

＊3　Elliot Roosevelt and James Brough, *An Untold Story*, G. P. Putnam's Sons, 1973, p146. 原注

＊4　Richard Thayer Goldberg, *The Making of Franklin D. Roosevelt*, Abt Books, 1981, p30. 原注

＊5　Jean Edward Smith, *FDR*, p191. 原注

＊6　同右, p192. 原注

＊7　*Daily Kennebc Journal*, August 27, 1921. 原注

＊8　Davis W. Houck, *Rhetric as Currency*, College Station, Texas A & M University Press, 2001, p99. 原注

＊9 *New York Times*, September 16, 1921. 原注

＊10 *FDR*, pp192-193.

＊11 *FDR's Splendid Deception*, p20. 原注

＊12 *FDR*, pp196-197. 原注

＊13 William Randolph Hearst（一八六三—一九五一）事件をセンセーショナルに扱うことで販売数を競ったイエロージャーナリズム時代の新聞王。『サンフランシスコ・イグザミナー』『ロサンゼルス・イグザミナー』『ニューヨーク・ワールド』などのオーナー。ハーストの経歴については、拙著『日米衝突の根源　１８５８—１９０８』（草思社）の「『戦争を売る』ジャーナリズム：ハーストとピューリツァー」の項（14章「米西戦争」）を参照されたい。

＊14 *The Making of Franklin D. Roosevelt*, pp89-90. 原注

＊15 *An Untold Story*, p170. 原注

＊16 Frances Perkins（一八八〇—一九六五）一九三三年から四五年まで労働長官。女性政治家。

＊17 Robert E. Gilbert, *The Mortal Presidency*, Basic Books, p46. 原注

＊18 Bad Nauheim フランクフルトの北に位置する保養地。ここに湧出する温泉水は心臓疾患に効果があると信じられている。

＊19 Geoffrey C. Ward, *Before the Trumpet*, p147. 原注

＊20 *Journal of the South Carolina Medical Association*, January 1946 の記事“A History of the Case in Franklin D. Roosevelt”による。引用の手紙はイーグルトン医師の未亡人がＦＤＲの死後に発表した。原注

＊21 同右。原注

＊22 ＦＤＲから友人アルバート・メゼルに宛てた手紙（一九二六年三月十九日付）。原注

＊23 George Foster Peabody（一八五二—一九三八）ニューイングランド地方の旧家ピーボディー家出身の銀行家。

＊24 *FDR*, p217. 原注

＊25 同右。原注

＊26 Alfred E. Smith（一八七三—一九四四）ＦＤＲの前任のニューヨーク州知事。

＊27 *FDR*, p208. 原注

＊28 Joseph Proskauer（一八七七—一九七一）ニューヨーク州最高裁判事。

＊29 James Roosevelt（一九〇七—九一）ＦＤＲの長男。下院議員。

＊30 Hendrik Willem Van Loon（一八八二—一九四四）歴史家。ジャーナリスト。ＡＰなどに寄稿した。

＊31 *Syracuse Herald*, June 27, 1924. 原注

＊32 *Franklin D. Roosevelt: A Rendezvous with Destiny*, p52. 原注

＊33　Robert McCormick（一八八〇―一九五五）シカゴの資産家マコーミック家の出身。ルーズベルト政権になると、所有する『シカゴ・トリビューン』紙を通じて反ルーズベルトの論陣を張った。
＊34　Davis W. Houck and Amos Kiewe, *FDR's Body Politics*, Texas A & M University, 2003, p39. 原注
＊35　*The Mortal Presidency*, p47. 原注
＊36　*Working with Roosevelt*, p31. 原注
＊37　*Franklin Delano Roosevelt*, p182. 原注
＊38　Betty Houchin Winfield, *FDR and the News Media*, Univ. of Illinois Press, 1990, p16. 原注
＊39　*FDR*, p242. 原注
＊40　*The Making of Franklin D. Roosevelt*, p138. 原注
＊41　*New York Times*, October 19, 1930. 原注
＊42　Samuel Seabury（一八七三―一九五八）法律家。裁判官。ニューヨーク市における容疑者逮捕、保釈あるいは司法プロセスに関する不正調査委員会を指揮した。

4章　大統領職に耐える身体だったのか

「一からやり直す（ニューディール）」

前章で述べたように、大統領の椅子を狙うFDRとハウの活動は一九三二年から始まった。三四年の選挙まで、二年をかけた戦いであった。ルーズベルトが知事再選を果たした日、州の民主党議長で、FDR陣営の選対部長であったジェイムズ・A・ファーリーは急遽、準備された記者会見に臨んでいる。そこで「彼（ルーズベルト）は間違いなく次の大統領選挙ではわが党の候補者になると考えている」（『ニューヨーク・タイムズ』一九三〇年十一月七日付）と語った。しかし、この予想とは逆に、彼を絶対に候補者に担ぎたくないとする勢力もあった。この時点では、FDRが民主党候補者になるかどうかは不確実であった。

一九三一年、ファーリーは全国を回って、（民主党員が）ルーズベルトをどれほど支持しているか、彼の人気度を調べている。まだこの時点ではFDRは立候補の表明はしていなかった。当時の党の規約では、党の候補者として指名されるには党員票の単純過半数ではなく、三分の二の支持を得なくてはならなかった。したがって、少しまとまった数の反対グループがあれば、指名を受けることは非常に難しかった。

このころ、一九二〇年以来の禁酒法を継続するか否かが大きな政治テーマであった。とくに中西部から南部にかけての聖書原理主義的な諸州にとっては、(この法律を存続させたかっただけに)重要なテーマであった。(廃止に前向きだった)アル・スミスは苦しい選挙戦を強いられた。禁酒法の是非の議論は、不況の影響もあって関心は若干薄れ気味であったが、それでも無視できない選挙の争点であった。また外交方針についても争点になる可能性が高かった。有力党員だった新聞王ウィリアム・ハーストはFDRとは違い、孤立主義を標榜していた。彼の姿勢は、一九三二年のニューイヤーズデイ(元日)に、(孤立主義者の)ジョン・ナンス・ガーナー下院議長[*1](テキサス州)を支持したことからも明らかであった。ハーストはウィルソン大統領の国際主義的外交に否定的だった。

ルーズベルトは選挙戦に備え、後にニューディール政策のブレーンとなるFDRご自慢の若手頭脳集団(Brain Trust)を組織している。たとえばレイモンド・モーリー[*2]、レックスフォード・タグウェル[*3]、ハリー・ホプキンス[*4]、あるいはアドルフ・バール[*5]などがこの時期にスカウトされている。

それでもこのころのルーズベルトは、安定した支持基盤のない軽量級の政治家と見なされていた。FDRは議論が割れる案件については、深入りを避けることが多かった。彼を批判的に見ていた人物の代表格が『ニューヨーク・ヘラルド・トリビューン』紙のコラムニスト、ウォルター・リップマン[*6]である。「ルーズベルトは難しい問題をしっかりと理解する能力に欠ける。彼はただ人好きのする、大統領になりたがっている男にすぎない。彼は大統領の資質に欠けている」と厳しかった

（『ニューヨーク・ヘラルド・トリビューン』一九三二年一月八日付）。

ＦＤＲは民主党全国大会では有力な大統領候補の一人になった。しかし、最有力というわけではなかった。かつての仲間であったアル・スミスは反ルーズベルト（Stop Roosevelt）キャンペーンを張っていた。ＦＤＲは第一回投票では最多得票を獲得したものの、候補に選出されるために必要な三分の二には届かず、そのために政治工作を必要とした。まずジョン・ナンス・ガーナーをランニングメイト（副大統領候補）にすることを約束した。彼の持つテキサス州の票を期待してのことだった。

さらに、ウッドロー・ウィルソンの娘婿であるウィリアム・マカドゥーには、組閣にあたっては国務長官および財務長官人事で彼に決定権を与えることを約束した。マカドゥーはカリフォルニアの票を左右できた。この二人がＦＤＲ支持に回ったことから、四度目の投票で彼が大統領候補に選出されることになった。この結果に、その場にいた者もラジオで選挙の模様を聴いていた国民も興奮した。ルーズベルトは慣例を破って、飛行機でシカゴに飛び、指名受諾演説に臨んだ。

「みなさんに私は約束します。わが国の政治をいったんご破算にして、まったく一からやり直します（a New Deal）」

この演説を聴いた会場の党員は映画『虹を追って（Chasing Rainbows）』[*7]で歌われた「あの佳《よ》き日をもう一度」を大合唱し、民主党の新しいスターの誕生を喜んだのである。

手の込んだメディア操作

しかし彼の健康問題に関する懸念は付いて回った。共和党がこの問題を取り上げたのである。民主党内にも同じような懸念を持つ者は少なくなかった。早くも一九三一年四月に、ジェシー・ニコルソン夫人が、法の厳正適用を求める民主党全国女性連盟の大会で[*8]、「(FDRは)大統領としての能力はありそうだが、肉体的にその職に就くことは難しい[*9]」と述べた。この団体は禁酒法廃止に反対するグループであった。

彼女のようなコメントはあまり大っぴらには語られなかったが、秋の大統領選挙に向けて囁かれていた。FDRと側近のファーリーおよびハウは、この問題と真正面から取り組むことを決めた。今日であれば大統領(候補)の健康問題は必ずメディアに取り上げられる。しかし当時のルーズベルトは自身の健康問題についてははっきりと説明していない。FDRは、「担架に乗せられてウォームスプリングスに治療に向かった、かなり重篤な病に冒されているようだが、詳細はわからない」という噂が広がっていると聞かされたことがある。そのときでも、彼はコメントを避けている。「健康であると証明するために、プロパガンダ情報戦に巻き込まれたくない」という理由でコメントしなかったのである[*10]。

それでも健康問題を完全に無視したわけではない。この年の九月、FDRは選挙キャンペーンでポートランド(オレゴン州)を訪れているが、そこでは障害を持つ子供たちのいる病院に立ち寄っている。「僕も自分の足で立つのが不自由だ」とコメントしていた[*11]。いずれにせよ、FDRの健康問題については、医師や他の政治家が彼に代わってコメントしていた。ローヤル・コープランド上院議員[*12]（民主党、ニューヨーク州）がその一人であった。彼は自然治癒力を重視する同毒療法《ホメオパシー》（訳注：homeopathy 微量の毒物を投与し、自然治癒力を高める療法）の医学者でもあった。コープランド議員は、「FDRには病気の痕跡はない。足の障害の程度は、健康な人間にも見られるような、取るに足らないものである」と述べた。[*13]

バッファロー市の衛生局長フランシス・フロンチャックはFDRの友人であった。彼はより積極的な表現でFDRの健康に問題がないと語った。

「ルーズベルト候補はたしかに一時、下肢の筋肉の自由を部分的に失った。それほど珍しくない病気の後遺症である。麻痺は、しっかりと治療すれば回復する類のものである」[*14]

顧問のファーリーも熱心に健康問題の不安の打ち消しに励んでいる。ニューヨークのラジオ局の番組に出演し、共和党はFDRの健康をネガティブキャンペーンに利用している、と訴えた。「共和党はどの町に行ってもFDRの健康不安を煽る噂話を広めている。FDRは肉体的にも精神的にも大統領は無理だという噂を振りまいている」と述べて、FDRを懸命に擁護した。ハウは選挙戦までの二年間、ルーズベルトの健康に疑義を唱える新聞記事を精力的にチェックしていた。そうした記事を発見するたびに、掲載した新聞社に怒りに満ちた反論の手紙を送付していたのである。

州知事時代に新聞社への反論を担当したのは秘書のガーンジー・クロスだった。『ニューアーク・コール』紙が、「ルーズベルト知事は気分がすぐれないことが多く、職務を副知事のハーバート・リーマンに任せることがある」と報道したことがあるが、「知事はまったくの健康体で気分がすぐれないことなどない」と抗議し、記事の訂正を要求したのはクロスであった。[*15]『ニューオーリンズ・アイテム』紙が、「脳卒中による麻痺で苦しんでいたルーズベルトだが、最近の回復ぶりは著しい」と報道したときも、クロスは麻痺の原因の間違いを指摘し、訂正させた。[*16]

ときには抗議文をルーズベルト自らしたためることもあった。『ダンヴィル・レジスター』紙（バージニア州）が、ＦＤＲの健康はすぐれないと伝えた際には、「私の健康状態は万全だ。小児麻痺の後遺症で副木をしているだけだ」と編集長に抗議している。[*17]

大統領選が近づくにつれ、メディアが伝えるルーズベルトの健康不安説に対するハウの警戒は強まった。彼は大統領自身や側近が健康不安説を否定するよりも、第三者の意見を利用するのが効果的だと気づいた。ルーズベルトは一九三〇年に生命保険をかけているが、その際に行なわれた健康診断の結果を使うことを思いついた。このとき健康チェックは二度行なわれ、三人の医師がかかわっていた。ハウはラジオ番組に出演すると、ルーズベルトの身体障害の程度は、健常人がメガネをかけたり、あるいは少し毛髪が薄くなる程度のものだと述べた。下肢の麻痺は大統領職の遂行に何の問題もないと選挙民に訴えたのである。そして、ＦＤＲの病状は回復しつつあるとも付言した。[*18]

ハウは、保険加入の際の医師の診立てを伝えたが、医師らの診断が「下肢の麻痺の症状は回復を見せている」「少しの距離なら自力歩行が可能で、疲れを感じることもなく立っていることができる」というものであったことは間違いない。これらの診立ては贔屓目《ひいきめ》に見ても、誤解を生むものだった。悪く言えば「虚偽」であった。いずれにせよ、ＦＤＲの健康問題に関するハウのコメントがメディアで問題視されることはなかったのである。

多くのルーズベルトの伝記作家が認めているように、ハウはもう一つ、健康不安説を見事に抑え込む離れ業をやってのけた。共和党陣営内にもルーズベルト家とコネクションをもつ者がいた。そうしたグループと関係があるフリーランス・ライターにアール・ルッカーがいた。彼は一九三〇年十二月にエレノアに手紙を送り、ＦＤＲの選挙キャンペーンの取材を申し込んだ。ルッカーはエレノアに、自分の背後にいる某々氏は取材の意図がどこにあるか十分に理解していると書き、取材は彼女にとって得になるものだと仄《ほの》めかした上で、ＦＤＲの健康問題について調査を要求すると伝えた。はたしてルッカーはルーズベルトに、第三者が指名した医師に健康状態をチェックさせよと要求する手紙を書いた。この手紙は一九三一年二月二十三日付であったが、早くも五日後にＦＤＲからこれを了解すると言ってきた。ＦＤＲ側からは何の条件もつけない健康チェックを了承したのである。ルッカーの手紙には、前年末にエレノアにコンタクトをとっていたことも、取材の背後には、ルーズベルト家とつながりをもつＦＤＲ容認派の共和党グループがいることにも一切触れていなかった。ルッカーは、自分がＦＤＲの敵の陣営に属しているというイメージをつくることに成功した。

ルッカーは三人の医師による健康診断を実施した。彼の選んだ医師はサミュエル・Ｗ・ランバート（前コロンビア大学医学部長、外科医）、ラッセル・Ａ・ヒッブス（著名な整形外科医）、フォスター・ケネディ（ベルビュー病院神経科主任）であった。三人はルーズベルトを彼の自宅で診察した（一九三一年四月二十九日）。診断結果が発表されたのは七月二十五日付の大衆誌『リバティー』誌上であった。記事を書いたのはもちろんルッカーである。「フランクリン・ルーズベルトの肉体は大統領職に耐えられるか」。これが記事のタイトルだった。そこには、疑問の余地なくイエスであるとの結論が掲載されていた。[19]

記事そのものはこの時代を象徴するメロドラマ風に潤色されたものだった。FDRが記者に対して次のように発言していることからもそれがわかる。

「きみ（記者）の質問は、要するに、敵対党（共和党）支持者としての政治的攻撃でもあるわけだな。ここで、私に（健康問題があると）認めさせ、それを私やわが党（民主党）への攻撃に使おうという魂胆なわけだ」。記事にはたしかに「仕込み」のようなやらせがあった。ただ、それにしては、かなりあけすけにFDRの麻痺を話題にしていた。「要するに両足は使い物にならない」という表現まで使っている。特筆すべきことは、この記事には二枚の写真が添えられていたことである。そのうちの一枚は椅子に座ったルーズベルトを写したものだが、そこには彼が使っていた副木がはっきりと写っている。彼が大統領になってからのことだが、このときの写真は修整をほどこされ、副木の部分は黒く塗りつぶされた。もう一枚はウォームスプリングスのプール脇で撮られた写真である。水着姿の大統領の両足は明らかに萎縮していることが見て取れる写真であった。ハウは雑誌の発売前には数千部を買い取り、民主党関係者やFDRの健康問題を疑うジャーナリストに送っている。[20]ジェイムズ・ファーリーは（このメディア戦略を）見事なものだと褒めていた。「何度も彼の健康問題について質問を受けたが、これで解決だ」と喜んだ。

ところが、ルッカーが手配した三人の医師の具体的な診立ては公開されていない。それが明らかになったのはルーズベルトの死から五年後のことであった。伏せられていた診断結果の少なくとも二つの点において、FDRの健康状態に疑問を抱かせるものがあった。まず血圧がかなり上がり、

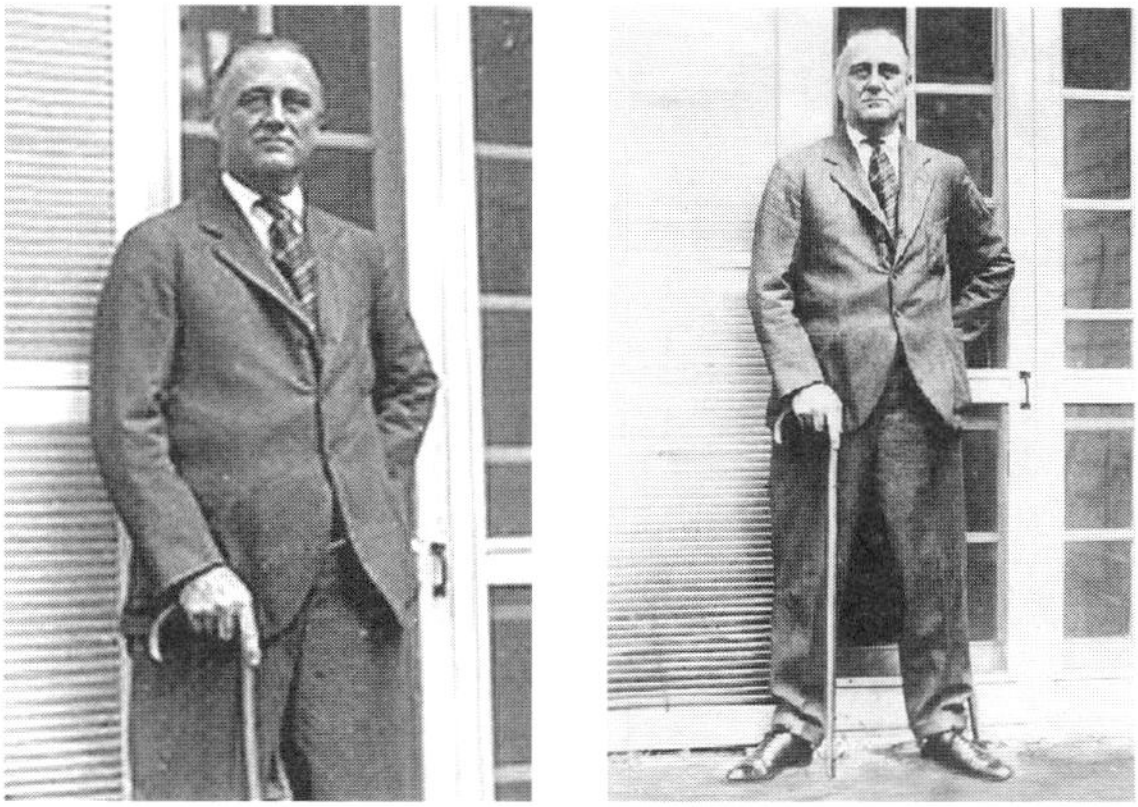

右の写真からは左手を使って2本目の杖を使っていることがわかる。しかし発表された写真はその部分は隠されている（左の写真）。1921年以降、ルーズベルトは2本の杖を使っても，介助がなければ立つことも歩くこともできなかった。（AP Worldwide）

『リバティー』誌、1931年7月25日付。1921年に撮られたプールサイドでの写真。明らかに下肢の委縮がわかる。（Franklin D. Roosevelt Library）

一四〇／一〇〇になっていた。前年の十月には一二八／八二であった。四十九歳の男性の平常値は一二〇／八〇である。この血圧の上昇については懸念をもって当然であった。もう一つは心電図で示された心臓病の可能性である。心電図の読み取りから、彼の心臓の左側に若干の肥大が見られた。また血流が悪くなっていることもわかった。このことは心循環器系の初期の疾患の存在を示唆していた。[*21]

ルッカーの記事に対して疑問を呈する者もいた。中立性を疑う記事を掲載したのは、『スプリングフィールド・リパブリカン』紙（マサチューセッツ州）である。ルッカーにインタビューした同紙は、ルッカーはFDRの健康疑惑を打ち消したい勢力から資金提供を受けたことを否定したと伝えていた。ルッカーは、健康問題の追及は自身の探究心から出たもので、誰からも指図されていないと述べた。さらに同紙の記事は、三人の医師の検査代金はルッカーが支払ったとも伝えていた[*22]（しかし、ルッカーの記事の裏に何か魂胆があるのではと疑わせるには十分であった）。

この件については歴史家のデイヴィッド・フック（David Houck）とエイモス・キーウィ（Amos Kiewe）が後に明らかにし、ルッカーとFDRは私的にコンタクトがあったことがわかっている。ルッカーはFDRに宛てた手紙のなかで、「いろいろ面倒がありましたが、『リバティー』誌の記事はうまくいきました。少なくと七百五十万の同誌の読者はあなたには何ら健康上の問題がないとわかってくれました！」と書いていたのである。また『スプリングフィールド・リパブリカン』誌のインタビュー後のFDR宛の手紙には、誰が三人の医師の検査代金を支払ったのかを暗示する一文があった。ルッカーはこう書いている。「この質問は厄介な問題です。これに関しては、私がメディアに対して答えたようにしなくてはなりません」。つまり検査代金はルーズベルトが支払ったことにするよう強く示唆するものであった。

またルッカーを、ＦＤＲのゴーストライターに雇う交渉が行なわれたことを示すやりとりもあった。マクルーア社の配信記事を、ＦＤＲの名を使って書くというものであった。「私がゴーストライターであることが知られるようなことがあってはなりません」とルッカーはわざわざＦＤＲに念を押していた。[*23]

ルッカーは『リバティー』誌の記事を『ルーズベルトという男（*This Man Roosevelt*）』と題した評伝に仕立てた。選挙キャンペーン用の伝記とも言える本だった。このなかでもルーズベルトの健康問題を扱っているが極めて不正確で、治癒に向かっているかのような書き方であった。たとえば次のような記述がある。

「私は何度もルーズベルトとともに州議会議事堂に歩いて入ったことがある。五十歩くらいの距離であった。彼は、知事室の大きな椅子に身体を沈めて副木の締め付けを緩めるのがつねだった。そうすることで、デスクの下で膝を曲げることができた。彼が歩くのに疲れてしまうというようなことは一度もなかった。副木は膝を固定するためだけに必要だった」[*24]

ルッカーの記事はルーズベルトの健康不安説の噂をすべて打ち消すことはできなかった。それでも噂の信憑性を疑わせることはできた。ルーズベルト自身も健康に不安のないことをアピールするために努力を惜しまなかった。ハードな選挙キャンペーンスケジュールをこなし、鉄道を利用した全国キャンペーンの総距離は二万五千マイル（四万キロメートル）に及んだ。下手をしたら聴衆の目の前で転んでしまうリスクがあったが、それも覚悟の上だった。

当時の経済状況は悪かった。景気は一向に改善の気配がなかった。ワシントン市内では（第一次世界大戦の）復員兵が、約束されていたボーナスの繰り上げ支払いを政府に求めて市内を行進した。彼らはボーナス・アーミー（Bonus Army）と呼ばれた。現職のフーバー大統領には強烈な向かい風であった。ルーズベルトは一般投票では五七パーセントの支持を受け、四十八州中四十二の州を制した。選挙人獲得数もルーズベルト四百七十二に対して、フーバー五十九であった。

選挙に勝利したFDRにとってルッカーはもはや用済みだった。「十一月八日以降、世の中が動いた。もはや私（の健康問題）について語ることはタブーとしたい」とルッカーに伝えている。納得できないルッカーは大統領に不満をぶつけている。「僕は、世間では、大統領が必要なときにだけ借り出される都合のいい弁護人と言われています。大統領に忠実であったことの結果がこんな風になってしまって、私にとっては笑いごとではありません」[*25]

FDRの返事は、ルッカーの貢献を考えるとひどいものだった。

「ルッカー君、たしかに笑いごとではないかもしれないが、アヒルのように鳴（泣）くのはやめてくれ。きみが書いた（私に関する）作品について外国で論争を巻き起こしたらいかがかね。百万部くらいは軽く売れると思うよ。親愛なる可哀そうなお人へ[*26]」

暗殺未遂事件で高まる人気

FDRは、就任の日が近づくにつれて、忙しくなっていった。それでも就任当初の百日間を少しドラマチックに演出する計画を立てると、十一日間のカリブ海の船旅に出かけている。彼が利用したのは後援者であり資金提供者でもあるビンセント・アスター所有の大型ヨット[*27]であった。この旅にはハーバード時代の友人や、民主党支援者などが同行している。母親への手紙には、「最高の休暇でした。澄んだ空気と溢れる陽の光。おそらくこんな休みは当分とれそうもないでしょう」と書いている。

船旅を終えマイアミに戻ったのは一九三三年二月十五日のことである。ここで大きな事件が起こる。ベイフロントパークに次期大統領を一目見ようと二万人が集まった。この聴衆へのスピーチを終えると、シカゴ市長アントン・セルマック[*28]が待つオープンカーに乗り込んだ。セルマックはアル・スミスの支援者であったが、ルーズベルトとの関係をよくしておこうとマイアミまでやって来ていた。そこに突然、銃声が鳴り響いたのである。およそ四十ヤード（三十六メートル）の距離からの発砲であった。銃を持った男を前後にいた二人がたちまち取り押さえた。一人は彼の前にいたリリアン・ジョンズ・クロスという女性だった。この町の医師の妻であった。もう一人は、犯人の後ろにいたトーマス・アーマーである。彼は建築業者であった。この二人が男を取り押さえようとしたのである。犯人はそれでも引き金を引き続けた。発射された五発の弾はルーズベルトには当たらなかった。しかし一発が同乗のセルマック市長を直撃した（訳注：市長は三月六日にこの傷が原因で死亡した）。犯人はジュゼッペ・ザンガーラというイタリア移民の煉瓦工であった。

ルーズベルトは実に冷静であった。警護のシークレットサービスに直ちに車を現場から移動させるように指示した。ＦＤＲは、このときの模様を次のように述べている。

「（セルマック）市長が車から降ろされ、病院に運ばれようとしていた。私は彼を後部座席に戻すように指示した。そのほうがパークからすぐに出ることができる。私は左腕で彼の身体を支え、右手で脈を探った。脈は打っていないようだった。彼は前かがみになって倒れ込んだ。車が少しばかり走ると彼は身を起こした。もう一度脈を探った。あと三つばかりの交差点を過ぎるころには息絶えるのではないか――。病院に着くまで、私は彼に声をかけ続けた。脈は少しずつ強くなってきた。病院までの距離は短かったが、私には三十マイル（約五十キロメートル）も走ったように感じられた。『しゃべるな。動くな。静かにしていろ』。病院まで私は声をかけ続けた」[*29]

セルマック市長は病院で治療を受け、いったんは回復した。しかし結局、敗血症により亡くなった。犯人のザンガーラは後悔の念は一切見せなかった。彼は慢性の腹痛に悩んでいて、精神を病んでいたらしかった。「すべての大統領、国王、資本家を殺してやる」と嘯《うそぶ》いていた。セルマック市長の死から二週間後、裁判が行なわれ死刑判決が下り、しばらくして刑が執行されている。

皮肉にも、この暗殺未遂事件はルーズベルトの人気を高めるのに役立った。当時はまだルーズベルト自身に人気があるわけではなかった。ニューヨーク州知事としての実績が評価されているわけでもなかった。ただ、共和党の現職フーバーが不人気で、彼でなければ誰でもいいという空気に乗っていただけだった。FDRの当選は、不況に苦しむ世論が誰か新しい大統領が欲しいという気持ちの表れだったといってもよかった。そうしたなかで事件は起こった。ルーズベルトの事件後の鮮やかな処理は、彼が実行力のあるリーダーだと世間に印象づけた。[*30]

いよいよ一九三三年三月四日がやってきた。アメリカはこのころ、四人に一人が失業者であった。

銀行システムも破綻しようとしていた。FDRの就任演説は歓声に包まれた。現実に彼の演説を聴く者だけでなく、ラジオから流れる彼の演説を聴く者も期待を膨らませた。FDRの声は素晴らしかった。まさに明るく響く管楽器の音色（clarion sound）であった。

「我々が恐れるべきはただ一つ、その恐れ自身である（The only thing we have to fear is fear itself）」

名言として後世に残るこの言葉で、ルーズベルトは聴衆の心を揺さぶった。

注
＊1　John N. Garner（一八六八―一九六七）第一期、第二期FDR政権の副大統領。
＊2　Raymond Moley（一八八六―一九七五）FDRの政策顧問。ニューディーラーと呼ばれる政策集団を組織したキーマン。
＊3　Rexford Guy Tugwell（一八九一―一九七九）コロンビア大学教授。経済学者。AAA（農業調整局）長官。
＊4　Harry Hopkins（一八九〇―一九四六）一九三八年から四〇年まで商務長官。その後はルーズベルト大統領の外交顧問を務める。ソビエトのスパイと疑われている人物。
＊5　Adolf Berle（一八九五―一九七一）コロンビア大学教授。法律家。会社法に詳しい。
＊6　Walter Lippmann（一八八九―一九七四）ドイツ系とユダヤ系の両親をもつ政治評論家。コラムニスト。
＊7　一九三〇年製作の映画。軽快なメロディーで不況下にある人々の気持ちを高揚させた。
＊8　National Women's Democratic Law Enforcement League.
＊9　*Time*, April 27, 1931. 原注
＊10　*New York Times*, May 16, 1932. 原注
＊11　*Time*, October 3, 1932. 原注
＊12　Royal S. Copeland（一八六八―一九三八）医学者。上院議員。
＊13　*New York Times*, September 15, 1932. 原注
＊14　同右、October 23, 1932. 原注
＊15　『ニューアーク・コール』へのクロスの抗議文は一九三〇年二月十九日に出されている。以下より引用。David W. Houck and Amos Kiewe, *FDR's Body Politics*, p58. 原注

＊16 『ニューオーリンズ・アイテム』へのクロスの抗議文は一九三一年二月に出されている。同右。原注
＊17 ＦＤＲの抗議文は一九三〇年十二月十八日付。同右。原注
＊18 *New York Times*, July 31, 1932. 原注
＊19 ランバート医師はこの結論に否定的だった。最終的には「問題なし」に同意したが、自分の診立てはあくまで彼の肉体面の状態についての見解であり、「頭の部分（能力）」が大統領にふさわしいか否かとは何の関係もないとしていた。Arthur Krock, *Sixty Years on the Firing Line*, Funk & Wagnall, 1968, p152 原注
＊20 *FDR's Body Politics*, p67. 原注
＊21 John Gunther, *Roosevelt in Retrospect*, Harper & Brothers, 1950, p67. 原注
＊22 *Springfield Republican*, July 18, 1931. 原注
＊23 一九三一年八月二十六日付、ルッカーよりＦＤＲ宛。*FDR's Body Politics*, p70. 原注
＊24 *FDR's Body Politics*, P74. 原注
＊25 一九三三年十一月十三日付、ルッカーよりＦＤＲ宛。同右、p77. 原注
＊26 一九三三年十一月二十一日付、ＦＤＲよりルッカー宛。同右。原注
＊27 Vincent Astor（一八九一—一九五九）ニューヨークに多くの不動産を所有するアスター家の一族。ハーバード大学中退。父のジョン・アスター四世はタイタニック号沈没（一九一二年）の犠牲者の一人として有名。
＊28 Anton Cermak（一八七三—一九三三）オーストリア・ハンガリー帝国からの移民。イリノイ州下院議員を経てシカゴ市長に就任（一九三一年）。
＊29 *New York Times*, February 17, 1933. 原注
＊30 *Franklin D. Roosevelt*, p88. 原注

5章　平凡な軍医の出世

口が堅い男

世間の注目はルーズベルト政権の閣僚と、大統領顧問の人事に集まっていた。ホワイトハウスに詰める大統領専属主治医が誰になるかなどは関心を呼ばなかった。大統領を担当する医師は軍医であることが慣例であった。遡れば、ジェイムズ・モンロー大統領（第五代）やジェイムズ・ブキャナン大統領（第十五代）の時代からのしきたりであり、公式な役職であった。人選は必ずしも医師としての腕の良さによるものではなかった。グロバー・クリーブランド大統領（第二十二代、第二十四代）は、ロバート・オライリー大佐を選んでいるが、その理由は大佐が大統領と同様に釣り好きだったからだった。セオドア・ルーズベルト大統領（第二十六代）は、前任のウィリアム・マッキンレーが任命していたプレスリー・リクゼイ（Rixey）を続投させているが、その理由は大統領と趣味を同じくしているからだった。二人とも狩猟好きで、乗馬が得意であった。[*1]

フランクリン・ルーズベルトがホワイトハウスに入った時点での官邸付きの主治医はジョエル・

ブーン海軍中将であった。彼は共和党のハーディング、クーリッジ両大頭領の副主治医、フーバー大統領の主治医を務めていた。ブーンは同毒療法《ホメオパシー》の専門家であった。彼には第一次大戦の輝かしい軍歴があり、名誉勲章（Medal of Honor）を受けていた。これは軍の最高位の勲章であった。ブーンは大統領やその家族と親密な関係を築いていた。ハーディング大統領夫人のフロレンスにはダンスを教え、クーリッジ大統領とは野球観戦を共にした。

ブーン中将はルーズベルト政権になってもそのまま主治医を続けることになると考えていた。[*2] しかしＦＤＲもカリー・グレイソン軍医も別の人物を考えていた。グレイソンはＦＤＲとの関係をきわめて親密なものにしていた。大統領就任式を取り仕切ることまで任せられる仲になっていた。ＦＤＲがそのグレイソンに新しい主治医の選任を依頼したのは大統領就任後一カ月ばかりしたころであった。グレイソン軍医が推薦したのはロス・マッキンタイアであった。四十三歳の海軍軍医だったが、取り立てて目立った業績のない人物であった。

マッキンタイアはオレゴン州セーラムで生まれた。彼が医学を学んだのは同市のウィラメット大学であった。一九一二年に卒業し、五年間の開業医を経て、海軍医療部隊に入隊した。階級は軍医大尉であった。彼が入隊した年（一九一七年）、わが国はヨーロッパの戦いに参戦した。彼は防護巡洋艦ニューオリンズに配属された。大戦中、ニューオリンズは大西洋で輸送船団の護衛の任務に就き、休戦後（一九一八年十一月）は、ウラジオストクに派遣されている。艦上勤務を終えた後にはフィリピンの海軍病院に転属した。

一九二〇年、マッキンタイアは帰国した。大学院に戻り、眼科学および耳鼻咽喉学を学んだ。そ

海軍軍医総監ロス・マッキンタイア（左）。右はジョージ・フォックス海軍少佐。（Franklin D. Roosevelt Library）

の後、サンディエゴ海軍病院の眼科・耳鼻咽喉科部長に採用されている。一九二四年には、再び海上勤務に戻った。太平洋艦隊の病院船リリーフに乗り組[*3]むことになったのである。しかしこの翌年には早くもワシントンに呼び戻され、同地の海軍診療所（the U. S. Naval Dispensary）勤務となった。ここの所長がカリー・グレイソン軍医であった。[*4]このころグレイソンは一般患者の手術を彼に頼み込んでいる。費用はグレイソン軍医が個人で支払った[*5]（訳注：おそらくグレイソンは、個人的な知り合いに便宜を図っていて、手術費用は患者からグレイソンを通じて支払われていたのであろう。中抜きをしていたかどうかは不明である）。

マッキンタイアはこの後、再度の海上勤務を経てワシントン海軍病院に移った（一九三一年）。また海軍医学校で教鞭を執ることにもなった。この時期にグレイソン軍医とさらに親交を深めている。マッキンタイアは熱帯病についての研究も始めていて、グレイソンはそれに興味を示したのである。[*6]

このマッキンタイアがFDRの主治医に任命されるのだが、マッキンタイア自身もこの人事にひどく驚いている。彼が選ばれた理由は二つあったようだ。一つはグレイソンが後にマッキンタイアに語ったように、彼の専門が耳鼻咽喉科であったことだ。

「大統領は馬のごとく頑健であったが、鼻に持病があってよく風邪をひく体質であった。だから私が選ばれたのではないか」[*7]

「大統領の面会スケジュールはワトソン（Pa Watson）が担当していたが、相手が鼻水をたらしているような場合には（風邪をひいていたら）、いつも面会を延期する口実を考えなくてはならなかった」[*8]

ルーズベルトはポリオの後遺症については、自分が「専門医」だと考えていた。だからこの分野の専門家を主治医にする必要はなかった。麻痺について何かあれば、ウォームスプリングスに行けば、専門スタッフがいたから安心していた。

マッキンタイアが選ばれたもう一つの理由は、口が堅いと思われていたことである。これは彼の専門が耳鼻咽喉科であるという理由と同じくらい重要な条件であった。マッキンタイア自身、ホワイトハウスから期待されているのはこのことだとはっきり認めていた。「アメリカの最高指導者の健康問題は私的案件（private business）である」とマッキンタイアは割り切っていた。

「軍医というものは医師であると同時に軍の厳しいルールに従うことが求められる。見ること聞くことについて口外しない。それが重要である」[*9]

マッキンタイアの姿勢は、彼だけに特徴的だったわけではない。報道担当官のスティーブン・アーリーは『ワシントン・ポスト』の記者に対して、「ホワイトハウスで働く者はみな、余計なことはしゃべらないことが決まりであった。それが守れない者はここから去るしかない」と語っていた(『ワシントン・ポスト』一九四二年八月二十一日付)。

マッキンタイアはもう一つ重要なことをグレイソンから聞き、それをはっきりと自覚していた。それは、大統領には(生理面での健康とは別に)「政治面での健康問題」があるという事実である。マッキンタイアに託された責務は、単に大統領を生理的に健康にするだけではなかった。大統領を政治的にも健康に保つことが要求されていたのである。[*10]マッキンタイアはそれがわかっていた。大統領の健康は、「プライベート・マター」か「パブリック・マター」か。これは難しい問題である。大統領の主治医は一般的な医師と患者の関係ではない。主治医は患者(大統領)の部下なのである。そして患者は軍の最高司令官なのである。

したがって、大統領の主治医はいかなる場合でも大統領の呼び出しがあれば、それに応えなくてはならなかった。閣僚やその家族を診ることもあったし、場合によっては大統領の個人的な友人も診た。たとえばブーンはフーバー大統領の友人であったマリー・キュリー夫人やトマス・エジソンの診断を引き受けている。また、他国への「貸し出し」もあった。ハリー・トルーマン大統領の主治医であったウォーレス・グラハム軍医[*11]は、サウジアラビア国王イブン・サウド(Ibn Saud)の食道にあった腫瘍を切除している。

ポーカー仲間に選ばれる

ホワイトハウスに詰める医師の仕事柄、必然的に、患者のプライバシーと公共の利益が相反する場面に巻き込まれることになる。彼らは、グレイソンやマッキンタイアの例でもわかるように、患者との関係がかなり濃密になる。とくにホワイトハウス詰めの医師は、名声を得ることになる。そして同時に、政権内の秘密に関与することにもなる。そのことは、本来あるべき医師と患者の関係を損ないかねない。[*12] また、高位にある患者が医師の指示を守らなかった場合にどうすべきかという問題も併せて惹起することになる。

マッキンタイアは十二年間にわたってルーズベルトときわめて親密な関係を構築し、大統領側近だけでなく家族からさえも、その関係を一切邪魔されることがなかった。これに匹敵するのは、おそらくウッドロー・ウィルソン大統領とグレイソン医師の関係だけであろう。

マッキンタイア自身が語っているように、彼とＦＤＲの関係はじっくりと時間をかけながら次第に強固になっていった。マッキンタイアは、ホワイトハウスのスタッフの誰よりも、ＦＤＲと接触する時間が長かった。彼は一日に二度、ＦＤＲを診察したのである。

「前もって決められたとおりに、私（マッキンタイア）は朝八時半にホワイトハウスに車でやって来ると、そのまま大統領の部屋に行き、大統領の顔色を診た。体温計も聴診器も使わず体調を診たのである。舌を診ることもなかったし、脈を測ることもなかった。ごく稀に大統領がそうした診断を望むことがあった程度である。大統領が新聞に目を通しながら朝食をとる間、私は椅子にゆったりと腰をおろして待機した」

「大統領の様子を見ているだけで（健康状態は）把握できた。私が注意したのは大統領の顔の艶、声の調子、顎の傾き具合だった。朝食のオレンジ、シリアル、卵などを食する様子も観察した。その様子に異常がなければそれで『診察』を終えた。午後の診察は五時半と決まっていた。私は二度目の往診に行き、執務室前に車を停めた。仕事を終え、ホワイトハウスに戻って食事前にひと休みするか、あるいはプールでひと泳ぎした大統領を診察した。大統領が旅に出る場合は朝と午後の診察に加え、就寝前にも様子を見た」[*13]

マッキンタイアは日記には記さなかったが、大統領の鼻腔の治療も施していた。毎日、アドレナリン含有の鼻腔スプレーを処方した。また、鼻腔内にたまった圧力を逃すために細い鉄製ワイヤーを使った焼灼《しょうしゃく》治療を行なっている。[*14] ルーズベルトの日々の行動記録には、「医務室で治療」との記載が多い。エレノア・ルーズベルトは、大統領の鼻の治療が頻繁すぎるのではないかと心配していたと後に記している。施されている治療はたしかに短期的な効果があるようだが、いつまでもいやな感覚を鼻腔内に残すのではないか。それが気になっていた。[*15]

エレノアが記しているように、たしかにルーズベルトは治療の後はすっきりした気分になっている。それでも、ホワイトハウスに入ってからの数年は、頻繁に頭痛を伴う風邪をひいた。副鼻腔炎や気管支炎を患い、胃腸炎を起こすこともあった。

容易に想像できることだが、マッキンタイアはＦＤＲの側近の一人になった。ルーズベルトのポーカー仲間に選ばれるほどに親密な関係となった。ＦＤＲの趣味は釣りであったがポーカーも好きだった。ゲームはときに明け方まで続くことがあった。ポーカーの常連はマッキンタイアのほかにはハリー・ホプキンス、エドウィン・ワトソン将軍がいた。ゲームにはこうした常連に加え、ホワイトハウスのスタッフや新聞記者が加わることもあった。

『シカゴ・トリビューン』紙の記者ウォルター・トローハンは、ルーズベルトがポーカーゲームで見せた態度を次のように語っている。[*16]

「ルーズベルトはブラフを使うのが得意だった（訳注：ブラフとは、役の低い手であっても強い手であると見せかけ、相手を下ろさせて勝つテクニックのこと）。ゲームでは主導権を握るのが好きだった。相手を下ろさせたり、掛け金を上げたりのゲームを楽しんでいた。なかでもブラフが成功したときは大満足であった。逆にこれが失敗すると実に不満げな態度を見せた。ポーカーゲームで見せる態度がその人物の性格を表わしているかもしれない。彼は自らの病気に対してもポーカーゲームと同じ態度で臨んだのかもしれない」

一九三八年、ルーズベルトはマッキンタイアを海軍軍医総監に任命した。また薬務・外科治療局（Bureau of Medicine and Surgery）局長のポストも与えた。それにともない階級も海軍少将に上がった。彼の先輩士官六人をごぼう抜きにする大抜擢であった。[*17]

不都合な報道に蓋をする

ルーズベルトの健康問題が最初に表面化したのは一九三七年のことである。ＦＤＲ第二期政権の始まった年である。この年の三月、ＦＤＲはウォームスプリングスで一週間寝込んだ。理由は左目の麦粒腫《ばくりゅうしゅ》（ものもらい）であった。大統領の番記者によれば、この時期にはカメラマンは遠ざけられている。[*18] 同年の夏、内務長官のハロルド・イッキーズは日記に次のように記している。[*19]

「ルーズベルト大統領は第一期政権の四年間で、だいぶ心身をすり減らした。顔には皺が増え、身体も痩せ細った。また異常に神経質になった」

この年の十一月半ばには歯の周囲に膿が溜まり、胃腸の調子がひどく悪くなった。結果、華氏百三度（摂氏三十九度）の高熱を発した。それでもマッキンタイアは大統領の体温が平常値よりも一度（華氏）以上上がることはなかったとしていた。高熱で床に就いているFDRの膿んだ歯を抜いたのは海軍軍医で歯科医のウォルター・ヤンド（Walter Yando）であった。[*20]

抜歯の日に病床のFDRのもとを訪れたのは郵政長官のジェイムズ・ファーリーだった。新人上院議員ハリー・S・トルーマン（ミズーリ州）について打ち合わせたいことがあった。ファーリーは病床のFDRを見て驚いた。それほどの衰えぶりであった。[*21]

「皺がいっきに増え、疲れきった顔であった。顎が腫れているようにも見えた。打ち合わせの間中、氷嚢を顎に当て、痛みをやわらげようとしていた」

「それでもFDRは相変わらず強気だった。病院から出られてウォームスプリングスに戻れば、すぐに回復する、少しばかり休養が必要なだけだ、と健気だった」

ファーリーが、大統領の容態の悪化は膿んだ歯茎だけが原因ではなかろうと感じたのは間違いないだろう。心配になったファーリーは五日後、グレイソンに問い合わせた。グレイソンは、FDRの容態は逐一、長男のジェイムズ・ルーズベルトに報告していると答えた。ファーリーはグレイソンとマッキンタイアの濃密な関係をよく知らなかったから、「大統領をもう少し優秀な医師に診せるべきではないか」とグレイソンにアドバイスした。グレイソンはそれに同意し、次のように答えている。

「しかし口が堅い医者でなければならない。ウィルソン大統領のときは外部から医者を手配したが、そうした医者のなかに大統領の容態を漏らしてしまう輩《やから》がいた[*22]」

ルーズベルトの死後十年ばかりして、ファーリーはグレイソンとの会話を回想している。ファーリーは、このときすでにグレイソン医師は大統領の心臓疾患を疑っていたのではないかと推測している。グレイソンは彼に、「現時点では問題はないが、そのうち危ない状況になる可能性がある」と語っていた。一九三七年という早い時期にFDRの健康問題をこれほど気にかけていたのはファーリーだけである。この時期のFDRの健康状態を示す記録が残っている。一九三七年四月二十二日に計測されたものだが、血圧が一六二／九八となっている。この二年前には一三六／七八であった[*23]。

ファーリーの懸念にもかかわらず、外部から医師が呼ばれた形跡はない。抜歯後のFDRの健康状態はあまり芳しくない。十二月五日、抜歯からおよそ三週間が経っていたが、まだ痛みが残っていた。定例会見の場で記者から気分を聞かれると「まだ痛いよ。ここを誰かに殴られでもしたら相当にこたえる」と話している。この時期、新聞記者が健康問題に触れることはほとんどなかったから、この日の会見は珍しいものだった。実際、FDRは記者から毎年数百回の質問を受けているが、自身の健康について聞かれたことはほとんどなかった。第一期ではわずか九回、第二期では十四回であった。[*24]
大方の記者や論説委員はホワイトハウス発の情報に頼っていた。著名なジャーナリストでさえも、大統領の健康問題について質問することに怖気づいているところがあった。たとえば、『ニューヨーク・ヘラルド・トリビューン』紙に「司令塔（the Conning Tower）」というコラムを長期にわたって連載していたフランクリン・P・アダムスは、ルーズベルト政権の報道官スティーブン・アーリーに、健康問題について伺いたいと述べ、大統領に「謁見」を求める手紙を書いている（一九三六年）。[*25]アーリーのメモによれば、アダムスは定例会見でこの問題を持ち出したかったが、「その度胸がなかった」という。アーリーはアダムスの要望を大統領に伝えた。FDRは彼のインタビューを了承した、しゃべったことは大統領自身の言葉にせず、伝聞形式にすることが条件だった。[*26]また、大統領の健康にかかわる記事の内容については、発表前にホワイトハウスがチェックすることが求められた。
FDR政権では記事の事前承認が通常の手続きになった。報道官のアーリーはこれだけではなく多くのルールを作って、それを報道陣に課した。そのルールのほとんどはFDR自身が決めたものだった。自分自身にかかわる報道に（不利になる情報には）蓋をする。それが狙いだった。
そのルールに反発するジャーナリストもいた。ホワイトハウスはジャーナリスト連中とうまくやる姿勢を見せてはいたが、ルールを守らないジャーナリストやカメラマンに対しては取材の邪魔をした。当初、こうした縛りは、大統領はふつうに歩くことができないことを日々国民に知らせる必要はないとの考えから取り決められたのだ。大統領を写した写真は入念に修整され、ところどころ切り取られた。実際、ＦＤＲの写真は数千枚撮られているが、彼が特注品の肘掛けのない車椅子に移動するところをはっきり写した写真はわずか三枚にすぎない。しかもそのうちの二枚は近しい友人が撮ったものだった。それらが世に出たのは大統領の死後のことである。

報道陣は概ね大統領に協力的であった。ときに車椅子に乗る大統領を撮影しようとするカメラマンを見つけると、わざとレンズの前に立ったり障害物を置いたりした。場合によってはカメラを地面に叩き落とすようなことまでした。それがうまくいかない場合は、ルーズベルト自身がカメラマンを指差して、シークレットサービスにカメラを奪わせた上で、フィルムを抜き取り感光させた。[*27]

ＦＤＲに批判的な者も含めて、政治を扱う風刺漫画家（cartoonist）たちはみな、ＦＤＲを、精力的に活動し、飛び回り、リング上での戦いを厭わない政治家として描いた。[*28] ＦＤＲはこのようなジャーナリストの「配慮」に頼っているだけではなかった。自らも努力している。晩餐会などでは、いつも車椅子で押されて入場してきたが、ゲストが来る前に必ず席に着いているようにした。ＦＤＲや彼の〝セコンド〟たちの苦労は見事に報われた。ホワイトハウスの警護主任であったＪ・Ｂ・ウェストは、任務に就いて二日目（一九四一年）に次のように述べている。ＦＤＲが大統領に就任してからすでに八年が経っていたころである。

「ドアが開くと、シークレットサービスが車椅子の大統領を押して入ってきた。私はそれに驚いた。私は大統領を見下ろす格好になった。私はこのとき初めて大統領は下肢が麻痺していることを知った。この様子を見て、なぜこの事実が秘密にされてきたかが理解できた。誰もが、大統領は小児麻痺で身体が不自由になったことを知っていた。しかし彼はそれを克服したことになっていた。伝説になっていた。麻痺の度合いがひどく、身体に障害が残ったままであったことを知る者はほとんどいなかった」[*29]

ジャーナリストのジョン・ガンサー[*30]は政治の「内幕もの」で有名だが、第二次大戦前のヨーロッパでの体験を語っている。彼はヨーロッパで多くの要人に会ったが、「大統領が身体が不自由であることを知っていた者はほとんどいなかった」[*31]と書いている。

しばらくすると、FDRと報道官アーリーの報道規制はいっそう強化された。それまでは大統領の健康問題を扱う報道に規制をかけていただけだったが、大統領に対するいかなるネガティブな報道も許さないという態度に変わったのであった。たとえば一九三六年一月三十日、FDRが日光を浴びて顔をしかめた写真を、農業問題と関連づけて使われたことがあった。農業問題で苦々しい思いをしている表情に仕立て上げられたのである。これにルーズベルトは怒った。アーリーに命じて、大統領の写真は大統領が撮られていることがわかっているときにしか撮影できないようにさせたのである。

ホワイトハウスが定めた新たなルールでは、カメラマンは必ず三脚を使い、大統領がカメラマンを意識したポーズを決めたときにだけ撮影が許された。[*32]驚いたことに、新聞記者も、雑誌記者も、党派に関係なくこの要求に従った。『ニューヨーク・タイムズ』も『ニューヨーク・ヘラルド・トリビューン』も、ホワイトハウスの規制を受け入れたのである。[*33]

当然のことながら、カメラマンはだんだんと嫌気がさしてきた。用意されたポーズしか撮影できないことに我慢がならなくなってきたのである。マンハッタンにあるアメリカ自然史博物館でルーズベルトが講演する機会があった。ホワイトハウスから、大統領の写真の撮影は、彼が壇上でしゃべっている間だけと指示されていた。カメラマンは（抗議の意味があったのか）仲間同士で打ち合わせ、そのときの写真を一枚も発表しなかった。[*34]

彼らは、ホワイトハウスの規制をかわすちょっとした工夫もしている。一九三七年夏の民主党大会がチェサピーク・ベイで開かれたときのことであるが、アーリー報道官はカメラマンを会場に入れなかった。報道写真を扱うアクメ（Acme）社とAP通信は、某下院議員から大統領のスナップ写真を数枚手に入れ、それを配信した。写真の入手先は明らかにしなかった。怒ったアーリーは大会の期間中、この二社を会場内立ち入り禁止とし、大統領のハイドパークの私邸の取材も規制した。この措置が解除されたのはアーリーの怒りが収まった数日後のことであった。[*35]

報道関係者ができるのはこの程度のことであった。自分たちの首を絞めることになるような抵抗はできなかった。マイロン・ホフ・デイヴィスは『ライフ』誌の専属カメラマンであったが、彼は当時のことを次のように振り返っている。[*36]

「報道関係者で危険を冒す者はほとんどいなかった。一つには、ホワイトハウスが出している報道記者証をシークレットサービスに取り上げられるのが怖かった。それに加えて、FDRの健康不安を報道しても特段得るものがなかったからである」

ルーズベルト自身、自分の有利になるような記事を書くよう、報道陣に「指導」することに余念がなかった。質疑応答のひな型まで用意してインタビューを「プロデュース」することも厭わなかった。FDRは新聞記者に頻繁に「レクチャー」し、自らを「ホワイトハウス・ジャーナリズム大学学部長」と称してご満悦だった。[37] 自身の写真はホワイトハウス専属カメラマンに撮らせていたが、写真に付けるキャプションまで自分で考えるほどになった。[38] FDRは一九四四年末には、ウォームスプリングスから戻る際に、同行していた三人の通信社の記者に原稿を見せるように指示し、FDR自身が細かく修正していた。AP通信の記者は、このとき大統領はオフレコ（off the record）で、「僕はワシントンまでは即席の編集人みたいなものだな」と冗談を飛ばしていたと記している。[39]

ルーズベルト政権の最初の七年間については、下肢の麻痺の存在以外は特段ニュースになるようなことはなかった。しかし次第に健康問題は重要性を増していくのである。

注

＊1　Ross T. McIntyre and George Creel, *White House Physician*, G. P. Putnam's, pp58-61. 原注
＊2　Robert Ferrell, *The Dying President*, University of Missouri Press, 1998, pp9-10. 原注
＊3　リリーフ号（Relief）は一九二〇年に就役した、当事としては最新鋭の病院船（一万トン強）であった。最大収容患者数は五百五十。
＊4　*New York Times*, December 9, 1959. および *White House Physician*, pp55-56. 原注
＊5　*White House Physician*, pp55-56. 原注
＊6　同右。
＊7　同右、p57. 原注
＊8　同右、p68. 原注
＊9　同右、p58. 原注
＊10　Bet Edward Park, *The Impact of Illness on World Leaders*, University of Philadelphia Press, 1986, p230. 原注
＊11　Wallace H. Graham（一九一〇―九六）空軍軍医少将。一九四五年から五三年までホワイトハウス勤務。
＊12　Aaron Seth Kesselheim, Privacy versus the Public's Right to Know, *Journal of Legal Medicine*, Vol. 23, 2002, p532. 原注
＊13　*White House Physician*, p64. 原注

＊14 *Franklin Delano Roosevelt*, p401. 原注

＊15 *The Mortal Presidency*, p50. 原注

＊16 Walter Trohan, *Political Animals*, Doubleday, 1975, p68. 原注

＊17 Associated Press, November 28, 1938. 原注

＊18 *New York Times*, March 18, 1937. 原注

＊19 Harold Ickes, *The Secret Diary of Harold Ickes*, vol. 2, Simon & Schuster, 1953, p118. 原注

＊20 *New York Times*, November 19, 1937. 原注

＊21 James Farley, *Jim Farley's Story*, Whittlesey House, 1948, p108. 原注

＊22 同右。

＊23 Franklin D. Roosevelt Library, Anna Roosevelt Halsted papers. 原注

＊24 Robert E. Gilbert, Disability Illness and the Presidency, *Politics and the Life Science*, August 1988, p38. 原注

＊25 Franklin P. Adams（一八八一―一九六〇）コラムニスト。ラジオ・コメンテーター。

＊26 Stephen Early（一八八九―一九五一）一九三三年から四五年までホワイトハウス報道官。

＊27 Hugh Gregory Gallagher, *FDR's Splendid Deception*, p94. 原注

＊28 同右。原注

＊29 J. B. West, *Upstairs at the Whitehouse*, Coward McCann & Geoghegan, 1973, p17. 原注

＊30 John Gunther（一九〇一―七〇）ジャーナリスト。政治の内幕記事で著名。第二次大戦中はヨーロッパで戦争報道に携わった。邦訳著書に『アメリカの内幕』『欧州の内幕』『亜細亜の内幕』『死よ 驕るなかれ』他がある。

＊31 *Roosevelt in Retrospect*, p239. 原注

＊32 *New York Times*, February 4, 1936. 原注

＊33 William McKinley Moore, *FDR's Image*, University of Wisconsin, 1946, p465. 原注

＊34 同右、p467. 原注

＊35 同右、p468. 原注

＊36 同右、p492. 原注

＊37 同右、p306. 原注

＊38 同右、p493. 原注

＊39 Associated Press, December 19, 1944. および *New York Times*, December 20, 1944. 原注

6章　眉の上のシミ

メラノーマの兆候

一九二三年の春、『タイム』誌（五月二十八日号）のカバーにルーズベルトの写真が掲載されている。ルーズベルトはこのころアメリカ建設業評議会（the American Construction Council）の会長職にあり、この職に関するカバーストーリーで、「ＦＤＲは回復した」という内容であった。記事自体は、よく言って「誤解を生むような」、悪く言えば「まったくの嘘」と言っていい代物であった。この写真のＦＤＲの左眉の上に、よほど気をつけて見ないとわからないくらいのシミ（blob）がある。医学的に見て、とりたてて注意しなくてはならないというほどのものではなかった。

皮膚科医には見なれたシミとかアザの類であった。皮膚の色が変化したもので、その部分を指でなぞっても何の異常も感じられないほど皮膚の表面は滑らかであったろう。ＦＤＲのように太陽の下で過ごすことを好む者にはこうした皮膚の色変はよくあることだった。しかし、その後の十年間で、このシミは次第に広がり、黒ずみも濃くなっている。一九三三年に大統領に就任したが、そのころには、誰でも気づくほどのシミになっていた。政権第一期の四年間にもそのシミは広がり続けた。眉毛から上方に向かって、額の下部にまで広がっていた。今日であれば、この症状は皮膚癌を疑わせるものである。

医学が進歩した現代においても皮膚癌は厄介な病である。FDRの時代でも悪性黒色腫(melanotic sarcoma)と呼ばれ、悪性腫瘍のなかでもとくに性質《たち》の悪いものとみなされていた。[*1] 悪性黒色腫は転移しやすく、転移の部位は脳および胃や腸が多かった。なかでも脳への転移が最も多く、悪性黒色腫で亡くなった患者の九割に脳への転移が認められている。わが国(米国)では、悪性黒色腫は、脳に転移を起こす頻度が三番目に高い癌である。脳に転移が見られる場合、予後の見通しは暗い。一年以上生存する者は六人に一人以下である。[*2] また、悪性黒色腫が脳に転移すると、脳出血を起こしやすいことで知られている。脳出血を直接の死因として亡くなる者は、悪性黒色腫患者の四分の一から二分の一という数字になっている。[*3]

悪性黒色腫は胃や腸への転移も多い。五人に三人が小腸に転移していることを認めた研究もある。現在の腫瘍学者(oncologist)は、悪性黒色腫の患者が胃腸系統の痛みを感ずることがあれば、その部位への転移を疑うのがふつうである。FDRの疾病を考える場合、悪性黒色腫の転移の特徴(脳および胃腸部位への転移)を念頭におかなければならない。脳および胃腸系に何らかの発症があれば、悪性黒色腫があったのではないかと疑うことは病理学的見地から合理的な診立てである。

ルーズベルトの眉上のシミについては、ほとんど注意が向けられていない。それが広がっていた時期にも、一九四〇年の半ばごろにそれが縮小したときにも、そうした変化に注意が向けられたことはなかった。左眉の上に薬用の皮膚パッチが貼ってあると報じられたことがあったが、それが重大なことだと考えた者はいない。一九三六年に『タイム』誌がＦＤＲの年頭教書演説について報じているが、その際にも「(暑苦しい撮影用の)アーク灯の光が左眉の上にあるシミをかえって浮き立たせた」と書いているくらいであった。[*4] 四年後の一九四〇年に、通信社がＦＤＲの健康問題を扱ったことがある。ＦＤＲの笑顔は素晴らしいと言い、注意して見ると左眉の上に黒いシミがあるのが残念だと書いているだけだ。[*5] ほかにもこのシミを取り上げた新聞や雑誌がいくつかあるが、医学的な見地から解説したものではなかった。[*6]

記者らはこのシミに何の注意も払わなかったが、これに注目した医師がいた。もちろんＦＤＲを診察したこともない医師だったが、大統領に直接コンタクトをとりたいと考えた。医師の名はルーベン・ピーターソンといった。七十八歳の高齢であったが、よく知られた臨床医であり、また教育者でもあった。彼はハーバード大学で医学を学んでいた。専門は産婦人科で、ミシガン大学などで教鞭を執った経験があった。また産婦人科関係の教科書も執筆していた。外科医の親睦研究組織であるアメリカ外科医師会（the American College of Surgeons）の創設メンバーの一人であり、アメリカ産婦人科学会会長を務めたこともあった。[*7]

専門分野以外でも癌研究を進め、一九一三年には、全国規模での癌撲滅運動を組織し、医師に対する啓蒙教育にも熱心であった。[*8] 彼は第一線を退いてマサチューセッツ州ダックスベリのパウダーポイントという老人施設にいた。ピーターソン医師は、この施設で、左眉上のシミについて注意を促す手紙をＦＤＲ宛にしたためたのである。彼の書いたオリジナルの手紙は紛失しているが、左眉上のシミについて、医師にじっくりと検査してもらうことを勧める内容だった。ピーターソン医師の経歴に鑑みれば、マッキンタイアとしてもこの手紙を無視するわけにはいかなかった。彼は次のように返信した。

「大統領の眉の上の黒ずみですが、腫れなどまったくない、なんでもないものです（very superficial）。私たち（大統領付き医師）は、この黒ずみについてもつねにチェックしておりますのでご安心ください」[*9]

大統領の眉の上のシミについてマッキンタイアが言及したのは、このときだけだった。ただこの返書から、彼がシミについて知っていたことと、医師としてこれに注意を払っていたことがわかる。だが、ピーターソン医師の手紙を受けた時点で、マッキンタイアが言うように、シミはまったく問題のない類の皮膚の色変だったのかどうかについては疑問が残る。

故バーナード・アッカーマン医師は、悪性黒色腫の診断では世界的に名が知られている専門家だった。彼の七十歳の誕生日には「（悪性黒色腫診療の分野では）伝説的な人物」と紹介されている。[*10]アッカーマン医師は、筆者二人とともに、残されているルーズベルトの写真を数週間にわたって調べた。数百枚の写真を確認した結果、アッカーマン医師は「悪性黒色腫の疑いを捨てきれない」という結論を出した。写真で確認できる状態から「退行期にある悪性黒色腫の可能性が強い」「今の医者なら、こうした写真を見れば、反射的に悪性黒色腫であることを疑う」[*11]と述べている。

アッカーマン医師が説いていることだが、悪性黒色腫を診る場合は「色変部が非対称である」「色変部領域の境界が不明瞭である」「色変の程度にばらつきがある」「直径は六ミリメートル以上である」「突起している」の五つの基準がある。日焼けが原因のシミで、悪性でないものもこの基準に当てはまるものがあるが、そうしたケースは比較的少ない。したがって、残されたFDRの写真から判断できるのは、彼の左眉上のシミは悪性黒色腫か、あるいは日焼けが原因の良性のシミであるかのどちらであり、確定的に判断するためには生検が必要ということである。[*12]

たしかに、FDRのシミが悪性黒色腫ではない可能性を示す要素もあった。アッカーマン医師は、シミの大きさが、悪性のものにしては少し小さいと思っていた。また色変が退化しあるいは消えているところもあるが、悪性であれば、短い期間でそうしたことが起こることはほとんどない。こうした疑問はあったが、それでも総合的に判断すれば悪性黒色腫の可能性があった。色変の程度はABCDE基準でCであり、一箇所だけであった。良性であれば、色の程度は一定で、かつ日光にさらされた部分の皮膚表面の複数箇所が色変になるはずであった。

アッカーマン医師は、ある可能性については、あえて提示していない。それは、マッキンタイアが、外見上《コスメチック》の理由から、色変を小さくする手術をしていた可能性である。おそらく焼灼《しようしやく》（訳注：病気の組織を電気あるいは薬品で焼く治療）か、キューレット法（皮膚を削り取る）の処置がなされたと思われる。このことの有無を解決しなければ、良性か悪性かのアッカーマン医師の診立ては意味のないものになってしまう。

また、アッカーマン医師は、当時は、経験を積んだ皮膚科の専門医であっても、FDRのシミを悪性黒色腫と診断する者はほとんどいないだろう、良性とされるか、まだ悪性とはなっていないハッチソン型黒色斑点（Hutchson's melanotic freckle）と診断される程度だろうと述べている。「一九五〇年代に入っても、ＦＤＲ程度のシミであれば悪性とはみなされず、その前段階くらいにあると考えられただろう」とも語っている。

癌の可能性と三選

ＦＤＲのシミの病理検査がいつ悪性であることを示したかについてはわかっていない。検査の記録は一切残っていないからである。また当該箇所にどのような治療がなされたかの記録もない。マッキンタイアは、ＦＤＲが大統領時代に受けた外科的処置は、頭の後部にあった瘤（脂腺嚢胞 sebaceous cyst）の切除と、膿のたまった歯を抜いただけだとしている。脂腺嚢胞については8章で触れることにする。

マッキンタイアは右のように語っているが、ピーターソン医師の手紙で、大統領本人および周囲の医師らが、世間の医師たちが大領領のシミに気づいていたのだと知ったことは間違いなかろう。だから、マッキンタイアは、そのシミが目立たないよう積極的な処置を始めたのであろう。

マッキンタイアが積極的にシミを目立たなくする美容外科《コスメティック》的治療を始めた時期は、政治的な意味合いを持つ。ＦＤＲはこの時期（一九四〇年初め）、顧問や政権高官に、政治から身を引きたいとも洩らしていたが、実際には、前例のない三選を目指す地固めにかかっていた。一九三九年九月には、長引くことが予想される戦争が始まっていた。ヒトラーがポーランドに侵攻したのである。ルーズベルトは、ヨーロッパの揉め事への非干渉を説く孤立主義者の勢いが強いとしても、アメリカは大西洋の向こう側の戦争に無関心のままではいられないと確信していた。一九三九年九月、内務長官のイッキーズは、「(ルーズベルトは) もし、ヨーロッパ情勢が悪化し、そのような情勢下で党大会を牛耳ることができれば、(来年の大統領選挙では、民主党の) 大統領候補となることを考えている」[*13]と日記に記している。

一九四〇年一月には、FDRの最側近であり、彼の分身のような存在であるハリー・ホプキンスが、スピーチライターのロバート・シャーウッドに「大統領は次の選挙にも出る」と語っていた。[*14]ホプキンス自身も出馬してほしいと考えていた。その一方でFDRは、政権高官であるヘンリー・モーゲンソー財務長官に、「今から党大会までにヨーロッパ情勢がよっぽどひどいことにならなければ、次の選挙には出ない」と言っていた (「モーゲンソー日記」一九四〇年一月二十九日付)。

このころの選挙情勢は、FDRが楽勝できるような状況ではなかった。たしかに四年前の選挙では共和党候補アルフ・ランドン[*15]に圧倒的勝利を収めた。しかし、一九四〇年は様相が違っていた。予想される共和党候補との間では接戦となりそうであった。五月のギャロップ世論調査では、共和党の有力候補トーマス・デューイを四十八対四十四でリードしているにすぎなかった。[*16] (与野党ともに) ヨーロッパの危機に干渉するか否かで大きく割れていたし、FDRが最高裁判所裁判官の数を増やそうとして失敗した事件 (訳注:FDR政権の実施してきたニューディール政策に憲法違反となる政策があると判断した最高裁の意見を受けて、自らの考えに近い法律家を裁判官にあらたに登用〔裁判官の増員〕して、ニューディール政策の遂行を有利にしようとした事件を指す〔一九三七年〕) でも意見が割れていた。

大統領の三選はない、という不文律を重視する者がFDR支持者のなかにも多かった。このような状況にあって、大統領は悪性の皮膚癌の可能性があるなどということが世間に漏れたら、政治的破滅を招く可能性が高かった。このころのアメリカ国民は癌という病を今では想像できないくらいに恐れていた。医学界では「癌恐怖症（cancerphobia）」という言葉まで生まれていた。ルーズベルトが生きた時代にあっては、癌は怖い病気で、患者に癌の告知をすることはなかった。また、死因が癌であると公にすることさえも忌避された。医者のなかには死亡診断書に癌と書き込まないようにとの親族の圧力に屈する者も多かった[*17]。

たとえば、グロバー・クリーブランド大統領は、癌を患っていることを隠すのに苦労した。彼は一八九三年に口内上部にできた癌の切除手術を二度行なったが、どちらのときも個人所有のヨットでその手術を受けている。戦後は、リンドン・ジョンソン大統領が踵《くるぶし》にできた悪性度の低い皮膚癌の切除手術を受けている。この手術も秘密にされ、大統領の死後も、親族と担当医は癌に関係した手術であったことを否定した。最終的には、海軍がこの手術が皮膚癌の切除であったことを認めている[*18]。

当時、癌を患者に告知しないという方針は一般人にだけ適用されたわけではない。有名人の場合でも告知されなかった。あのメジャーリーグの大打者ベーブ・ルースは一九四八年に五十三歳で亡くなっているが、死の二カ月前にあっても病名は隠されていた。ルースは鼻咽頭癌（naso-pharyngeal cancer）を患っていた。ルースの妻クレアはニューヨークのメモリアル・スローン・ケタリング癌センターでの出来事を語っている。「ここは癌病院ではないの？　なぜここに連れて来られたんですか」と戸惑う彼女に医師は、「患者全員が癌患者ということではありません」と答えている。[19] アルゼンチンの大統領夫人エヴァ（エヴィータ）・ペロンは子宮頸癌で陰部から出血を見たことがある。結局彼女は三十三歳でこの癌が原因で亡くなっているが、彼女には、出血の原因は陰毛を染めるのに使っていた染料が原因だと説明されている。（ブロードウェイの人気ミュージカルの）『ブライトン・ビーチ・メモワール』の劇中には、人々が眉をひそめ、こわごわと「癌」という言葉を発する一場面があるが、必ずしもそれは脚本家ニール・サイモンの大袈裟な脚色だとは言えない。一九三九年にギャロップ社が癌についての世論調査を実施している。その調査では六六パーセントが、最も怖い病気に癌を挙げていた。その理由は、不治の病（it always kill）だから、とされていた。ずるずると長引く病であり、そのことで患者はひどく苦しむと恐れられていた。

癌に対するこうした世間の認識がある以上、FDRは自らが悪性腫瘍の治療中であることを公表することは、とてもできなかった。治療のやり方も、それが悪性腫瘍の治療ではないかと疑わせてはならなかった。仮に延命効果のある治療法であっても、世間の注意を惹いてはならなかった。

ルーズベルトの会話のなかに宿命論的な言葉が出るようになったのはこのころであった、とファーリーは語っている。ファーリーは三選に反対したことで、FDRとは完全に袂《たもと》を分かっている。ハイドパークの私邸でFDRは三選の是非をめぐってファーリーと激しく口論した。ファーリーに向かってFDRは次のような意味深長な言葉を浴びせた。

「ジェイムズ君、もしも私が党の大統領候補となり、当選するということになれば、私がそれを拒否することなどできるわけがないだろう。たとえ就任演説の一カ月後に死ぬことがわかっていても、私はしっかりと就任演説をする」[20]

副大統領候補の人選についても意味深長な言葉を発している。

「副大統領候補は健康でなくてはならない。私の身体がどれだけ持つかわかったものではない。まあ、心臓と肺がちゃんと働いている限りは他の臓器もつられて頑張ってくれそうだけれど、この世の中に絶対はないからね[*21]」

FDRのこうした死を意識した言葉は、この後も増えていった。ルーズベルトは政治的術策の政治家である。そしてこのころはまだ五十代後半であった。そのような人物が、運命論的な言葉を発するのはふつうではない。

ファーリーには、自らがFDRの後を襲って大統領になりたいという野望があった。そのことがあったせいかもしれないが、彼は私的な場では、FDRの健康に問題があると語っていた。先のハイドパークの私邸での会話があった二カ月前のことだが、ファーリーは友人に宛てた手紙のなかで、「大統領が三選されることになったら、大変なことになると思う。立ち上がることもできないという日が来るかもしれない。そうなれば、彼自身にとって、そしてアメリカという国にとっても不利益であるし、彼の周囲にいる支援者も恥をかくことになるだろう」とまで語っていた[*22]。またファーリーは、副大統領のナンス・ガーナーにも「大統領は三選されたらその任期四年は持たないだろう。とくにその任期の間に戦争ということにでもなれば、なおさらである」と語っていたのである[*23]。

重巡洋艦タスカルーサで何があったか

ルーズベルトの死後、いわゆる〝ルーズベルト神話〟が生まれ、彼自身は三選に興味がなかった

FDR を挟んで、ルーズベルト政権の最初の副大統領ジョン・ナンス・ガーナー（左）と、ルーズベルトの健康を不安視していた郵政長官ジェームズ・ファリー（右）。1939 年 1 月、ジェファーソン・ジャクソン・デーの晩餐会で。後任大統領の野望を抱いていたファーリーは、「ルーズベルトは 3 選されても 4 年間もつかどうか疑問だ」とガーナーに語っていた。ガーナー自身は、ルーズベルト第 3 期政権では副大統領職をヘンリー・ウォレスに取って代わられた。
（訳注：ファーリーはニューディール政策の支持者であり、FDR によって郵政長官に登用された。本文にあるように 1940 年の大統領選挙では有力な民主党大統領候補の 1 人であった。この年の 9 月に辞任し、その後はコカコーラ社の幹部として海外販売を担当した）

と喧伝されている。しかし、健康が不安視されていながらも三選を目指したのはルーズベルト自身である（周囲から推された結果の三選であるという主張は嘘である）。この時代の医師の大半が、癌であることを患者に伝えなかったと書いた。しかし、マッキンタイアの患者は大統領である。癌という診断を下していれば、そのことを大統領に隠していたと見なすことは難しい。マッキンタイアは職務に忠実な海軍軍医である。大統領は上司であり、全軍の最高指揮官である。マッキンタイアの権威は大統領に近侍することで生まれたものである。そうした状況に鑑みれば、癌かもしれないことを大統領に隠し、自らの立場を危うくすることなどするはずがない。彼が後に大統領の心臓疾患についてははっきりと伝えていることからも、それがわかる。

ＦＤＲの人格は、すべてにおいて「おれが、おれが」であった。自分が運転席に座っていないと落ち着かない性格であった。自分自身の健康についても自らが運転席にいたかったはずだ。そして、大統領の椅子に座り続けることを考えたはずである。ルーズベルトは医者には敬意を払うのがつねだった。だが小児麻痺については取り憑かれたように勉強して、当時の一級の専門家に伍すか、あるいは彼ら以上の知識があると思い込んでいた。そういう性格であったから、克服できない病という現実を受け入れることはきっぱりと拒否していたのかもしれない。

彼のこういった性格を示すエピソードをスピーチライターのロバート・シャーウッドが語っている[*24]。一九三九年のことだが、ハリー・ホプキンスが重篤な胃腸疾患でメイヨー・クリニックに入院したことがあった。この病院は世界的にも知られ、権威があった。ホプキンスの病は重く、家族にはおそらくあと四週間くらいの生命だろうと伝えられた。しかし、ルーズベルトは、この病院の医師の態度は敗北主義的だと憤った。マッキンタイアに、できることは何でもしろと命じた。マッキンタイアが頼ったのは前軍医長官のエドワード・スティット提督だった。[*25]提督は熱帯病の権威でもあった。彼は他の海軍の医療関係者の助力も得て、新薬を集中的に投与した。その結果、余命四週間と宣告されたホプキンスはその後六年以上生きることができ、FDRの側近として活躍した。[*26]

自らの側近の病気に対してもこれほどの闘志を見せたのである。ルーズベルトは仮に不治の病だと告げられても戦い続けたに違いない。たしかに職務の多忙さで、かつてポリオの治療に専念したときのような時間的余裕はなかったろう。しかし、FDRは自ら病を治してやろうと考えたに違いない。それでも、FDRとマッキンタイアは、悪性黒色腫の診断に相当に気落ちしたことは間違いなかろう。この病は、他の悪性腫瘍よりも性質《たち》が悪い。ただ、この病は最終的には生命を奪うが、進行が緩慢であることはわかっていた。一九三五年に医学専門誌『ランセット』に発表された論文では、「悪性黒色腫は不治であるが、患者の生命を急激に奪うものではない。生命が危なくなるまでに三年程度かかる」と報告されていた。

そうであれば、ルーズベルトが果たさなければならない重要な外交政策を完遂するための時間的余裕が生まれることになる。重要な外交案件とは、対独・対日紛争にアメリカを巻き込むことであった。『ランセット』の論文では、「死の数カ月前くらいまでは、患者には痛みはなく、普段どおりの生活ができる」と記されていた。[*27]

悪性黒色腫についてのこうした診立ては『ランセット』の論文だけではなかった。前述のメイヨー・クリニックの医師ヒューバート・J・ファレル医師も、一九三二年の論文で、悪性黒色腫の疑いのある部位を切除してから、明らかな再発が認められるまで五年から十二年かかるとの所見を述べていた。切除の時点で転移があっても、再発までにはこれほどの時間が必要だと主張していた。また医師は、「悪性黒色腫からの内臓への転移に対して驚くほど抵抗力が強い患者もいる」とも述べていた。

悪性黒色腫の治療法には二つの方法があった。外科的手術で患部を広範囲に切除するか、放射線による治療であった。どちらの治療法もルーズベルトには受け入れられなかった。なぜならそうした治療方法をとると、治療行為がすぐにばれてしまうからである。外科手術をすればすぐにわかってしまうことはもちろんだが、放射線治療を受ければ、眉毛が抜けるし、頭髪も失われる可能性があった。こうしたことからマッキンタイアは、色変部を美容外科的にゆっくりと切除することを選択したようだ。当時でも、この方法は極めて危険だと警鐘を鳴らしていた専門家が少なくとも一人はいた。[*28]

一九四〇年八月、これは民主党の大統領候補にＦＤＲがノミネートされた後の時期にあたるが、左眉の色変部位に劇的な変化が起きていた。それも短期間に起きたものだった。十月になると、眉の上のシミはほとんど消えていた。一九四〇年十二月二十七日、ＦＤＲは有名な「民主主義のための兵器廠（Arsenal of Democracy）」演説を行なっている（訳注：アメリカは、ドイツと戦う英国を助けるために兵器を供給する国となるべきだと訴えた演説）。このときの映像では、彼の眉の上のシミは十カ月前とは違い、かすかな翳《かげ》りと表現できるほどに小さくなっていた。一九四一年九月になると、その部分もほとんど消えていた。一九四二年半ばになるともはや完全に消えていた。

ルーズベルトの眉の上にあったような色変が、自然に消える、あるいは退行していく現象は医学的にあり得ないわけではない。しかしルーズベルトの悪性黒色腫が疑われる色変があれほど急激に消えることはほとんどあり得ないことである。仮に消失に四年ほどの時間がかかったとしても極めて稀なことである。日焼けがもとでできた良性の色変が急に消えることも、少ないながら起こる。しかしそれが起きるのは、ほとんどが胸のあたりにある小さな色変である。またその場合、目に見える皮膚の剝離（skin eruption）がある。[*29] ルーズベルトの色変が消えたのは、ロス・マッキンタイアのような専門家が何らかの処置をしたと考えて間違いなかろう。

色変の消失がはっきりとわかる写真がある。一九四〇年八月十六日にホワイトハウスで撮られたものである。このころは共和党候補ウェンデル・ウィルキーとの選挙戦がヒートアップしていた。FDR陣営にとって、接戦になることは想定外だった。この日の写真は、報道官のスティーブン・アーリーの入念な場面設定に沿って撮られたものだった。FDRは、サッカー地の青いスーツを着込み、格子縞のネクタイをつけていた。そのFDRが、真剣な表情で大統領執務室の椅子に座っている。難しい時期にふさわしい指導者のイメージであった（訳注：対抗馬のウェンデル・ウィルキーは身長百八十センチメートル、体重およそ百キロの巨軀であり、精悍な風貌であった）。

FDRの撮影を担当したのは著名な肖像写真家たちであった。このとき撮影されたポートレートの一枚が、『フォーチュン』誌十月号に使われた。十一月の選挙直前のことである。選挙前の新聞報道には多くの写真が使われたが、それらもこのときに撮影されたものだった。次の任期四年を全うするにふさわしい人物であることの証明写真のようなものだった。そして同時に、三選を熱望するＦＤＲが、隠しておきたかった秘密の存在を逆に証明する証拠写真でもあった。

写真を頼りに医学的な推測をするのは厄介な作業である。撮影時のライティングやカメラアングルを考慮しなくてはならない。それよりも厄介なのは、写真のレタッチ（修整）である。しかし幸いなことにカメラマンの一人が無修整の写真を残し、それを多くの新聞社に配信している。それが本書カバー写真（訳注：原書 *FDR'S DEADLY SECRET*）の表紙）である。この写真は、ＦＤＲの色変に外科的な処置が施されたことが確実であることを示している。左瞼の上に注目すれば、あまり濃いとは言えない眉毛が下に向けて櫛を当てられているのがわかる。それが瞼の上にできた外科手術の傷を隠している。一九三九年以降、広がりを見せていた色変部分には、明らかな外科治療の痕跡が見える。さらに言えば、左目下にあった小さな丸い二つの色変部もきれいになくなっている。この写真の一カ月前に発行された『ニューズウィーク』誌（一九四〇年七月二十七日号）の表紙の写真には、二つの色変ははっきり見えていた。おそらく「小」手術が複数回繰り返されたのだろうが、それにしてもどのようにして世間に知られずにそれができたのだろうか。

一九三九年の初めごろから、この六年後に亡くなるまで、ルーズベルトがマッキンタイアの診断を受ける回数が増えている。ときには日に数回の診断があった。最初の処置がなされたのは重巡洋艦「タスカルーサ」の艦上ではなかったかと思われる。ＦＤＲは、一九四〇年二月半ば、唐突に「タスカルーサ」で二週間の巡視に出た。前述のピーターソン医師の手紙が届いた直後のことである。メディアは、巡視に公的な意味合いは薄く、むしろ息抜きが目的であると報じている。しかし巡視の唐突さから、裏に何かあると疑うメディアもあった。『ニューヨーク・タイムズ』は、極秘

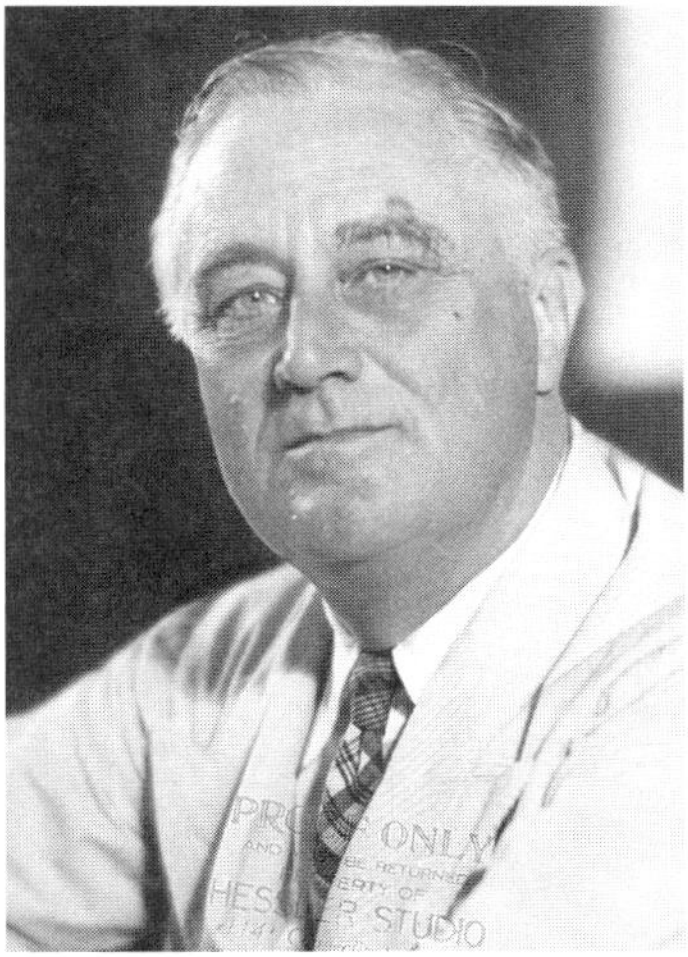

原書カバーに使われた写真。©HESSLER STUDIO

に英仏伊首脳と会い、戦争終結の方法について協議したのではないかとの観測記事を載せた。[*30] ＦＤＲはメディアに対して詳細を語らなかった。「何もかも曖昧にしていて、推理小説のようですね[*31]」という記者の突っ込みにも答えようとしなかった。

巡洋艦「タスカルーサ」はフロリダ州ペンサコーラから出港し、カリブ海周辺を二週間にわたって航海した。大統領はこの間リラックスして艦上からの釣りを楽しんだと報じられた。また、パナマ運河の防衛状況を視察し、パナマ、コスタリカ、コロンビアの指導者とも会談したことが伝えられている。しかし、ＦＤＲは（愛人だと噂のあった）マーガレット（デイジー）・サックリーに興味深い手紙を書いている。

「僕らは、メディアがいかに無知で騙されやすいか、あらためてわかって大笑いした[*32]」

カリブ海の巡視行を撮影した四十八分の無声映画が残っている。撮影したのは海軍徴兵局に所属する

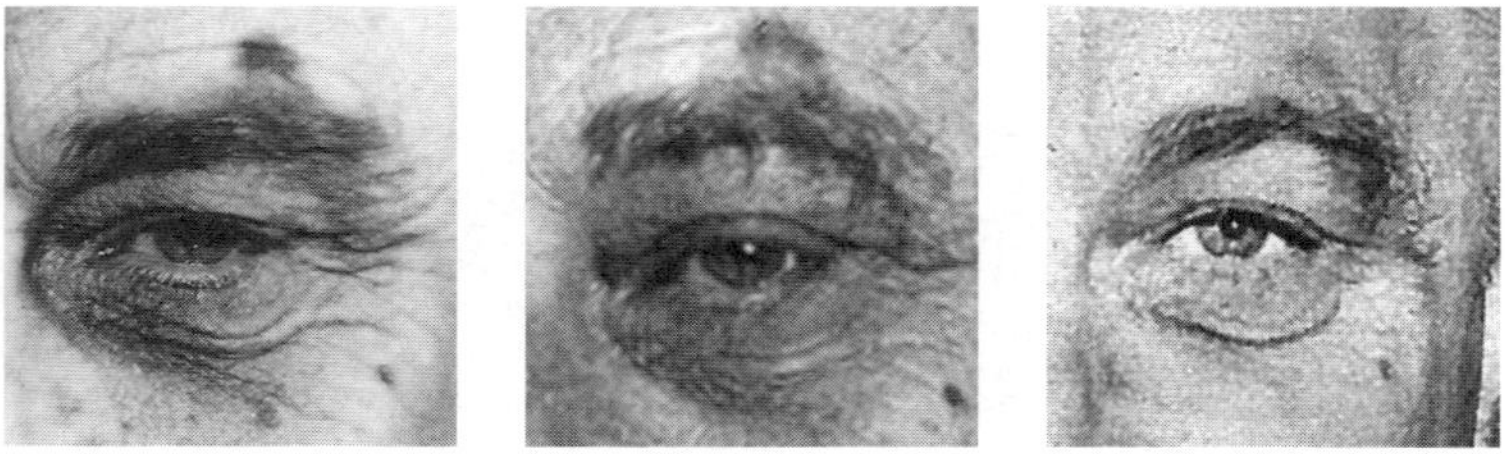

左写真：1939年1月、悪性黒色腫と思われる皮膚の黒変が最も大きくなった時期である。(Franklin D. Roosevelt Library)
中央写真：1940年8月、かなり新しい外科手術の痕跡が眉のベースラインに沿って見える。眉毛はそれを隠すように櫛があてられている。眉上の皮膚の黒変部には縦方向の外科手術の痕跡が見える。また目の下にあった2カ所の小さな黒変の1つが切除されている。(Franklin D. Roosevelt Library)
右写真：1942年、目の上にかすかに手術跡が見えるだけになっている。(『ヤンク』誌、1945年4月27日号)

カメラマンで、旅の模様を大統領のプライベート・コレクションとして残したいという要望に応えたものだった。フィルムでは、大統領は必ず右側のアングルから撮影されている。左目のあたりはほとんど見えない。また旅の終わりごろには大統領はサングラスをかけている。ふだん大統領はサングラスをほとんど使わなかった。もちろん巡視の旅にはマッキンタイアも同行している。彼は四十ポンド（十八キログラム）のレッドスナッパー（鯛）を釣り上げている。この旅の釣りで最大の獲物だった。筆者は、巡視を利用してかなり大がかりな手術をしたのではないかと疑っている。二週間は間違いなくメディアの目に触れることはない。二週間あれば手術痕が回復するのに十分である。

カリブ海で手術が行なわれたかどうかの議論とは別に、マッキンタイアが大統領の左眉上の色変を消すあらゆる作業をしていただろうことは間違いない。当時の医学から、仮に色変が悪性であっても大統領には五年の時間があるだろうと想定できた。ルーズベルトは主治医の力を借りてギャンブルに挑んだのである。史上最大のギャンブルとも言えそうな大博打だった。しかし、三選後の就任演説から数カ月で、賭けに敗れる可能性が出てきた。この危機については歴史家も伝記作家もまったく気づいていない。詳細は次章で語ることにするが、状況によっては副大統領のヘンリー・ウォレスが大統領に代わる可能性まであったのだ。

注

＊1 Hubert J. Farrell, Cutaneous Melanomas with Special Reference to Prognosis, *Archives of Dermatology and Syphilology*, 1932. 原注

＊2 Marc H. Friedberg, Eric T. Wong and Julian K. Wu, Management of Brain Metastases in Melanoma. http://www.uptodate.com/patient/contents/topic.do?topicKey=~juew_O6HMOQ3am 原注

＊3 同右。

＊4 *Time*, January 13, 1936. 原注

＊5 Associated Press, January 20, 1940. 原注

＊6 たとえば Health of President Continues Good despite Strain, *Nevada State Journal*, July 21, 1940. 原注

＊7 *New York Times*, November 28, 1942. 原注

＊8 *New York Times*, May 23, 1913. 原注

＊9 Ross McIntire papers. マッキンタイアからピーターソン医師宛の書簡（一九四〇年一月二十五日付）。原注

＊10 Dr. Wolfgang Weyers, A. Bernard Ackerman—The Legend Turns 70, *Journal of the American Academy of Dermatology*, November 2006. 原注

＊11 Interview with *Health Day Reporter*, April 25, 2008. 原注

＊12 A. Bernard Ackerman and Steven Lomazow, An Inquiry into the Nature of the Pigmented Lesion Above Franklin Delano Roosevelt's Left Eye, *Archives of Dermatology*, April 2008. 原注

＊13 Michael Barone, *Our Country*, Free Press, 1990, p132. 原注

＊14 同右。

＊15 Alf Landon（一八八七―一九八七）カンザス州知事（任期は一九三三年から三七年）。

＊16 *Our Country*, p133. 原注

＊17 James T. Patterson, *The Dread Disease*, Harvard University Press, 1987, p111. 原注

＊18 *New York Times*, June 29, 1977. 原注

＊19 *New York Times*, December 29, 1998. 原注

＊20 *Jim Farley's Story*, p251. 原注

＊21 同右、p254. 原注

＊22 同右、p234. 原注

＊23 同右、p206. 原注

＊24 Mayo Clinic ミネソタ州ロチェスターに本部がある総合病院。

＊25 Edward R. Stitt（一八六七―一九四八）軍医長官の任期は一九二〇年から二八年。

＊26 Robert Sherwood, *Roosevelt and Hopkins*, Bantam, 1950, pp148-149. 原注

＊27 論文名：Progress of Simple Moles and Melanotic Sarcoma. 原注

＊28 Margaret C. Tod, Radiological Treatment of Malignant Melanoma, *British Journal of Radiology*, 1946, p224. 原注

＊29 An Inquiry into the Nature of the Pigmented Lesion Above Franklin Delano Roosevelt's Left Eyebrow, pp530-531. 原注

＊30 *New York Times*, February 16, 1940. 原注

＊31 同右。

＊32 Geoffrey Ward, ed., *Closest Companion*, p134. 原注

7章　終わりの始まり

おかしな男、ウォレス副大統領

一九四一年一月二十日、ルーズベルトは、わが国史上初めての三選を遂げた大統領として就任宣誓をした。副大統領はヘンリー・ウォレス（農務長官）だった。ウォレスはもともと民主党員ではなかった。彼が民主党に鞍替えしたのは一九三六年のことである（訳注：ウォレスはこの年まで共和党員であった）。ウォレスの寝返りには多くの国民が驚いたし共和党も憤った。彼の過去の政治信条や、一度も大統領や副大統領職を狙った政治活動をしていない事実を知っている民主党員も、彼を軽い政治家だと見なした。単なる変わり者（crackpot）ではないかと見ている者も多かった。

たしかに彼はおかしな人物を敬愛していた。その事実はほとんど知られてはいなかったが、ロシアの内戦時代にやって来た白系ロシア人、ニコラス・ローリッチという人物に心酔していた。ウォレスはこの人物に「親愛なる導師《グル》さま（Dear Guru）」で始まる手紙を何通も出していた。そこにはオカルト風な言葉がちりばめられていたし、ルーズベルトを「策士」と評していた。三選を阻止しようとした共和党候補のウェンデル・ウィルキーは、民主党副大統領候補ウォレスの、奇怪な人物への傾倒ぶりを知らされていた。おかしな手紙のことも知っていた。しかし、選挙戦でこれを材料にして攻撃することはしなかった。民主党陣営から、彼自身のイリータ・ヴァン・ドーレンとの不倫情報とバーターを持ちかけられ、それに応じたのである。ウォレスのローリッチへのオカルト風な手紙が暴露されたのは、一九四八年のことである。彼がこの年に第三党（進歩党）から大統領選に立候補したからであった。

第二期までの副大統領はジョン・ガーナーだったが、ガーナーは、FDRが最高裁判所裁判官の数を増やそうとして失敗した先述の事件を契機に、FDRと袂《たもと》を分かった。その代わりの人物として、FDRはウォレスを副大統領に選んだのだが、その決定は民主党の大統領候補選出大会で、多くの民主党員を驚かせた。憂慮する支持者に対して、ランニングメイト（副大統領候補）にウォレスを認めなければ選挙には出ないとまで言い、支持者を納得させたのである。なぜルーズベルトがこれほどウォレスに執心したか、はっきりしたことはわからない。ウォレスはアイオワ州出身で強烈なリベラルであった。彼が住んでいた地区は、民主党でも左派が強い選挙区であった。FDRは政権遂行に（ニューディール政策に心酔する）ウォレスのようなリベラル政治家を必要としていたのかもしれない。また、穀倉地帯のアイオワ地区では対立候補のウィルキーの人気も高かったから、ウォレスを副大統領候補にすることで、その人気に風穴を開けるという思惑があったのかもしれない。

いずれにしても、大統領候補選出大会ではウォレスの人気は低かった。党幹部の強引な支持要請でようやく副大統領候補の座を射止めたにすぎなかった。副大統領候補受諾のスピーチのために演壇に向かおうとしたウォレスを、ジェイムズ・バーンズ上院議員が押しとどめた。

「ウォレス君、スピーチするのはやめておけ。きみがスピーチすればこの大会は台無しになる」

これを聞いたウォレスは登壇を諦め、自席に戻ったのである。[*1]

ルーズベルトはウォレスとのコンビで選挙戦を戦うことになるが、ギャロップ社の世論調査では、共和党候補をわずか二ポイント、リードしているにすぎなかった。[*2]しかし、FDRがイギリスの海軍基地の九十九年間使用権を条件にして、イギリスに対して旧式駆逐艦を供与することを発表すると、そのリードは一〇ポイントに広がった。（必ずしも非干渉主義者ではなかった）共和党候補ウィルキーはルーズベルトの導入した平時における初めての徴兵制度を支持した（訳注：FDRはフランス陥落〔一九四〇年六月〕の二日後にアメリカでも初めての平時における徴兵法案〔the Selective Training and Service Act〕を議会に諮《はか》った。同法案は九月に成立した）。このため、非干渉主義を主張する共和党支持者を落胆させた。このこともあって、FDRの三選はスムーズなものになった。

一九四一年五月四日は、第三期政権の百三日目であった。この日、FDRは、バージニア州シェナンドー渓谷の静かな町スタントン（Staunton）を訪れた。ウッドロー・ウィルソンの生家が改装され、そこでスピーチをするためであった。ウィルソンは、彼を海軍次官に登用したかつての上司であり、またルーズベルトは彼を敬愛していた。FDRは、このときのスピーチで、非干渉主義（孤立主義）を激しい口調で詰《なじ》っている。彼の演説を聞く聴衆に向かっては、彼らこそ（ウィルソンのような干渉主義者＝国際主義者）が世界の自由と民主主義を信じる正しい人々であると訴えた。三選を目指したときの公約「国民をヨーロッパの戦場に送らない」とはまったく異なる演説であった。つまり、ルーズベルトは、かつてウィルソン大統領が標榜した「わが国には世界の民主主義を守る義務がある」というメッセージをこのとき初めてはっきりと表に出したのだった。

「わが国は世界の民主主義を守るために戦った。我々は同じ信念を持ち、いつでも戦えるのである」[*3]

『タイム』誌は、このスピーチは聴衆を感激させたと報じている。「(これまでは非介入の演説ばかり聞いて飽き飽きしていた)記者たちも、一般聴衆と同じように静かに聞き入っていた」[*4]。そうしたなかでも、記者連中はひそひそと、大統領の体調はよくない、と囁き合っていた。[*5]

輸血処置が行なわれたのか

スタントンから戻った大統領は、マッキンタイアに胃の痛みと、疲れがひどいことを訴えている。心配したマッキンタイアは急いで血液検査を行なうよう指示した。血液サンプルは海軍医学校(the U. S. Naval Medical School)のラボに検査に回された。その血液サンプルの主は「F. David Rolph」(訳注:頭文字表示はFDRとなる)と表示されていた。

ルーズベルトは多くの病院で診断や治療を受けていた。そのたびに仮名を使っている。「F. David Rolph」は、二ダース以上もある仮名の一つだった。ルーズベルトは、検査のためにワシントンにある海軍病院(ワシントンDCのフォギーボトム地区にあった)に何度も検査に通っているし、一九四一年半ば以降には、国立海軍医療センター(メリーランド州ベセスダ)にも足繁く通っている。[*6]

（原注：診察や治療でＦＤＲがどのような仮名を使っていたかは、ケネス・クリスペルとカルロス・ゴメスが一九八一年の情報公開法［ＦＯＩＡ］に基づいて、国立海軍医療センターに問い合わせたことで明らかになった。そこで確認された仮名には Mr. Delano、Roy F. David、Dan F. Rhodes、Daniel F. Rhodes、Fred Rose、Fred D. Rosen、F. David Roy などがあった。またＦＤＲの息子の名前を利用した Mr. Elliott、James D. Elliott というものもあった。ほかにも、大統領顧問やホワイトハウスに勤める者の名前も利用された。薬剤師でマッサージ師でもあった Mr. Fox、ホワイトハウス担当の警官 John Cash などがそうである。そのほかには Mr. Ford、G. A. Forkes、Ralph Frank、Rolph Frank、Frank A. McCormack、D. Rhodes、Dan R. Rhodes、D. Rhoades、Dan R. Rhoades、Mr. Rhodes、Mr. Rolphe などがあった。マッキンタイアはＦＤＲが何度も国立海軍医療センターに診察に行ったことを認めている。仮名の使用はメディアに騒がれないための工夫であったと考えられる）

その検査結果をマッキンタイアはよくわかっていたはずである。とくにＦＤＲの血液中のヘモグロビンの値が低かったことは注目すべきである。ヘモグロビンは血液の赤血球中にある鉄分が豊富なタンパク質で、血液を赤くする成分である。ＦＤＲの値はデシリットル（百ミリリットル）当たり四・五グラムしかなかった。健康な成人の正常値は十四から十七グラムである。一九四〇年三月二十七日の検査では十三・五グラムあったものが急激に減っていたのである。[*7]

この数値は、八パイント（訳注：一パイントは〇・四七リットル）の血液を失うことに等しかった。これは過去十四カ月にわたって彼の体内で作られた三分の二の血液に匹敵した。酸素を運ぶ赤血球の数は二百八十万に減っていた。正常値を大きく下回る数字である（訳注：一ミリリットル当たりの正常値は四百三十万から五百七十万。三百万以下は貧血となる）。これは鉄分が数カ月にわたって不足して起きたものだと推測される。この数字では生命も長くはなかっただろう。いつ最悪の結果に陥ってもおかしくない状況だった。

大統領は体調を崩したがホワイトハウスは落ち着いていた。報道官のスティーブン・アーリーは、この翌日、報道陣をオーバルオフィス（大統領執務室）に集めて定例のブリーフィングを行なった。「本日の閣議後、主治医のロス・マッキンタイア医師の診察があった。平熱より一度五分（華氏）高かった。マッキンタイア医師の診断は、食あたりだろうということであった。何が悪かったのかをマッキンタイアは把握しており、大統領はまもなく回復するだろう」と報道陣に語ったのである。「回復を早めるために、大統領自身による会見はやめ、休養をとってもらった」。そうアーリー報道官は説明した。マッキンタイア医師は普段は出てこないこの会見に現れ、ＦＤＲは胃腸の具合を少しばかり悪くしている、しばらく休養させたい、特段心配するようなことはない、お腹の調子も数時間で良くなるだろう、と説明した。マッキンタイアの説明は虚偽であった。彼は意図的に、報道陣を、そして国民を欺いたのである。そして彼の嘘は続くのである。

実際は、大統領の容態は少なくとも二十四時間にわたって悪かった。前日は寝たきりで、公式記録でも病気ということになっている。医療スタッフのほかに付き添っていたのはマーガレット・サックリーだった。彼女は昼夜にわたってＦＤＲの傍らにいた。実際の彼の病状はマッキンタイアが説明したような軽いものではなかった。消化器系下部に出血が見られた。また公にはＦＤＲが生きているころには一切語られていないが、彼はかなりひどい痔に悩まされていた。

マッキンタイアは戦後になって『USニューズ&ワールド・レポート』誌に次のように語っている[*8]（一九五一年）。

「大統領には大きな健康問題はなかった。ただ少し気になったのは、軽い貧血の症状があったことだ。彼には痔による出血があった。一般の人も苦しんでいるような痔である。かなり出血が続くことがあって、ときに寝込むことがあった。それでも回復は早かった。誰もそのことに気づかないほどだった。その程度の軽いものだった」

現実にはFDRの出血は決して軽いものではなかった。循環器専門医のハワード・ブルーエン医師は、大統領の貧血症状が始まったのはブルーエン医師が診察を始める少なくとも二年前のことだろうと語っていて、それが決して軽度のものではなかったと証言している[*9]。痔が原因で肛門部周辺から出血するという診立てはおかしいのではないかと疑われた。医学史家のクリスペルとゴメスは、FDRに見られたあれだけのレベルの貧血は、痔だけで起こるものではないとしている[*10]。痔による出血は数滴だけでも便器にたまった水の表面を真っ赤に染める。たとえ下肢の不自由があってもFDR本人が気づいたであろうし、介護の者がいればそれに気づかないはずはない。あれだけの貧血を起こすほどの痔による出血が長期間放置されることはありえない。

仮にFDRが痔に悩んでいることが事実だとしても、その治療法は外科的手術であり、それで簡単に治るものだ。貧血を回復させるために四カ月もかかるはずはない。マッキンタイアは頻繁に尿検査を行なっていた。それでも長期間FDRの血球数（blood count）を正常な数値に回復させていなかったなら、言ってみればプロの運転手が居眠り運転をするようなものである。自分の地位を危なくするようなことをマッキンタイアがするだろうか。

貧血の症状を見て、マッキンタイアと海軍病院のスタッフは、集中的に血液検査を実施している。スタッフの顔ぶれはマッキンタイアの信頼の篤いポール・ディケンズ（循環器専門医）と二名の助手であり、それに二人の軍医（ジョン・ハーパー大佐、ロバート・ダンカン大佐）であった。貧血症状が見つかってから四日ごとに一連の検査が実施されている。二週間半の間に少なくとも十回の検査が行なわれた。この間、ルーズベルトが病床にあったことはハロルド・イッキーズの日記に記されている。

マッキンタイアは、大統領は胃腸の調子が悪いとしていた。特段心配はいらないが、微熱があって、仕事ができる状態ではない。それが彼の診断であった。この間、大統領に接することができたのは医者のほかには侍従のような立場にいる者だけだった（「イッキーズ日記」一九四一年五月十日付）。貧血の症状から一週間後、ルーズベルトは予定されていたラジオの全国放送をキャンセルした（一九四一年の一年間に病気が理由でキャンセルした放送は五回を下らない）。大統領のヘモグロビンの数値は治療にもかかわらず危険なほど低いままだった。それが突然八・〇グラムまで上昇したのは五月十五日のことであった。

その二日前には五・七五グラムであったから、上昇した理由はマッキンタイアやブルーエンが説明したような硫酸第一鉄や鉄分注射によるものではない。考えられるのは輸血である。それも一回ではなく複数回の輸血がなされたと考えるほかない。マッキンタイアはＦＤＲには微熱が続いていたとしているが、それは輸血に対する反応だと思われる。これは異質のタンパク質が体内に入ってきたときに一般的に見られる現象である。FDRを診ていた医師は誰一人として輸血を行なったことを明らかにしていない。FDRの死後もそのことを誰も語っていない。しかし、夫人のエレノアが娘のアンナに次のような手紙を書いていたことから、輸血がなされたことは確実である。

「お父様の容態があまりよくなくて、マッキンタイア医師は心配しています。赤血球の数が急激に減って二百八十万になっています。本来は五百万くらいはなくてはいけません。お父様は輸血を二回受け、腸内をきれいにしてもらっています。その結果、血色もよくなり、赤血球の数も四百万に戻りました」[*11]（一九四一年五月十五日付）

マッキンタイアはFDRの親族にも容態を語ることはなかったが、このときは例外だった。そうでなければエレノアがFDRの赤血球の数を知るはずがない。手紙ではその数が「急激に」減ったと書かれているが、この言葉を使ったのはマッキンタイアが自分の責任を回避するためだったかもしれない。

このころ、どのような輸血処置がされたのかがわかる記録が残っている。それによればFDRへの輸血は二回ではなかった。最初の輸血がなされた後、ヘモグロビン量は再び減り、七・五グラムだった（五月十七日）。八・七五に急に上がったのが二十一日、さらに一〇・五に上がったのは二十四日であった。六月四日には一二にまで上昇している。ルーズベルトのヘモグロビン量がシーソーのように上下していることから、五月十五日から八月二日の間に出血は続いていて、容態を安定させるために、少なくとも八回の輸血が必要だったと考えられるのである。

六月二十二日、エレノアはカンポベロ島でアンナに次のような手紙を書いていた。この日は輸血処置をした二日後にあたる。

「お父様はまた体温が下がったようです。医師は軽い感染症が原因と言っていますが、本当の原因はわからないそうです」[*12]

エレノアはFDRの症状を相当心配していたようだ。「電話で、お願いだから、よその医師の診察を受けてみてと懇願したら、お父様も明日はそうしてみるよ、と言っていた」と書いている。[*13]明らかに出血が治まっていないことを示す文面である。七月十五日には便の検査が行なわれているが、かなりの量の出血が続いていた。ファイバー内視鏡検査で腸内全体の検査が可能になるのはまだ先のことで、患部を視覚的に検査することは難しい時代だった。

副大統領のウォレスはこのころ上院に呼ばれることが多かった。しかし、彼には大統領からの権限委譲はなかったし、大統領に生命の危険があって、万一の場合、彼自身がホワイトハウスの主人になる可能性があったことなど知りもしなかった。

FDRの出血が痔によるものでなかったら、本当の原因は何だったのだろうか。頻繁な検査でも医師たちは原因を特定できなかったらしい。想定されるあらゆる原因は検討されたはずである。ルーチンの血液検査だけでなく、溶血（訳注：感染などで赤血球膜が破れヘモグロビンが血球外に出る現象）や炎症のチェックも行なわれていた。それでも原因はよくわからなかった。十四カ月もの長期にわたっての消化器系下部からの出血。考えられる原因を書き出すと長いリストになる。便中に出血（潜出血）を見る場合、その一つの原因が結腸癌（colon cancer）であった。しかし、徹底的な消化器系の検査でも異常がないことから、この可能性は消えていたと考えられる。もう一つの可能性は大腸憩室症《けいしつえん》である。この病気では腸壁の外に飛び出した嚢状部《のうじょうぶ》から出血する。しかしこの場合は痔と同じで、出血が目立ち、かなり早い時期に対処ができたはずだった。そうであれば外科的な治療がなされて然るべきだった。

ドイツ諜報機関の病状分析

医学生は、「蹄《ひずめ》の音が聞こえたら、それは馬だとまず思え。シマウマが走っているかもしれないと考えるのはその後だ」と教わる。ルーズベルトの場合でも、消化器系下部の出血原因は寄生虫や毒物摂取などによるものである可能性がなきにしもあらずだったが、それは蹄の音でシマウマがやって来たと疑うようなものだった。可能性の低い「シマウマ」リストのなかに「放射線の影響」がある。ルーズベルト政権第三期のころに、報道関係者や医学関係者の間で、大統領は前立腺癌ではないかという噂が広がったことがある。[*14]

ヴェロニカ・レイクは著名な映画女優で自叙伝を出版しているが、そのなかに興味深い記述がある。[*15]一九四五年一月にホワイトハウスでルーズベルトの六十三歳の誕生パーティーが催された（訳注：FDRの誕生日は一月三十日）。大統領はヤルタで行なわれるスターリンとチャーチルとの会談に向かっていたから、そこにはいなかった。

ファーストレディ（エレノア）は、厳しい顔付きで椅子に腰掛け、窓の向こうの芝生を見つめていた。やがて立ち上がると私のところにやって来た。

「大統領は病気なの」

彼女の言葉には精気がなく、私の気持ちを惹こうなどとはしていなかったから、私は黙ったままでいた。

「彼は前立腺癌で、帰国したら手術の予定なの」

私は、そんなことを聞かされたくなかった。

「何て言っていいのかわかりませんわ」と答えるのが精一杯だった。

「何でこんなことをあなたにしゃべったのか、自分でもわからないわ。人間て、こんなときにはしゃべりたくなるものらしいわ。あなたになぜしゃべってしまったか、私にもわからない。このことを知っているのは担当医と側近だけなの。あなたも黙っていてね」

私は彼女から聞いたことを誰にもしゃべらなかった。なぜ口外しなかったのか私にもわからない。


前立腺癌の存在を示すのはレイクの証言だけではない。一九四四年から四五年初めにかけて、FBIは噂の出所を血眼になって追っていたのだ。長官のエドガー・フーバーとホワイトハウス上層部からの強い指示によるものだった。噂が渦巻いていたのは医療関係者の間だった。このことは10章で詳述する。

ただ、前立腺の癌はかなり早い時期からあったのではないかと考えられる。前立腺癌の治療には、放射性物質を外科的に患部に埋めることがあった。この時代に使われたのはラジウムである。前立腺に、会陰部や膀胱あるいは直腸部を切開して、放射性物質（ラジウム）を埋め込み、それに続いて腫瘍部に大量の放射線を浴びせた。この部位に放射線を当てると患者はかなりの不快感に見舞われる。外科手術的にも簡単な処置ではない。近接した部位（直腸）から出血することも多い。ホルモン療法が導入されると、このような治療法が時代遅れになったのも頷ける。

（原注：一九四一年、チャールズ・ハギンズとクラレンス・ホッジスは、男性ホルモンが前立腺癌に深く関係しているとする論文を発表した。論文は外科的にあるいは化学療法によって去勢することの効果を説明していた。化学療法はエストロゲン〔女性ホルモン〕を経口摂取させるものだった。この論文は、前立腺癌の治療法を系統立てて説明する嚆矢となった。ハギンズとホッジスは一九六六年にノーベル医学賞を授与されている。なお、放射性物質を使う治療については、当時、海軍病院はその最先端をいっていた。ルーズベルトを診た放射線医師はチャールズ・F・ベーレンスであった。彼は『原子医学〔*Atomic Medicine*〕』を編集している〔一九四九年〕。同書は放射線の人体への影響について学ぶ教科書であった）

左眉上の黒変についても放射線治療が必要だっただろう。仮にそれが行なわれていても、そのことは気づかれなかったに違いない。FDRはそのために長い間公務からはずれることがあった。たとえば一九四〇年三月には、家畜感染症（スワンプ熱）とされ、長く休んでいる。（仮に放射線線治療が行なわれていたら）その傷を回復させるには十分な時間であった。

前立腺癌の噂は、FDRがウィリアム・カルホーン・スターリング医師の治療を受けたことと関係していた。彼はワシントンでも著名な泌尿器科医で、ホワイトハウス報道官のスティーブン・アーリーのブリッジ仲間であり、ゴルフ友達でもあった。アーリー自身も診てもらっていた。[*16]

スターリングはテキサス大学およびヴァンダービルト大学医学部で学び、二十年のキャリアがあった。ジョージタウン大学医学部でも指導にあたっていた。マッキンタイアは、大統領を診る特別医療チームを編成しているが、その一員がスターリング医師であった。

(原注：スターリング医師の義父エドウィン・フッド・ティルマンは海軍中佐で、彼も大統領の医療とかかわりがあった。かつてハワード・タフト大統領がミシシッピ川を下ったことがあったが、そのときの艦隊を指揮したのが彼であった。大統領の肥満を心配した医師らが、食餌制限を指示し、体重を落とそうとしていた。そのために乗組員全員の食事の量を一律に減らした。これをやめさせたのがティルマンだった。「大統領自身が自らをコントロールできなければ駄目だ」と主張し、この企てを中止させた。これを知ったタフト大統領は喜び、その後ティルマンと親しくなったのである〔一九三八年三月二十六日付『ワシントン・イブニング・スター』紙〕)

スターリング医師が医療チームに加わったというのは噂にすぎないと考えられていたが、それが本当だったことが、ほかならぬ彼自身の証言で明らかになっている。大統領を担当した医師のなかでも、スターリングは患者の容態を公の場でしゃべることにあまり気を使わない人物だった。スターリングがFDRの政治を嫌っていたせいかもしれない。FDRに対して同じような感情を持っていた『シカゴ・トリビューン』紙のホワイトハウス担当記者ウォルター・トローハンは、スターリング医師が情報源の一人であったと自著の伝記のなかで述べている。もちろん、スターリングは自分の言葉として引用されることは拒否していた。[*17]

スターリング医師はＦＤＲへの外科手術を拒否した。その理由はＦＤＲの身体があまりに弱っていたからだ。この噂はたちまちワシントンで広まった。ただ何のための外科手術が検討されたのかはわかっていなかった。一九四四年の噂の元となったのはトローハンに間違いなかった。この噂の源についてはＦＢＩが調査していた。

実は、ＦＤＲはスターリング医師の診察をかなり早いころから受けていたらしい。トローハンによれば、早くも一九四二年には同医師が診ている。[*18] また、スターリング医師の娘が父の診療所に勤めていたが、彼女によれば一九四〇年ごろにはＦＤＲはスターリングの診療を受けていたという。[*19]

ルーズベルトの健康問題はわが国の報道機関では扱わなかったが、外国の関心は高かった。ドイツ諜報機関アプヴェーア（Abwehr）は、諜報の世界では伝説的人物であるヴィルヘルム・カナリス提督が指揮していた組織である。この組織のファイルによれば、一九四一年六月十九日付で「極秘情報《トップシークレット》」がワシントンから発せられている。この情報は、パン・アメリカン航空の大型飛行艇チャイナ・クリッパーで中国に運ばれ、日本の占領地域となっていた上海からベルリンに打電されたものだ。情報の発信者はフリードリッヒ・サウエルマ（Friedrich Sauerma）伯爵であった。彼につけられたコードネームは「ディンター」となっていた。ディンターは、大統領を診る複数の医師から直接情報を得ていた。彼はまた、ワシントンの上流社会との交流もあった。上流人士らは、スターリング医師がＦＤＲの治療に深くかかわっているという情報を得ていた。

「信頼できる情報源から、ルーズベルトは尿毒症に苦しんでいることがわかった。尿道からのカテーテルを使う治療が頻繁に行なわれた結果である。軽い喉の痛み、あるいはそれに類似した症状が何度も報告されているが、それらは本当の病状を隠すカムフラージュである[20]」

ベルリンでは、ナチスの医学専門家が、右の報告を受けて、大統領の病は排尿障害によるものだと記録していた[21]。ここでの所見が必ずしも正確だということはできないが、大統領を診ていた医療関係者と直接のコネクションを持つエージェントからの報告だけに、ある程度の真実が含まれていると考えてよかろう。

実際、このころ、ベセスダの海軍病院にＦＤＲが訪れる回数は増えていた。一九四一年から亡くなるまでの四年間に、少なくとも二十九回は出かけていることがわかっている。ＦＤＲが病院で検査を受けたことはわかっているが、何らかの治療が施されたかどうかはわからない。病院関係者によれば、大統領の診察は日帰りであって、泊りがけになることはなかった。マッキンタイアもそう説明している。

しかし、不思議な証言もある。同病院の看護婦バーバラ・リントは、大統領が毎週火曜日にやって来て、水泳療法によるリハビリを受けていた、と証言している[22]。しかし、ホワイトハウスにはプールがあった。そのプールは一九三三年にＦＤＲのために作られたものだった。そして、彼は頻繁にそこを利用していたのである[23]。ＦＤＲはこのころ、死に至る可能性のある病と闘っていた。そんななかにあっても、彼は、部下のコーデル・ハル国務長官や次官のサムナー・ウェルズとともに日本の野村吉三郎大使と頻繁に交渉している。野村は、一触即発となった両国の緊張関係を何とか打開しようと懸命な努力を続けていた。

カサブランカ、テヘランでの異変

ＦＤＲと近しいマーガレット・サックリーが、二年ほど中断していた日記を改めてつけ始めたのもこのころである。彼女は、ＦＤＲが政権に就いた時期から律儀に日記をつけていたが、一九三九年七月にやめている。それを一九四一年五月二十一日から再開したのである。日記が中断している間に興味深い事件が起きていた。ヨーロッパでの戦いが始まり、ＦＤＲ三選の選挙戦もあった。またこの間に、彼女はファラと名づけられたスコティッシュ・テリアを大統領にプレゼントしている。この犬は大統領のペットとして有名になった。

後に出版されたサックリーの日記の編集を担当したジェフリー・ウォードは、彼女が日記の内容を相当に改竄《かいざん》したこと、ＦＤＲに宛てた手紙の内容を破棄したことを明らかにしている。[*24] 日記をやめていたと言われる時期にも彼女はそれをつけていたのだろうか。つけていたとしたら、ＦＤＲの死から自らの死までの半世紀のどこかで、それを廃棄することを決めたのだろうか。その答えはもはや誰にもわからない。

仮におよそ二年にわたって日記が中断していたことが事実で、一九四一年半ばからそれを再開したことが本当だとしたら、ＦＤＲがひどい貧血の症状を見せていた時期に再開したことになる。そのことは、サックリーが、ＦＤＲの病状が相当に深刻だったと考えていたことを意味するのではなかろうか。もちろんその後ＦＤＲは回復した。彼女は、ＦＤＲがこのころにひどい血液の問題で苦しんでいると知っていた。ただ彼女はその問題の性質については聞き間違いをしているようだ。赤血球の問題でなく、白血球が不足していると理解していた。そのように理解した彼女は素人ながら調べてみたようだ。彼女の出した結論は、白血病であった。彼女はこの病が確実に死をもたらすと記している（一九四四年四月八日、同五月五日、同十二月十五日の記述）。

一九四一年後半の日記には抜けている日がある。とくに十二月七日とその前後がない（十二月七日は日本の真珠湾攻撃があった日である）。翌日には、FDRはかの有名な「恥辱の日」演説で対日宣戦布告を求めた。FDRにとってこのころは会議の連続であった。主治医のマッキンタイアの指導が無視されるほどだった。[*25] したがって、仮にこのころに麻痺した足に徐々に筋力が付いてきていたとしても、その回復が止まったことは間違いない。マッキンタイアが筋力を維持するために用意した運動を、FDRは行なう時間がなくなったからである。[*26] トローハン記者によれば、スターリング医師が手術を勧めたのはこのころらしい。どのような手術かは明かされていないが、前立腺の治療にかかわるものだろう。FDRは参戦問題の忙しさのなかで、この手術の勧めを断っている。

一九四一年の半ばから、サックリーの日記の記述が多くなっている。その内容は、メディアではほとんど報じられない大統領との私生活にかかわるものであり、政治や世界情勢に関するものはなかった。日記に記された内容や、彼女が大統領に宛てた手紙、あるいは電話での会話の記録からすると、彼女がFDRと極めて近しい関係にあったことは明らかだった。また、そこからは大統領の健康が徐々に悪化していく様子も見て取れるのである。それでも一九四二年には大きな病変は記録されていない。ただ、しょっちゅう鼻の調子が悪くなっていることが記録されている。左眉の上の色変は、この年の春ごろにはほとんど消えていた。

一九四三年一月半ば、ＦＤＲはモロッコのカサブランカに飛んだ。飛行機に乗って移動する初めての大統領となった。ウィンストン・チャーチル英国首相と、亡命した自由フランス軍の二人の指導者（シャルル・ド・ゴールとアンリ・ジロー）と会談するためだった。ソビエトのスターリンも招かれていたが、スターリンは出席を断っていた。会談のテーマは、ヨーロッパの軍事戦略における同盟構想の打ち合わせだった。そこでは、同年にはイギリス海峡からフランス沿岸への侵攻作戦は取らないことと、むしろドイツ占領下にある北アフリカ方面への攻勢に出ることが協議された。この会議でもう一つ重要なことは、連合軍は枢軸国の無条件降伏を求めることが初めて公式な声明として発表されたことだった。

ＦＤＲは十日間国外に出たことになる。マッキンタイア軍医は、「厳しい交渉をこなすことができるほど大統領が回復し、健康への不安は払拭された」と書き留めているが、ＦＤＲの健康はこの会談以降、明らかに悪化の一途をたどっていったのである。[*27] ＦＤＲは一月三十一日にワシントンに戻ったが、このころから、病からの回復が容易でなくなった。カサブランカでは、ＦＤＲは熱を出していた。チャーチルも、ＦＤＲが「奇妙なアフリカ熱」にやられて数日休まなくてはならず、疲れきっていたと記している。

大統領が疲労困憊していたことについては、ほかにも証言がある。ウィリアム・アレン・ホワイトは『エンポリア・ガゼット』紙（カンザス州）の編集長で、ＦＤＲを支持する干渉主義者であった。彼は、参戦を主張する団体、「連合国救援アメリカ防衛委員会（Committee to Defend America by Aiding the Allies）」を設立した中心メンバーの一人だった。ホワイトは大統領がカサブランカから帰国してすぐのリンカーン・デー（二月十二日）の演説を聞いた。会場はワシントンのスタットラー・ヒルトンホテルだった。その夜の演説では大統領が疲れているのが誰の目にもわかった。ホワイトは、大統領の声には聴衆を魅了するいつもの張りがなく、最後にはまったく聞き取れなかったと述べている。[*28]

二月二十七日のサックリーの日記には、大統領が寝込んでから四日が経ったと書かれていた。「熱が引いたにもかかわらず、気分がすぐれず、先週の火曜日のお昼ごろ、突然気分が悪くなった」とある。寝込んだときの体温は華氏一〇二度（摂氏三九度）もあった。マッキンタイア医師は、毒性のある何かを摂取したのかもしれないとしていたが、原因は不明なままであった。

その翌日の日記には、「医師たちがサルファ剤（訳注：合成抗菌薬）を四度処方し、これで回復するだろうと思われていた」ことが記されていた。実際、薬の副作用で、FDRはしばらくの間、午後二時以降は執務ができなかった。[*29]三月九日になっても、「あまりに疲れがひどくて、そういう自分にいらいらする」とFDRが語っていたことを、サックリーは記していた。FDRの手がときどき震えていたことも書き留められている。FDRの手の震えはパーキンソン氏病のような安静時振戦（訳注：じっとしている状態でも起こる震え）ではなく、意図振戦（訳注：何か動作をしようとするときに起こる震え）であった。FDRの振戦症状は改善することなく急速に悪化していった。六月には、秘書のグレイス・タリーにコーヒーカップを大型のものに替えるように指示している。そうでないと飲もうとするときに手の震えでこぼしてしまうからであった。

秋になると、FDRの疲労と病状は誰の目にもわかるほどに悪化した。十月には少なくとも九日間は、体温が華氏一〇四・二五度（摂氏四〇・一度）まで上がり、身体中が痛んだとサックリーは記している。ＦＤＲはほかにも深刻な症状を見せていたことが書かれている。議会へ出す教書原稿を書きながら二度も眠ってしまったのである。また踵《くるぶし》が浮腫《むく》んでいた（十月十八日付）。この症状の意味することをサックリーは気づいていないようだが、これはＦＤＲの心臓機能低下の可能性を示すものだった。

この症状に加えて腹部の痛みもあった。サックリーはＦＤＲに頼み込むようにしてマッキンタイア医師の診断を受けさせた。これが、悪性黒色腫が転移したらしいことを示す最初の兆候であった。しかしＦＤＲは「痛みは消え、医者は要らなくなった」と言い、何の問題もないかのように振る舞った（九月三十日付）。

しかし二カ月後のテヘランでＦＤＲが見せた症状は、もはや笑い事では済まないものだったった。テヘランでＦＤＲ、チャーチル、スターリンの連合国の三巨頭が初めて一堂に会した。十一月二十八日にはＦＤＲ主催の夕食会があった。料理はステーキとベイクドポテトだった。ＦＤＲとスターリンは、バルト海のアクセス権について協議していた。通訳のチャールズ・ボーレンによれば、このときＦＤＲは突然顔が真っ青になり、額から大粒の汗が噴き出した。彼は震える手で汗をぬぐった。これには誰もが驚いた。ハリー・ホプキンスはあわてて車椅子のＦＤＲを部屋で休ませようと出て行った。

ＦＤＲをマッキンタイアが診た。ホプキンスは、ちょっとした消化不良だったと説明し、みなを安心させている。しかし、その夜の会食にＦＤＲは戻らなかった。ホプキンスはボーレンに、病状が心配だと深刻な面持ちで語っている。[30]懸念すべき兆候はほかにもあった。イギリス代表団のメンバーの一人が、昼間の会議でFDRはスターリンに多くを語っていたかどうかをチャーチルに尋ねている。「ハリー・ホプキンスが、FDRの対応は拙かった（inept）と言っていた。スターリンから多くの質問が出たが、間違った答えばかりしていた」。これが、しばらく口ごもった末のチャーチルの答えだった。[31]

明らかに大統領の側近らは、消化不良以上に重大な何かがあることを隠すようにと言われていた。彼らはFDRの病状を隠そうと一所懸命だった。FDRの病状は月を追うごとに悪化した。テヘランでの事件はまさに終わりの始まりだった。このときから、FDRは最期のときに向かう階段を降りていった。FDRは、一九四三年初めにカサブランカから病人になって戻ってきた。この年が暮れるころには、彼は死に行く大統領になっていたのである。それが冷酷な医学的現実であった。

注

＊1　Charles Peters, *Five Days in Philadelphia*, Public Affairs, 1940, p150. 原注

＊2　Jean Edward Smith, *FDR*, p472. 原注

＊3　*New York Times*, May 5, 1941. 原注

＊4　*Time*, May 12, 1941. 原注

＊5　Doris Kearns Goodwin, *No Ordinary Time*, Touchstone, 1995, p235. 原注

＊6　Kenneth R. Crispell and Carlos F. Gomez, *Hidden Illness in the White House*, p254. 原注

＊7　このころ、FDRは（家畜から感染する）スワンプ熱（swamp fever）に冒されていた。六日間に三度の血液検査を行なっている。最初の検査で白血球の数が急激に上がっていた。原注

＊8　*U. S. News & World Report*, March 23, 1951. 原注

＊9　Jan K. Herman, The President's Cardiologist, *Navy Medicine*, March/April, 1990. 原注

＊10　*Hidden Illness in the White House*, p78. 原注

＊11　Bernard Asbell, *Mother and Daughter*, Coward McCann and Geoghegan, 1982, p131. 原注

＊12　同右。原注

＊13　同右。原注

＊14　Veronica Lake（一九二二―七三）アイルランド系のハリウッド女優。右目が長い髪で隠されて映るシーンが魅力的だった。『シェーン』の主演アラン・ラッドとの共演が多かった。

＊15　Veronica Lake with Donald Bain, *Veronica*, Citadel Press, 1971, p132. 原注

＊16　Harry S. Goldsmith, *A Conspiracy of Science*, p97. 原注

＊17　Walter Trohan, *Political Animals*, p198. 原注

＊18　同右。原注

＊19　*A Conspiracy of Science*, p97. 原注

＊20　Ladislas Farago, *The Game of the Foxes*, David McKay Co., 1972, pp330–331.

＊21　同右。

＊22　The Accidental Nurse, *Potomac Currents*, 2005. 雑誌記事。原注

＊23　History of the White House Press Briefing Room, White House Press Office, U. S. News Wire, February 11, 2000. 原注

＊24　Geoffrey C. Ward, ed., *Closest Companion*, p xix. 原注

＊25　Ross McIntire, *White House Physician*, p139. 原注

＊26　同右。原注

＊27　同右、p151. 原注

＊28　James MacGregor Burns, *Roosevelt: Soldier of Freedom*, Harcourt-Brace-Jovanovich, 1970, p151. 原注

＊29　Ted Morgan, *FDR: A Biography*, Simon & Schuster, 1985, p658. 原注

＊30　Charles Bohlen, *Witness to History*, W. W. Norton, 1971, pp143–144. 原注

＊31　*Roosevelt: Soldier of Freedom*, p409. 原注

8章　ハワード・ブルーエン医師はいつから関与したか

座ったままでの手術

一九四四年二月三日早朝、ホワイトハウスの報道官スティーブン・アーリーは執拗な報道陣の攻勢に叩き起こされた。記者たちは「大統領がベセスダの海軍病院に入ったのは手術のためか」と聞いてきた。この問題にはコメントできない。それがアーリーの答えだった。彼は「その質問には大統領自身が答えるだろう」と辟易《へきえき》した調子で言い、記者の理解を求めた。結局、彼らは、この件をその日に記事にすることができず、翌日の定例記者会見まで待たねばならなかった。

記者たちが大統領の健康問題を気にしていたのは驚くことではなかった。ドリュー・ピアソンは著名な政治コラムニストで、「ワシントン・メリーゴーラウンド」と題されたコラムは全国の新聞に配信され、多くの国民に読まれていた。彼は、「FDRは最高の体調で新年（一九四四年）を迎えた。FDRの健康が万全なことは歴代のどの大統領にも勝る」という文章を配信したばかりだった（一月八日）。「FDRは激務のなかでも体調管理の方面では天才である」[*1]とも書いていたが、現実にはナンセンスそのものであった。

大統領は病んでいた。そのことはFDR自身が一月十一日に行なったラジオの「炉辺談話《ろへん》」で明かされたのである。FDRは、毎年議会で行なう年頭教書演説ができないことを謝罪した。理由は風邪であった。「順調に回復しているが、主治医がホワイトハウスを出て議事堂に向かうのを許さない」[*2]と申し訳なさそうに語った。大統領の「風邪」の症状はとてもそんなものではなかった。より重篤で回復にも向かっていなかった。テヘランから帰って以来、気管支に炎症が起き、それが一向に改善の兆しを見せていなかった。そのため一週間以上ベッドで休まなければならなかった。咳が止まらず、濃い痰がしつこく出た。そのため夜も昼も十分な休養が取れなかった。

主治医のマッキンタイアは、「大統領はこれまでは病気になっても、すぐに元気になっていた。回復力が失われている」[*3]と心配している。マーガレット・サックリーは、このころFDRとハイドパークの私邸で会っているが、「思ったより大統領の体調は悪くなかったが、とにかくすぐに疲れてしまうようだ」（一月二十二日付「日記」）と記していた。

二月二日、大統領は後頭部にあった脂肪の塊（こぶ）の切除手術をした。塊は二十年ほど前から少しずつ大きくなっていたが、帽子を被るとそれが当たって痛んだ。たいしたことのない手術であったが、心配したサックリーと娘のアンナは病院に付き添っている。サックリーはこのときの心境を次のように記している（二月二日付「日記」）。

「ちょっとした手術らしいけど、それ以上の意味があると思う。手術には四人の医師が立ち会うらしい。切除するのはただの瘤《こぶ》だけど、それがアメリカの大統領にある瘤なら、とっても大事なことだから」

実際の手術では七人の医師が手術室に入っている。ちょっとした手術にしてはこの医師の数は多い。立ち会っていたのはマッキンタイアのほかには以下の六人の海軍病院の軍医たちであった。ジョン・ハーパー大佐（医師長）、ロバート・ダンカン大佐（心臓専門医）、ルイス・ジリー大佐（一般外科医）、ウィンチェル・クレーグ大佐（神経外科部長、前メイヨー・クリニック神経外科部長）、ジョージ・ウェブスター大佐（整形外科部長）そしてジョン・W・ペンダー大佐（麻酔医）であった。執刀はウェブスター大佐が担当した。

ペンダー医師は、メイヨー・クリニックで研鑽した優秀な麻酔医だった。彼は、一九七九年に、ハリー・ゴールドスミス医師に手紙を寄せているが、そのなかで、次のように語っている。[*4]

「手術室に入る前に患者（FDR）を診る機会はなかった。瘤の大きさはニワトリの卵大で、後頭部の中央にあった。帽子を被るとバンドが当たる位置だった」

ペンダーの描写は正確なようだ。この手術は緊急を要するものではなかったにもかかわらず、手術に立ち会った二人の外科医が、大統領を手術前に診ることが許されていないのは驚くべきことである。この手術についてはもう一つびっくりする点がある。それはウェブスター医師が述べているのだが、大統領をうまく横にさせておくのが難しかったことである。このような手術の場合、うつ伏せにして手術するのが一般的である。筆者は、外科の専門家の意見を聞いたが、みなそうした意見であった。FDRには下肢の麻痺があったとしても、ふつうであれば、うつ伏せにするはずだった。

ところが、ウェブスターによれば、手術はFDRを車椅子に座らせたまま行なわれたのである。椅子のヘッドレストは彼とクレーグ大佐が手術しやすいように改造された。[*5] 座ったままの手術であり、FDRは抗凝結効果のあるアスピリンを常用していたこともあり、かなりの出血があり、FDRの着ていたTシャツを赤く染めた。血染めのTシャツを誰が処分したのかわからず、これには看護婦長も驚いている。手術に立ち会った者はみな調べられたが、その行方は杳としてわからなかった（実はこの血染めのTシャツは薬剤師助手のハリー・ガニソンが隠していた。二〇〇七年に、彼の息子のジョンはそのシャツを今でも持っていると筆者に教えてくれた）。

なぜ座ったままでの手術が必要であったのか。おそらくうつ伏せになると呼吸困難が生じたのではないか。たしかに手術の数週間後に、横になると呼吸が苦しくなる症状があったと記録されているのである。この症状はFDRの心臓左心室不全の可能性を示すものだった。クレーグ医師の担当は、大統領の頭部を呼吸が楽になるような位置に固定しておくことだった。手術は部分麻酔で行なわれた。ウェブスター医師は、手術は順調で、摘出した部分の細胞は病理診断に回され、その結果は良性の表皮嚢胞《のうほう》、つまり単なる脂肪の塊だったと報告されたと証言している。[*6]

マーガレット・サックリーは、マッキンタイアに手術に立ち会わないかと誘われたが断っている。彼女は手術がうまくいったことに、とても喜んでいる。「大統領は手術中に医者たちに自らいろいろ指示していたようだ」と日記に残している（一九四四年二月二日付）。傷口は八針縫ってあったが、彼女も大統領も、そこに小さなガーゼが当てられるだけだったことにびっくりしたようだ。このとき大統領はメディア戦略を練っていたらしい。頭に包帯をぐるぐる巻きにして、一七七六年（訳注：独立宣言の年）の精神（the Spirit of'76）、すなわち戦う大統領のイメージを、国民に見せたかったようだ。[*7]

ＦＤＲはメディアを使ってこの手術をどう利用するかしっかりと考えていた。早くも病院関係者かＦＤＲに近い者からのリークで手術のことをかぎつけた新聞記者は、その日の真夜中過ぎからアーリー報道官に電話をかけ始めた。しかし、手術はたいしたことがないとのイメージをつくるために、大統領（や報道官）は、二十四時間はまったく情報を出さなかった。そして予定されていた記者会見の最後に、とってつけたように手術のことに触れたのである。大統領は笑いながら次のように記者に語った。

「昨日のことだが、アーリー報道官が目を真っ赤にして私のところにやって来た。夜中に何度も記者からの電話で起こされ、寝られなかったらしい。大統領は何か手術をしたのか、としつこく聞いたらしい。たしかに私の身体に鋭いメスが使われた、つまり手術があったことはあった。しかし、まあそれは爪切りで爪を切るようなもので、たいした手術じゃない」と言ってから、手術がどんなものだったかを記者に語った。この処置が予防的なものだとも付言した。大統領の口調から、あまりこのことには突っ込むなという雰囲気があったのか、あるいは大統領の健康問題には深入りしないというメディア全体の空気のせいか、記者たちの質問はなかった。ただ一つ、次のようなやりとりがあった。

「大統領、医者たちは大統領の頭皮をぶった切っている（hacking）ときに、煙草を吸ってもいいと言いましたか」

「もちろん駄目だったさ。ただ、手術が終わると同時に煙草をよこせと大声で叫んだよ」

このやりとりでその場は大笑いになり、次の質問に移ったのである。翌日の新聞では、手術のことはほとんど報じられなかった。報じたものもあったが小さな扱いだった。『ニューヨーク・タイムズ』の次のような短い記事がその典型だった。

「大統領、手術したことを明かす。後頭部の瘤の切除だったと語る」（一九四四年二月五日付）

『ワシントン・ポスト』紙の記事も同じくあっさりとしていた。

「大統領、軽い手術。順調に回復」（同日付）

この問題を深く追及しようとするメディアはなかった。

心臓疾患判明、消化器系疾患の疑い

たしかに手術は大袈裟なものではなかったが、大統領の回復は緩慢だった。風邪をひいていたこともその原因だった。サックリーは日記に、FDRはその後も頭痛に悩まされ、いつも疲労感に襲われていたと綴っている。三月の第三週になっても、「大統領はリラックスできず、眠れないときは真っ直ぐに背筋を伸ばして椅子に座ったままだった」（一九四四年三月二十三日付）と書いている。この記述は大統領が、横になると呼吸が難しくなっていた（起坐呼吸）ことを示すものである。このことは、FDRが眠るときは板を使って四インチ頭を上げていたという情報があることからも確からしいと思われる。ただし、頭を高くして寝ていたという情報の出所は明らかではない。*8

体調がすぐれないこの時期、ＦＤＲはすべてのアポイントをキャンセルしている。心配していたのは、もちろんサックリーだけではなかった。娘のアンナは、テヘランから帰って以来、父の秘書としてあるいは身の回りの世話係として、ホワイトハウスに出入りしていたが、彼女も心配していた。目の周りの隈、震える手、極端に疲れる身体。すべてが心配であった。（原注：アンナはホワイトハウスに入るにあたって、そこであったことを日記やメモの類に絶対に残さないようＦＤＲから命じられていた。自分の娘に対して、なぜこんな条件を課したのかはよくわからない。そんな彼女が、サックリーが日記をつけていることを知っていたかどうかは不明である）[*9]

ＦＤＲの個人秘書ビル・ハセットも日記をつけていた。毎朝、気分はどうですか、とＦＤＲに尋ねると、返ってくる言葉はきまって「最悪だ（Rotten）」とか「地獄の苦しみだ（Like hell）」だったと記している[*10]（一九四四年三月二十四日付）。その二日後、ＦＤＲは一〇四度（摂氏四〇度）の熱を出して寝込んだ。ハセットは、「ボスの顔色はひどく悪く、病んでいる」と書いた（一九四四年三月二十六日付）。もう一人の秘書グレイス・タリーも、ＦＤＲの症状がこれまで見たこともない状態になっていることに大きな不安を感じていた。

「大統領は手紙を読みながら、あるいは私に口述筆記をさせながら眠り込んでしまうことがある。私がそれに気づくと彼は決まり悪そうに苦笑いを浮かべた。こういうことが頻繁に起きるようになり、私はとても心配になった[*11]」

タリーはアンナに自分の不安を打ち明けた。するとアンナも同じように心配していることがわかった。アンナは、父が近頃、今まで見せたことがないほど、じっとしていることが多くなったことに気づいていた。タリーはマッキンタイアにも不安を伝えた。すると、アンナがすでに彼に相談していたことがわかった。[*12] 後にアンナは、このころのことを次のように語っている。

「おそらく、流れるべき量の血液が送り込まれなくなるときがあったのではないか。私は父のそのような状態を自分の目で見ているが、母は知らなかったと思う」[*13]

父の状態を深刻に考えたアンナは、マッキンタイアに掛け合って、ＦＤＲにベセスダの海軍病院で入念な検査をさせた。彼女は「病院ではもう一度大統領をしっかり診てくれるでしょう。Ｘ線検査もし、必要な治療を施し、薬も出してくれるでしょう」（一九四四年三月二十六日付）と日記に記し、海軍病院の対応に期待した。

検査が行なわれたのは三月二十七日だった。ＦＤＲを診察したのは心臓病の専門医ハワード・ブルーエンだった。彼の診察結果は驚くべきものだった。この時点までマッキンタイアも気づいていなかった診断だった。ＦＤＲの心臓に重篤な疾患があると知らされたのである。このときの診立てをブルーエン医師は、一九七〇年に『内科学会年報（*Annals of Internal Medicine*）』に発表し、今日まで彼の説明による心臓疾患がＦＤＲの生命を奪ったと信じられてきた。

公式な説明では、ブルーエンがＦＤＲを診たのはこの日が初めてだったとされている。しかし、どうも彼はそれ以前からＦＤＲを診ていたのではないかと疑われる。そしてマッキンタイアもＦＤＲの心臓疾患については数カ月前から知っていたと思われる。多くの歴史書が、ブルーエン医師を若い新米医師であるかのように描写している。しかし彼は三十九歳の著名な心臓専門医で、医学専門誌に少なくとも十本は論文を発表していた。彼はニューヨークのコロンビア長老派教会病院

(Columbia Presbyterian Hospital)に十年以上勤務し、同院の理事であり、同時に開業医でもあった。一九〇五年に生まれたハワード・ブルーエンは、コロンビア大学とジョンズ・ホプキンス大学医学部で学び、成績もトップクラスだった。真珠湾攻撃の後、彼は海軍に志願した。彼はこのときのことを次のように説明している。

「志願兵募集事務所に行ったところ、次の誕生日の後にもう一度来いと言われた。今採用となれば軍医大尉だが、次の年の採用なら軍医少佐での任官になるからという理由だった」[*14]

彼は一九四二年十一月にあらためて志願した。入隊したブルーエンはサンプソン海軍訓練病院(ジュネヴァ・ニューヨーク州)で訓練を受けた。一九四三年四月七日、マッキンタイアは、海軍軍医総監に対して、ブルーエンをベセスダの海軍病院に異動させるよう要請している。ベセスダの海軍病院では循環器科の主任医師として、また海軍第三軍区の医療顧問として働いてほしいというものだった。[*15] ブルーエン自身、なぜこのような突然の栄転となったのかわからなかった。彼は海軍史家のジャン・K・ハーマンに次のように語っている。[*16]

「戦後のことになるが、私は、誰が私の情報を入手し、ベセスダ勤務を決定したのか調べたが、結局はわからなかった」

『シカゴ・トリビューン』紙のウォルター・トローハン記者は、心臓専門医のブルーエンに目をつけていた海軍が入隊させたとしているが、ブルーエンの海軍入隊の経緯からすると、そうではないだろう。おそらく、(大統領の心臓疾患を心配した)マッキンタイアが海軍病院のスタッフのなかで適当な人材を探し、ブルーエンに白羽の矢を立てたというのが真実だろう。ここで疑問が湧く。大統領にはすでにロバート・ダンカンという心臓専門医がついていた。それにもかかわらず、なぜもう一人の医師を必要としたのかということである。

このことを考えるために時間を少し戻したい。一九四三年一月、大統領はカサブランカ会談に臨む準備をしていた。FDRは過去十年間、一度も飛行機を使ったことがなかった。このときマッキンタイアはパイロットに、九千五百フィート（二千九百メートル）以上に飛行高度を上げることを禁じた。戦時では一万三千フィート（四千メートル）以上が義務づけられていた。[*17]規則を無視したのは、マッキンタイアがFDRの心臓を心配したからだと、ハリー・ホプキンスは後に語っている。このエピソードは、FDRの心臓疾患が見つかったことが公式に知られる一年も前のことである。

高高度のところに心臓疾患を持つ者が長くいることは危険である。心臓は、薄い空気のなかで（血中酸素を上げようとして）代償機能を働かせるために、（心臓の疾患を悪化させる）代償障害が起きるのである。脳に酸素を送ろうとするので、脈拍は早くなる。また高高度では、体液が脳内あるいは肺に溶け入って生命にかかわる危険も高くなる。九千フィート（二千七百四十メートル）でも大統領の顔色は悪く、マッキンタイアはひどく心配していたとホプキンスは語っている。[*18]

マッキンタイアがさらに心配することになったのは、山脈を越えるために一万三千フィート（四千メートル）まで高度を上げなければならないと聞いたときだった。「これは何とかしなければ。大統領はそんな高度には耐えられない」。マッキンタイアは気が気ではなかったのである[*19]（ハリー・ホプキンス）。

同年暮れ、FDRはテヘラン会談に向かうことになった。テヘランにはアジア方面への飛行が必要だったが、マッキンタイアは一部鉄道を使うよう強硬に主張した。飛行機は「絶対に七千五百フィート（二千三百メートル）以上の高度をとらないこと、それが条件だ」と同行するFDRの息子エリオットに約束させた。エリオットはしぶしぶパイロットのオーチス・ブライアンに伝えることを約束した。[*20] ワシントンに戻る際もマッキンタイアは、敵の攻撃を避けるために雲のなかに入ることを禁じた。雲に隠れる場合、八千フィート（二千四百メートル）の高度が必要だったからである。敵の占領地域に近づいたときでさえもそう命じた。[*21] マッキンタイアは自著のメモワールのなかで、このような指示を出したことを語っていない。

エリオットは、一九四六年に回顧録を出版し、当時のことを語っている。（それを読んだ）マッキンタイアは、ある地方紙の編集者に「たしかに何度も一万フィート（三千メートル）まで上昇しなくてはならない場面があった」「エリオット君は、（高度計に基づくものでなく）感覚で飛行高度を推測していたのだろう」などと語っている。ロバート・シャーウッドも自著のなかで、ハリー・ホプキンスの日記を引用しながら、エリオットが述べたようなやりとりがあったと書いている。

マッキンタイアは、飛行機のとるべき高度について一切語ってはいないものの、明らかに一九四三年の初めには、大統領の心臓疾患に気づいていたのである。つまりその時期は、心臓専門医のブルーエン医師をベセスダ海軍病院に赴任させる少し前ということになる。

ブルーエンが海軍病院に赴任して、まず診ることになったのはFDRではなく夫人のエレノアだった。五月十一日、彼女は、数々の健康チェックのために病院を訪れた。基礎代謝検査、EKG（心電図）、血液検査などを実施した。担当医のジョージ・カルバー医師が、EKGの結果をチェックしてくれるよう依頼したのである。ブルーエン医師は一九七〇年に発表した論文[*22]のなかでも、その後のインタビューでも、エレノアを診察したことを語っていない。この後、エレノアをもう一度診る機会があったかどうかも不明である。ブルーエンがFDRを診るのはこのおよそ一年後ということになっている。このとき、夫人を診たことがあるとFDRに語ったかどうかもわからない。

さて、ブルーエンは、いつごろからFDRを診ることになったのだろうか。ブルーエンがFDRの心臓を診るようになったのは、かなり早い時期ではなかったかと推測される。ブルーエンは一九七〇年に発表した論文では一年と二週間担当したと述べている。ところが、ブルーエンとマッキンタイアの二人が交わした書簡では違う数字になっている。二人は一九四六年に、マッキンタイアが著作を出版する前に情報交換をしているが、そのやりとりは次のようなものだった。（傍点筆者）

「あなたの二年間にわたる確かな判断と協力のおかげで、大統領の健康が管理され、彼はその職務を全うすることができました」（マッキンタイア）

「私にとって大統領が亡くなる前のおよそ二年間を担当することができたことは光栄です」（ブルーエン）

一九五一年に、『USニューズ&ワールド・レポート』誌がマッキンタイアをインタビューしているが、そのときにも、「数年間にわたって、ブルーエン君の助けを借りた」と語っている（一九五一年三月二十三日号記事：「アメリカは死の病を抱えた男を大統領に選んだのか」）。このインタビューのおよそ二十年後にブルーエンは、FDRの娘アンナの夫ジェイムズ・ハルステッド医師とFDRについて語り合っている。ハルステッドはブルーエン医師が次のように語ったと伝えている。

「私が初めて大統領を診たのは一九四三年暮れのことだった。大統領の容態があまりによくないことに愕然（appalled）とした」（傍点筆者）

このように、およそ二年にわたってブルーエン医師がＦＤＲの心臓疾患を診ていたとの証言がある。一つの証言だけであれば記憶違いもあり得るが、三回も同じような証言がなされていることは信憑性の高さを示している。

ブルーエンは「大統領を診察する場合、急なことが多かった。咳がひどい、あるいは呼吸が苦しいといった症状で、カルテ（medical file）もなかった。私がそれを要求するまで見せてもらえなかった」と述べた。彼は「大統領は仕事で移動することが多すぎる。それが咳や呼吸困難の原因だろうと診断した」と述べているが、その後には、「大統領を一目見て、相当深刻な病気があるとわかった。顔は真っ青で、皮膚も、唇も、爪も青味がかっていた」と言っているのである。血液中のヘモグロビンが十分に酸素を運んでいれば血の色は赤くなる。そうでなければ青味がかる。ＦＤＲの皮膚や爪が青白かったのは、酸素が十分に運ばれていないことを示していた。[*23]

ブルーエンはこの四半世紀後に自著の出版のためにメモを残している。それが「シーン1」と書かれた映画の脚本のような以下の描写である。

全体に青味がかる、心臓肥大、心拍は正常で心雑音なし。両肺に肺音（rale）あり（肺に体液の存在示す）。Ｘ線では心臓肥大が著しい。大動脈広がり、痛み強い。ひどい症状に驚き、軍医総監に左心室不全を報告。（ＦＤＲ図書館ブルーエン文書）

ブルーエン医師は一九七〇年に医学専門誌に論文を寄稿している。そのなかで、「大統領は診断中にずいぶんと咳込んだ。ただ痰は出なかった」と書いている。*24 この時点でブルーエンは、大統領の症状は、心臓肥大からくる鬱血性心臓疾患、高血圧およびそれに伴う疾患と診立てたのである。〔原注：この時点でブルーエンは高血圧症状を心配していない。これについては、とくに驚くことではない。このころは一般に高血圧の危険性についての認識はなかった。これについては当時、著名な心臓専門医であったポール・ホワイトの著作が参考になる。ホワイトは海軍長官フランク・ノックスをブルーエン医師とともに診たこともあり、後にドワイト・アイゼンハワー大統領が心臓発作を起こすと、彼の個人主治医になった医師である。ホワイトは一九三一年に出版され、心臓病のテキストとされた本〔*Heart Disease*〕のなかで、「高血圧はおそらく〔老化に伴い血液を送るための〕人体の自然調整機能であって、血圧の調整ができるとしても、それをしてはならない」と書いている。また、チャールズ・フリードバーグは、『心臓病〔*Disease of the Heart*〕』という本のなかで、二一〇／一一〇程度の血圧であれば治療の必要はない、としている。この本の出版はFDRの死の一年後のことである。この時代、高血圧が心配される患者に対しては、スイカ、キュウリの種、ヤドリギ、あるいはニンニクを摂取することが勧められた。言うまでもないが、このころには、高血圧に対処する薬はなかったのである。この事実を知らないと、マッキンタイアがFDRの高血圧を見逃した、放っておいた、という的外れな批判をしてしまうことになる。ただ一九四四年に出版された『セシル医学教科書〔*Cecil's Textbook of Medicine*〕』では、「性質《たち》の悪い〔malignant〕高血圧の場合、収縮期血圧〔最高血圧〕は二〇〇から二五〇で、拡張期血圧〔最低血圧〕もおおむね上昇する。鬱血性の心臓疾患は、病状を複雑にし、つねに死と直結する」と記されている。一九四四年三月三十一日以降、ＦＤＲの最高血圧はつねに二〇〇を超えていた）

この診断に対するマッキンタイアの反応は「文章にできない」ものであったとブルーエンは語っている。マッキンタイアは、ブルーエンに対処法をレポートにまとめるように指示した。[*25] ブルーエンは指示に従って、それをベセスダ海軍病院の上司ハーパー大佐に報告した。ただし患者名は伏せられていた。レポートでは次のような対処法を患者に勧めるべきだと記されていた。

一、今後一週間から二週間は看護婦付き添いの環境で休養をとること。
二、ジギタリス製剤の処方、四分の一グラムのジギタリスを毎日五日間、最終的には一日一グラムとする（訳注：ジギタリス製剤は、薬用植物ジギタリス〔キツネノテブクロ〕から精製した強心剤）。
三、消化のよい食事、一回の食事の分量は少なめに。食塩の摂取制限。代用に塩化カリウムの使用も考えられる（訳注：塩化カリウムは食塩の代用になるが、苦味のある塩味となる）。
四、鎮静剤の使用による十分な休養および睡眠の確保。

ハーパー医師はこの考えに反発した、とブルーエンは記録している。ハーパーは軍医長の立場から、ブルーエンの示した対処法がハーパー自身に、そしてまたブルーエンの将来にかかわってくると恐れたのである。ブルーエンは、ハーパーがこの対処法を了解すると考えていただけに、彼の反応に驚いている。それでもブルーエンは、ＦＤＲの心臓疾患は重篤で、はっきりと数値を示して管理しなければ、（一九四五年二月の）任期満了まで命は持たないと考えたのである。

ブルーエンの対処法については、マッキンタイアもハーパーと同じような反応だった。要するに、ブルーエンの診立てを否定したのである。「それはできない。ＦＤＲは何といってもわが国の大統領なのだから」と言われたとブルーエンは述べている。その後二日にわたってブルーエンは大統領を診たが、症状は変わらなかった。そのためマッキンタイアは（ブルーエンの考えを認め）、より詳細な対処法をまとめ、その是非について担当医師団に意見を求めた。大統領に対して次のように指示するかどうか検討したのである。

一、一日に決められた業務時間の厳守。
二、喫煙本数の制限（ＦＤＲはキャメルを日に四十本吸っていた）。
三、これまで高血圧に悪影響があると考え使用を控えていたアミノフィリンの処方（訳注：この薬は心筋の緊張の緩和効果があり、鬱血性心不全の症状を和らげる）、食後三回。
四、フェノバルビタール（睡眠薬）の処方。
五、食後一時間の休養。
六、軽いマッサージ。
七、ホワイトハウスでの夕食（ゲスト無し、ワーキングディナーも無し）。
八、最低十時間の睡眠。
九、水泳の禁止。

十、一日の摂取カロリーを二千六百カロリーに制限、低脂肪ダイエット。
十一、必要に応じて、通じ薬処方。

ブルーエン医師は、前立腺についても検査をするよう要求した。その検査結果は公表されていない。またブルーエンが一九七〇年に発表した論文にもこのことは触れられていない。ブルーエンは眼底検査（網膜血管）も要求した。高血圧の影響を確認するためである。マッキンタイアはこの分野での専門家であるから、自ら検査ができるはずであった。しかし、これについても検査結果が残されていない。しかし、検査されたことは、マッキンタイアが一九五一年のインタビュー（『USニューズ＆ワールド・レポート』誌）で、「眼底の血管に異常はなかった。前回のチェックと比べて変化はなかった」と述べていることからわかる。

一九四四年三月三十一日には、新メンバーが加わった医療チームの別の検討会があった。新たに加わったのはアトランタのジェイムズ・ポーリン医師と、フランク・レイヒー医師である。前者は、アメリカ医師会会長であり、後者は有名なボストンのレイヒー・クリニックの創設者で、二人は海軍の名誉顧問でもあった。レイヒー医師は、おそらく当時のアメリカで最も著名な外科医だろう。医療チームによる検討会は翌朝にも開かれた。

余談であるが、ＦＤＲは、一九四三年に駐ソ大使にジョセフ・デイヴィスを任命し、赴任前の健康診断をレイヒー・クリニックで行なうよう指示した。ＦＤＲの息子のジェイムズも側近のハリー・ホプキンスもメイヨー・クリニックを使っていたのに、レイヒー・クリニックでの診断をデイヴィスに勧めたのは不思議なことであった。

このときの検討会では議論百出で、要領を得ず、病状の深刻さを示すデータを無視したような意見もあった、とブルーエンは書いている。注目すべきは、レイヒー医師が消化器系について注意を向けたことである。もともと大統領の症状で最初に問題となったのは気管支であり、心臓の疾患だったのである。ブルーエンは外科的手術の必要性には言及していない。しかし、彼によれば、レイヒー医師は消化器系の疾患は重篤で、検査が十分になされなければならないと考えていたようだ。

ポーリン医師は、だいたいはブルーエン医師の診立てに同意していたが、心臓疾患についてはすぐに加療が必要なほどには重篤ではなく、様子見でよいと考えた。ポーリンは、ジギタリス（心収縮機能増強剤）を処方することを避けたかったのである。この薬による副作用（無気力化、動悸、幻覚、視覚障害）を心配したからである。ブルーエンはポーリン医師の考えに概ね同意したが、ジギタリスは処方すべきだと考え、その意見をマッキンタイアに伝えた。意見の異なる二人は翌朝あらためてＦＤＲを診察した。その結果、ジギタリスを処方することが決まった。その他の指導法についても意見がまとまった。煙草は一日六本に制限、カロリー制限（千八百カロリー）、仕事量の制限、午後に二時間の休養などである。

レイヒーが消化器系に注意を向けたことについてデイジー・サックリーは次のようにＦＤＲから話を聞いたと日記に残した（一九四四年三月二十八日付）。

「大統領は、『医者の連中はX線検査をはじめ、とにかくいろんな検査をしたが、とくに大きな問題は見つからなかった。少し鼻が詰まっていたことぐらいだった』と話してくれたけれど、医者たちは大統領に厳しい食餌療法を指示した。これは一歩前進だった」

ＦＤＲの説明でいったんは安心したサックリーだったが、レイヒー医師とポーリン医師が一週間後に再度の検査をしたと聞いて、あらためて「間違いなく何かおかしい」と感じている（四月四日付「日記」）。

大統領の健康問題の実態は以上のようなものだったが、主治医マッキンタイアの国民に対する説明は不誠実極まりないものだった。頭の瘤の摘出手術については、海軍病院関係者からすでに情報がリークされていた。「大統領の容態はかなり悪いのではないか」。ワシントンではそのような噂が広まった。一九四四年四月四日、この噂を打ち消そうとマッキンタイアは、報道担当官のスティーブン・アーリーの執務室に記者を集めて大統領の容態について説明した。その内容は『ニューヨーク・タイムズ』紙の次の記事で知ることができる。

「我々医師は大統領の健康をチェックしたが、六十二歳の年齢を考えれば、特段心配することはない。大統領は十分に健康（satisfactory）である」

これが、ＦＤＲが命にかかわるほどの鬱血性心臓疾患と診断されたわずか一週間後の説明だったのである。健康チェックはどのようなものかと記者から質問を受けたマッキンタイアは、毎年やっている健康診断の一環で、大統領の食生活や体重の変化と、患っていた気管支炎のチェックであると答えている。

「大統領は少し日に当たって、のんびりできれば主治医の私としてはとくに言うことはない」（『ニューヨーク・タイムズ』紙、一九四四年四月五日付）

『タイム』誌は、軽い気管支炎のため軽い咳が出たが三週間ほど止まっていない、と書いた。しばらくすると、ジギタリスが効果を表わしてきた。処方から十日後に、ブルーエンは、「素晴らしく効果が出ている。肺のわずかな湿潤は消え、きれいになっている。心臓の肥大も弱まった。咳も止まり、夜の睡眠も十分に取れている」とメモに記している。

ブルーエンは、会議でこの結果をレイヒー医師とポーリン医師に示した。（ジギタリスの処方に慎重だった）ポーリンもその効果をしぶしぶ認め、（それを見た）マッキンタイアはしたり顔で（ブルーエンに）目配せしたのである。

ホブコー・バロニーの休暇

現実には、ＦＤＲの血圧は高いままであった。そして彼が鬱血性心臓疾患を病んでいることは一切明らかにされなかった。この時点でブルーエンは、マッキンタイアと同じような主治医の役割を果たすことになる。ＦＤＲの健康チェックを毎日行ない、彼の旅にはつねに同行した。ブルーエンは後に、「大統領は、診察の回数が多すぎるのではないかとか、なぜ心電図を（頻繁に）とるのかとか、あるいはときに実施される各種の検査に関して、一切とやかく言わなかった」と述べた。

一九九〇年、ブルーエンは海軍史家のジャン・Ｋ・ハーマンに、大統領は処方されている薬にも血圧の状態にもまったく関心を示さず、それについて質問することはなかった。大統領にはやることがたくさんあって、自分の健康などにかまっていられるかと思っていたのだろう、と語っている。

このブルーエンの証言が、ＦＤＲの死後三十年にわたって信じられてきたことを補強した。ところが前述のマーガレット・サックリーの日記の発見で、それが事実と違うことが判明したのである。彼女の日記から、FDRは自身の健康をことのほか気にしていたことがわかってきた。事実は、ブルーエンの説明とはまったく違っていたのである。

（ジギタリスの投与で）容態を回復したとはいえ、ブルーエンは安心していない。「休養を十分に取ること、リラックスするために頻繁にワシントンの業務から離れること」が必要だと考えた。（彼の進言もあったのか）FDRのグアンタナモ湾（キューバ）訪問はキャンセルになった。理由は戦況の変化、大統領の健康その他であるとされた。FDRは四月五日に、バミューダでチャーチルと会談しようと計画していたのだ。そこでヨーロッパ上陸作戦（オペレーション・オーバーロード）について協議しようと考えていた。二カ月後に実行されたノルマンディー上陸作戦についての打ち合わせが必要と考えたのである。

ところが、三月二十日に、会談をキャンセルする秘密の大統領親書をチャーチルに送っている。これは、ベセスダでの健康チェックが行なわれた一週間前にあたる。キャンセルの理由は体調不振のため、直ちに休養に入らねばならなくなったというものである。チャーチル宛の手紙は私信の体裁となっていた。

ワシントンから（海軍専用通信）
一九四四年三月二十日　午後六時三十分
大統領から前海軍関係者へ（親展）

（訳注：ＦＤＲはチャーチルが首相に就任する〔一九四〇年五月〕以前から秘密に交信していた。大統領のカウンターパートはチェンバレン首相であったが、ＦＤＲは一介の大臣チャーチルと直接コンタクトしていた。その際に、ＦＤＲはチャーチルの名を使わず「海軍関係者〔Naval Person〕」という言葉を使っていた。そのため首相になっていたチャーチルを「前海軍関係者」と表現している）[26]

私は自分自身にとても腹が立っています。しつこい風邪（grippe）のせいで、ときどき熱が出てしまうのです。一週間前に、（主治医の）ロス（マッキンタイア）が、二、三週間の完全休養を勧めてきたので、今月末に休暇をとる予定です。医者の意見には逆らえません。実に残念で（会談ができないことを）腹立たしく思っています。[27]

この親書に対してチャーチルは、お会いできないのは残念だが、「全快されたら、記念すべき日にわが国を訪問されるものと期待しています」と返信している。このことは、ＦＤＲがノルマンディー上陸作戦の日に英国訪問を計画していたことを示している。この計画は実行されなかった。いずれにしろ、ＦＤＲの親書からわかるのは、ベセスダでの検査の二週間前まで、つまり三月十三日までの段階で、長期休養の必要性をマッキンタイアが主張していたことだ。その休養は、休養のための休養であって仕事を持ち込むようなことがあってはならない性格のものだった。

ＦＤＲは五月六日の記者会見で、グアンタナモ湾での滞在計画があったことを明かしている。そしてキャンセルの理由を、キューバには「無政府主義者が跋扈《ばっこ》し、殺し屋や嘘つき連中（prevaca-tor）が溢れているから」とオフレコで記者に語った。[28]計画中止は、（三月二十七日の検査以前の）ブルーエンの診断によって、大統領の心臓疾患が重篤であることをマッキンタイアが理解した結果だろう。短時間であっても飛行機に乗ることが危険だと考えたのである。

キューバ行きの計画は、FDRのシークレットサービスの長であるマイク・レイリーが立案したが、その旅程によれば、まずワシントンからウェスト・パームビーチ（フロリダ州）までが二、三時間の空の旅となり、そこからキューバまでさらに数時間の飛行が必要だった。このスケジュールではFDRの生命にかかわる事態の発生が危惧された（そのためカリブ海での休養は避ける必要があった）。ホワイトハウスは、バーナード・バルークに連絡をとった。バルークは金融資本家であり、長期にわたってFDR政権の顧問を務めていた。彼はこれまでに何度か、ルーズベルトを別荘に招待したいと言っていた。

バルークの別荘はホブコー・バロニー（Hobcaw Barony）と呼ばれ、サウスカロライナ州にあった。別荘はバルークの所有する二万三千エーカー（九十三平方キロメートル）の敷地内に建っていた。大統領がここで休暇をとるのであれば、列車で五百マイル（八百キロメートル）移動するだけでよかった。

FDRはこのころ、大統領としての職務がまったく果たせなくなっていたことは、マーガレット・サックリーの日記（一九四四年四月四日付）で明らかである。「起床は正午近くで、大統領執務室で昼食（朝食）をとり、秘書のグレイス・タリーと仕事を済ませると、六時には就寝」していた。つまり、連合軍のノルマンディー上陸作戦の少し前の時点で、一日に四時間以上は執務できない状態にあった。サックリーは二日後の日記で、FDRは午後に九十分の昼寝をとるようになり、執務

バーナード・バルークのホブコー・バロニー別荘
〈http://www.nationalregister.sc.gov/georgetown/S10817722036/pages/S1081772203601.htm〉

時間はさらに短くなったと記している。

四月九日にＦＤＲはホブコー・バロニーにやって来た。彼自身が認めているように、仕事を持ち込まない、まったくの休養が目的だった。ユナイテッド・プレス通信社（ＵＰ通信）の記者メリマン・スミスは、「大統領に就任してから最も長い、本当の意味での休暇であった」と評した[*29]。たしかにＦＤＲの別荘での日課は休養そのものだった。起床は十一時半、食事（朝食）は午後一時にとった。その後に二時間の昼寝が続き、九時には就寝した。つまり一日に十六時間寝ていたのである[*30]。

とにかくＦＤＲは眠っていたかった。彼は記者にホブコー・バロニーで何をしたいかと聞かれると、「とにかく寝ていたい。世界情勢はどうにかなっていくだろう[*31]」と答えている。ＦＤＲはホブコー・バロニーに到着してすぐにサックリーに手紙を書いた。この手紙は結局彼女に届けられなかったが、「とにかく体調が悪い（feeling no good）。

何もしたくない。ただ眠りたい」[32]と記されていた。

このころワシントンでは、マッキンタイアが、FDRの娘アンナの夫ジョン・ボエティガー[33]にFDRの容態について説明していた。ジョンはマッキンタイアの説明は十分なものであると信じ、アンナに次のように知らせた。

「マッキンタイアと長い時間にわたってお父さんの容態について話し合った。パパは大丈夫なようだが心配だ」

マッキンタイアは、娘婿のボエティガーにはかなり率直にFDRの容態を話したらしいが、夫人のエレノアに対してはそうではなかったようだ。何も知らせなかったと言ってもよかった。エレノアは、報道官のアーリーに頼み、ホブコー・バロニーに電報を打ち、FDRの容態を尋ねている。電報の内容は「(ファーストレディは)大統領の容態を知りたがっている。彼女は何も知らされていない。情報がほしい」というものであった(一九四四年四月十五日付電報)。この要請にマッキンタイアが応えたかどうかはわかっていない。

ヨーロッパの情勢は上陸作戦を控えて緊張していたが、FDRのホブコー・バロニーでの生活は静かで落ち着いたものだった。休暇を終え、ワシントンに戻ることになったFDRは記者会見を開いた(五月六日)。「とにかくのんびりできた。日に当たることを心がけた。釣りも楽しめた」と語った。(原注:FDRは、この記者会見でなぜホブコー・バロニーを休暇の地に選んだか記者に説明している。ほかにも候補地があったが、どこもセキュリティに問題があったことがその理由だとしている)

ホワイトハウス担当の三人の通信社記者には、シークレットサービスから指示が出ていて、大統領に近づけなかった。「大統領はとにかく記者から離れていたかった」とUP記者メリマン・スミスは回想している。[*34]記者たちは、FDRがなぜこれほど引き籠っていたかったのか訝《いぶか》った。FDRは会見で、釣りを楽しんだと言ったが、それはかつてFDRが楽しんだ海に出ての沖釣りとは程遠いものだった。近くの池でナマズ（catfish）を釣っていたのだ。かつてのFDRだったらナマズ釣りなど軽蔑したに違いなかった。大統領は特別に作らせたガラス製の風除けに囲まれたテラスで日光浴をしていたとスミスは伝えている（『ニューヨーク・タイムズ』一九四四年六月九日付）。

ホワイトハウスは、大統領の休暇の模様が外に漏れることを異常に警戒していたとスミスは語っている。スミスはFDRがワシントンに帰った日に、内部情報を元にして大統領の休暇について長文の記事を書いた。FDRはこの記事を読んで激怒した。とくにナマズ釣りをしていたと報じられたことに怒っていた。誰かが賄賂を受け取って情報を流したはずだと言い、FBIに調査を命じるほどだった。これについてスミスは自らアーリー報道官に、「自分たちが泊まるホテルのロビーに、ルーズベルトが読んだ『釣りガイド』が置いてあった。それで釣りのおおよその内容がわかった」のだと説明した。また、「バルーク氏が親しい友人を招待して大統領と懇談する機会を作ったが、そのとき大統領の話を聞いた人から（釣りの）話を聞いた」ことも伝えた。この釈明でFBIの調査はやんだが、スミスはFDRがなぜこれほどこの問題に神経質になっているのか疑問を感じた。[*35]

大統領はどこまで自覚していたか

ホブコー・バロニーでの休養はたしかに効果があったようだ。ブルーエン医師は、FDRの咳が止まり、食欲も出たと記録している。肺のラッセル音も心臓疾患の兆候も消えた。しかし、心臓病の担当医は血圧が上がっていることが気がかりだった。FDRの血圧は朝が高く、夜に低くなる傾向があった。これは一般的な血圧の動きとは逆だった。たとえば四月十九日の血圧は起床の時点で二三〇／一二六〜一二八だったが、その一時間後（朝食後）には二一〇／一〇六だった。ブルーエンはなぜか五分後にもう一度測定していて、その値は二一八／一一二と上がっていた。夜になると血圧は一日のうちで最も下がった。それでも警戒レベルの一九〇／九〇を示していた。ホブコー・バロニー滞在中の一カ月間はこれと同じ傾向にあった。四月二十三日、四人の医師（マッキンタイア、ブルーエン、ジョン・ハーパー、ポール・ディケンズ）は電話会議を開き、ジギタリスの処方量を増やすことを決めている。

（原注：サックリーの日記には、ルーズベルトは血圧の値について医者から説明を受けていたことがわかる。「担当医によれば血圧の値が少し変らしい。ふつうとは違い、よく眠った後なのに、低くならずに高いらしい」と語っていたことが書かれている〔一九四四年六月二十二日付〕。これはブルーエン医師のメモと一致する）

ジギタリスの処方量を上げた五日後の三月二十八日、FDRは腹部が張って不快だと訴えた。そして突然大量の汗をかいたのである。この症状は二週間続いた。四月二十八日の午後になると、FDRは腹部に痛みを訴え始め、吐き気を催すようになった。コデイン（鎮痛剤）を注射したが痛みは三日間にわたって続いた。いったんは治まったかに見えた痛みは翌日ぶり返した。五月四日、デイジー・サックリーはホブコー・バロニーにFDRを見舞った。FDRが彼女に来てほしいと頼んだのである。

彼女は、「大統領は気力が衰え、いったいどうしたのかと、みなが心配していた。もしかしたら理由はわかっているが大統領には伝えていないのかもしれない」（五月四日付「日記」）と記し、医師が何か隠しているのではないかと疑っていた。ブルーエン医師によれば、FDRがワシントンに戻ってから三週間後にX線検査を行ない、コレステロール胆石が見つかっていた。これにはカロリー摂取量を千八百に抑える低脂肪食餌療法で対応することが決まっている。これによって体重を落とす効果も期待された。

サックリーが記録していたFDRの腹痛については、同行した四人の医師だけで処置されている。内科専門医を呼んでいない。ホブコー・バロニーから大都市アトランタまでは百三十マイル（二百十キロメートル）の距離である。専門医を呼ぶことはできたはずだった。ブルーエンは、症状からして同行の四人の医師で十分対応できたからだと後に説明している。この件についてはボストンの著名な病院レイヒー・クリニックの医師デイヴィッド・プレストン・ボイドが、自分に意見が求められなかったのは残念だと綴っている。

（原注：ホブコー・バロニー滞在中のブルーエンのメモは、四月二十三日から二十八日まで空白である。ブルーエン医師はこの間ワシントンに戻り、海軍長官フランク・ノックスを診ていた。ノックス長官は二十三日に心臓発作を起こしていた。ニューハンプシャーで行なわれた、長年の友人ジョン・ミューリングの葬儀に参列中のことだった。二十八日、彼は自宅で亡くなった。長官には、著名な心臓専門医ポール・ダッドリー・ホワイトが付いていた。ブルーエンは認めてはいないが、おそらく彼はホワイトにFDRの

容態について意見を求めたと考えられる）

ＦＤＲは自らの症状を軽く見てはいなかったようだ。彼はワシントンに戻るとハロルド・イッキーズ内務長官に、腹痛があったことを打ち明けている。最初は腫瘍でもできたかと思ったらしい。ところが、突然鋭い痛みを心臓下部の左側に感じた。それから今度はその痛みは右側に移動したという（「イッキーズ日記」一九四四年五月二十日）。この症状で、ＦＤＲは腫瘍ではないらしいと考えた。ＦＤＲは、イッキーズに本当のことを隠していたのか、それとも悪性黒色腫の腹部転移そのものを知らなかったのか。それはわからない。

ブルーエンが嘘を言っていることは間違いがない。彼は、ＦＤＲは自らの容態をまったく気にしていなかったし、心臓専門医の名前を知ろうともしなかったし、なぜブルーエンが毎日診察するのか、その理由も知らなかったと言い続けた。しかし、サックリーがホブコー・バロニーを訪問した一件だけ見ても、その主張が嘘であることがわかる。ＦＤＲは彼女に二通の手紙を書いている。それらは途中で終わっているが、その一通のなかで、「ブルーエン医師がここに付いてきている。彼は一流の心臓専門医らしい。僕の心臓は良くなってきていると思うが、彼は不思議な検査を続けている」と書いていた。[*36]

サックリーは五月五日の日記に次のようなルーズベルトの言葉を書いて、ＦＤＲが自らの病状を心配していることを明かしている。

「どうも病気の原因は心臓にあるらしい。心臓の収縮・拡張のリズムがおかしいようだ。それでも調子は良くなっているようだ」

この日、ブルーエン医師はワシントンに出かけた。サックリーは、FDRと二人きりで話し込んだ。FDRは、担当医師らが何を話して、何を隠しておくかについて合意ができていないらしいこと、少なくとも彼らがすべてを語っていないこと、おそらく彼らが言っている以上に病状が悪そうなことを彼女に語ったのである。「大統領に隠し事をするなんて、愚かなこと！」。それが彼女の感想だった。

現実にはこのような状態であったにもかかわらず、マッキンタイアは、大統領の健康は申し分ないと述べていた。すべての点において同年齢の男性の平均よりも健康である。それが彼の診立てだと説明した。休養が明けた後にホワイトハウスで行なわれた記者会見では「四週間の休養で期待したとおりの効果があった」と語ったのである。

しかしそのように受け止めなかった者もいた。UPの記者メリマン・スミスもその一人だった。彼はFDRに、なぜフランク・ノックスの葬儀に参列しなかったのかと聞いた。FDRの答えは、マッキンタイアに止められたというものだった。スミスは、このときの大統領の体調は良くないと見てとっていた。彼はたしかに日焼けしていたが、よく見れば土気色であった。健康そうにはとても見えなかったのである。*37

大統領の面会担当秘書官を務めていたのはエドウィン・ワトソン将軍だったが、休暇から戻った後の面会は必要最小限にするようにと大統領から指示された。FDRの執務時間は最大で四時間となったから、面会予定は午前十一時から午後一時の間に組まれた。ビジネスランチは中止された。午後は九十分の昼寝の後に二時間ほどかけて必要書類に署名をするのが日課になった。また週末の仕事は一切なしになった。[*38]

このころの状況を、日記を付けていたハロルド・イッキーズ内務長官は次のように書きとめている。

「私には大統領の容態はホブコー・バロニーで休養をとる前より悪くなっているように思えた。しかし誰もが良くなって帰ってきたと言っている。昨日バーナード・バルークと昼食をともにしたが、彼も、大統領は体調をしっかり管理していけば、十分に今年の大統領選を戦い抜き、勝利する見込みがあると述べていた。もちろん、FDRが四選を目指すかどうかはまだわからないが」（「ハロルド・イッキーズ日記」一九四四年五月十三日付）

『ライフ』誌は、（大統領の健康状態について）事実を確かめようとジーン・パーキンス記者にマッキンタイアの人物像《プロフィール》を探らせた。パーキンス記者の極秘取材は、ノルマンディー上陸作戦が決行されたこともあって少し遅れた。その間に（彼女が探っていることを知っていたかのように）大統領の容態を伝える文書が大統領秘書から届いた。その内容はFDRの真の健康状態について誤解を生じさせるものだった。文書は七つの点について説明していた。

一、一日に何本煙草を吸うかは答えられない。

二、過去十二年間、大統領が病気で執務を休んだことはごく僅かである。公務員の有給傷病休暇は、使いきれないほどたまっている。

三、大統領の毎年の健康チェックは海軍高官に対するそれと同じであり、およそ二時間から四時間を要する。
四、直近の健康チェックの結果は満足できるものであった。
五、検査にかかわる数値は患者の個人的な情報であり、公開できない。
六、大統領は遠くを見るときや長時間の読書にはメガネをかける。
七、加齢したことを考慮しても、大統領の健康状態は十二年前と変わらない。[*39]

『ライフ』誌の姉妹誌である『タイム』誌のレポートは右の内容を疑わせるものだった。『タイム』誌は、「一カ月ぶりに大統領を見た多くの報道関係者が、（ホブコー・バロニーから戻った）大統領は六十二歳とは思えないほど老いたように感じ、ショックを受けた」と伝えたのである。それでも結局、『タイム』誌は、「大統領は働きすぎさえしなければ大丈夫だ」と読者を安心させた。[*40]

こうした報道にもかかわらず、大統領は容態が悪いのではないかという噂は絶えなかった。UP通信の編集者は、ロチェスター（メイヨー・クリニックの所在地）やボストン（レイヒー・クリニックの所在地）で飛び交っていた噂をまとめた二本のレポートをメリマン・スミス記者に渡した。その噂とは、大統領は南（ホブコー・バロニー）にいたのではなく、この二つの病院に入院していたというものだ。これを記事にしたスミスにアーリー報道官は感謝した。（安全対策上）自分の居場所を逐一知られてはならないとする大統領に、記事が間違っている（ので大統領の行動が知られているわけではない）と説明できたからである。大統領は入院を報じる記事に気分を害していた。[*41]

真実はどうであったかはよくわからないが、六月八日のホワイトハウスの記者会見で面白いやりとりがあった。この日の会見は、ノルマンディー上陸作戦の二日後だったこともあり、ほとんど注目されていない。出席した記者から、「大統領は心臓が悪いという噂が広がっているが、本当のところはどうなのか」という質問が直接マッキンタイアに向けられた。彼は色をなしてその噂を否定した。「そんなことはない。私は事実に基づいて話す。すでに述べたように……」と彼が記者に説明しようとしたところで、アーリー報道官がそれを、「噂を否定するのはあまり好ましくないな」と言って遮ったのである。これを聞いた記者たちは（なぜか）それ以上の追及をやめている。[*42] マッキンタイア医師が大統領の体重について説明した場面でも記者たちは深く聞こうとしなかった。マッキンタイアは、ＦＤＲの体重が百八十ポンド（八十二キログラム）で、大統領就任時よりも減っていると説明し、大統領も「快適なのでこの体重を維持したい」と言っていると述べた。

大統領の周囲にいる者はこのようにして、大統領の健康問題の追及をガードしていた。そうした彼らにとって、大統領が四選を目指すかもしれないという情報は驚愕であった。担当医や側近のなかには、それを何とか思い止まらせたいと考える者がいた。

注

＊1　Drew Pearson, Washington Merry Go-Round, January 7, 1944. 原注
＊2　Matthew B. Wills, *FDR in 1944*, Ivy House, 2003, p20. 原注
＊3　Ross McIntire, *White House Physician*, p182. 原注
＊4　Harry S. Goldsmith, *A Conspiracy of Silence*, p51. 原注
＊5　同右。原注
＊6　同右。原注

＊7　同右、p52. 原注
＊8　Bert Edward Park, *The Impact of Illness on World Leaders*, p226. 原注
＊9　Bernard Asbell, *Mother and Daughter*, p175. 原注
＊10　William Hassett, *Off the Record with FDR*, Allen and Unwin, 1949, p239. 原注
＊11　Grace Tully, *Franklin Delano Roosevelt-My Boss*, Charles Scribner's Sons, 1949, p274. 原注
＊12　同右。原注
＊13　*Mother and Daughter*, p177. 原注
＊14　Jan K. Herman, The President's Cardiologist, *Navy Medicine*, March/April Issue, 1990, p7. なぜ、志願兵採用の際にこのように言われたのか不明である。年齢と海軍の位階には関係がない。原注
＊15　同右。原注
＊16　同右。原注
＊17　Crispell and Gomez, *Hidden Illness in the White House*, p76. 原注
＊18　Robert Sherwood, *Roosevelt and Hopkins*, p671. 原注
＊19　同右、pp673-674. 原注
＊20　Elliott Roosevelt, *As He Saw It*, Duell Sloan and Pearce, 1946, pp146-147. 原注
＊21　*Hidden Illness in the White House*, p100. 原注
＊22　Clinical Notes on the Illness and Death of President Franklin D. Roosevelt.
＊23　Doris Kearns Goodwin, *No Ordinary Time*, p494. 原注
＊24　Clinical Notes on the Illness and Death of President Franklin D. Roosevelt, pp571-579. 原注
＊25　同右。原注
＊26　FDRとチャーチルの非公式交信については全容が明らかになっていない。この問題については訳者論考「参戦願望を暴いた『超A級スパイ事件』」(『歴史通』二〇一四年五月号所収)を参照されたい。
＊27　Warren Kimball, *Churchill and Roosevelt*, vol. 3, Princeton University Press, 1987, p60. 原注
＊28　Jim Bishop, *FDR's Last Year*, William Morrow, 1974, p35. 原注
＊29　Merriman Smith, *Thank you, Mr. President*, Harper Bros., 1946, p135. 原注
＊30　Robert Ferrell, *The Dying President*, p68. 原注
＊31　*A Conspiracy of Science*, p36. 原注
＊32　Geoffrey C. Ward, ed., *Closest Companion*, p295. 原注

＊33　John Boettiger（一九〇〇—五〇）ルーズベルトの長女アンナの二度目の夫。ウィリアム・ハースト系の新聞『シアトル・ポスト・インテリゲンツァー』紙編集長。
＊34　*Thank you, Mr. President*, p139. 原注
＊35　同右、p143. 原注
＊36　*Closest Companion*, p295. 原注
＊37　*Thank you, Mr. President*, p141. 原注
＊38　*FDR in 1944*, p26. 原注
＊39　*FDR's Last Year*, p73. 原注
＊40　*Time*, May 22, 1944. 原注
＊41　*Thank you, Mr. President*, p144. 原注
＊42　*FDR in 1944*, p27. 原注

9章　四選を目指すのか

続投への強い意思

一九四四年半ばの時点で、フランクリン・ルーズベルトは重篤な疾患を抱える大統領になっていた。そしてその病状は日に日に悪化していった。だが、アメリカ国民の大半はそれを知らなかった。FDRの仕事量が極端に減らされていたことも公開されていなかった。イッキーズ内務長官は、FDRは日々の打ち合わせの量をあまりにも制限されており、これではまともな職務の遂行に支障が出ると日記に書いた。FDRの周囲にいる者は彼が大統領として十分に機能していないことを理解していた。

しかし国民のほとんどはそのことを知らなかった。彼らはメディア報道を信用していた。たとえば『ニューヨーク・タイムズ』は、コラムニスト、アン・オーヘア・マコーミックの次のようなコメントを掲載していた。

「大統領に会った記者たちによれば、休暇から帰った大統領は日焼けして十分に休養をとり、体調は万全らしい。やむことのない危機の連続を見事に切り抜けてきたのは、大統領に類まれな粘り強い抵抗力が備わっているからだ」（『ニューヨーク・タイムズ』一九四四年五月八日付）

ＦＤＲはこれまでのどの大統領よりも長きにわたってその職にあった。それにもかかわらず四選の準備を進めていることは公知の事実だった。六月六日のノルマンディー上陸作戦が成功し、連合軍はナチスに占領されたヨーロッパを東（ベルリン）に向かって進軍していた。労働長官のフランシス・パーキンスは、閣僚の誰一人として、健康問題が四選の障害になるなどとは考えていなかった、と日記に書いた。[*1]

しかし、イッキーズ内務長官と、亡くなったノックスの後任、ジェイムズ・フォレスタル海軍長官は仮に四選がなったとしても、その任期は全うできないだろうと考えていた。

「任期中に亡くなるということはないだろうが、職務が遂行できなくなって辞任する可能性はあろう。大統領は内政上の懸案には飽いているし、戦争終了後には外交問題に専念したいはずだ」（「イッキーズ日記」一九四四年六月四日付）

ＦＤＲはたしかに外交に強い関心を持っていた。彼は亡くなる数日前にマーガレット・サックリーに、（戦後）国際連合ができるだろうから来年には職を辞したいと語っていた。[*2] 民主党全国委員会の委員長ロバート・ハネガンにも同じことを語ったらしい。[*3]

四年前の大統領選民主党内ではＦＤＲが再選を辞退するだろうと見る者はいなかった。そのため、対抗馬として名乗りを上げる者はいなかった。このような政治的な状況ではあったが、ＦＤＲは四年の任期を全うできないと思っている者もいた。オーブリー・ウィリアムズは、かつてハリー・ホプキンスの部下であり、（ニューディール政策の新組織である）国民青年局[*4]（National Youth Administration）を創設した人物である。四四年三月末、ウィリアムズはホワイトハウスで大統領と食事をする機会があった。その彼が、大統領はひどく疲れ、やつれていたのに驚いたと言い、口を濁しながら、おそらくFDRは四選を目指さないのではないかとの印象を受けたと語ったのである（『ニューヨーク・タイムズ』一九四四年三月二十六日付）。

FDRは四選を目指すかどうかについては相変わらずポーカーフェイスを決め込んでいた。ふだんは何でもあけすけに話すサックリーに対してもそうだった。五月のことであったが、彼女が「誰を副大統領候補にするか決めたんですか」とかまをかけると、「自分が次の選挙に出るかどうかも決めていない」と返事している。「それでは、いつ決断するんですか」との質問に、「この二、三カ月のうちに（体調が）どんな具合になるかによるね。自分自身が四年の任期を全うできないとわかっているのに、四選を目指すのは国民に対してフェアではないからね」と答えている。[*5]

このときの会話のなかで、FDRは自らの後継候補の一人にヘンリー・カイザーの名前を挙げている。カイザーは西海岸の企業家で、今では「アメリカ造船業の父」と見なされている。彼はリバティー船（戦時標準船）と呼ばれる（一万トンの）貨物船をわずか四十五日で建造させた。FDRは、「私なら国民にカイザーが適任だと説得できる」とサックリーに語った。しかし、カイザーが、一〇パーセントの消費税導入に積極的であることがわかると、FDRは心変わりした。FDRを支援する労働組合が強く反発したためである。[*6]

妻のエレノアは夫の心を読んでいた。彼女は「戦争が続いていれば、体調が許す限り彼はあと四年やるはずだと思っていた」[*7]と回想している。FDRも長男のジェイムズには、「国民が私を選んだ。戦争の続く最中に投げ出すわけにはいかない」[*8]と打ち明けていた。ホプコー・バロニーの休暇から戻ったFDRは四選に意欲を見せていたようだが、弱気を見せることもあった。このようにFDRは四選に意欲を見せていたようだが、弱気を見せることもあった。このようにFDRは四選にずか一週間後のことであるが、報道担当官の一人であるジョナサン・ダニエルズに、自分がぽっくりいったらどうする、などと話していたのである。[*9]

四選に反対だった人々

大統領の健康を心配している者は多かった。彼らは四選を思い止まらせようと考えた。しかし、（弱気を見せたこともあったとはいえ）FDRには大統領を続けるという強い意志があった。とても彼の意志を変えることはできなかった。エドワード・フリン[*10]は、ニューヨークのブロンクス地区を基盤にして政治力を発揮していた。このころは民主党全国委員会委員長を降りたばかりだった。フリンはホブコー・バロニーから戻ったFDRと会っている。彼はFDRの様子を見て驚いた。その無気力な姿を見てショックを受けた。フリンは、夫人のエレノアに、次の選挙には出させないでくれと頼み込んでいる。[*11]

フリンと同様、メリマン・スミス記者も、記者会見で見せるFDRの異変に気づいていた。とにかく無気力さが目立っていた。「いつも大儀そうにして、声にも張りがなかった。ときに気に入らない質問する記者に対して『嘘つき野郎（liar）』と口にするほどだった」[*12]。

スミスは、FDRは些細なことにもいらつくようになり、声が聞き取りにくくなっていたと記録している。[*13] 側近のエドウィン・ワトソン将軍でさえ、「大統領の心ここにあらず」だとこぼしていた。[*14]

このような空気のなかで、ただ一人だけ、FDRに向かって四選を狙うべきでないと、直接訴えた人物がいた。最高顧問の一人だったベンジャミン・コーヘンである。コーヘンはニューディール政策の中心人物だった。一九四四年当時、コーヘンは経済安定局にいたジェイムズ・バーンズの顧問を務めていた。コーヘンの反対理由は、FDRの健康問題ではなく、むしろ政治的な懸念による。

四選を成功させても、それは竜頭蛇尾に終わるだろう。FDRの戦後構想を、大統領の立場で国民に理解させるのは政治的には難しい。今度の選挙戦では局外に立ち、民主・共和それぞれの候補に、彼の政策の継続と戦後の枠組み構想の実現を約束させたほうがいい。FDRは国際連合の設立が夢であった。ウッドロー・ウィルソンの轍《てつ》を踏まないためには国内の意見をまとめておかなければならない。それがコーヘンの考えであった。コーヘンはこの考えをメモにして大統領に伝えたのである。「FDRが選挙に出ず、両党からFDRを国際連合のトップに推すという約束を取り付け、FDRがそれを受諾するというシナリオがいかに有利であるか」とFDRに訴えた。[*15]

FDRは自らが新組織（国際連合）のトップになる可能性に心が動いたが、四選を諦めることはなかった。コーヘンに次のように返事している。

「実に興味深く的確な分析だ。ただ一つだけ問題がある。（四選を狙うか諦めるかについての）私の気持ちを忖度《そんたく》していないことだ[*16]」

コーヘンへの回答が意味するところは、四選出馬については自分だけで決めるということであった。サックリーは、六月二十日時点の日記で、FDRが出馬するかどうかわからないと書いている。おそらく彼はかなり早い時期に出馬を決めていたと思われる。彼はこのことについてはどれほど近い立場にいる人間の意見であっても聞かず、あくまで自分で決めると考えていた。

FDRが耳を貸さなかったのは側近の政治顧問だけではなかった。担当医の意見も聞こうとしなかった。ブルーエン医師は（四選の内幕を書いた）ヒュー・エバンス医師のインタビューのなかで、「出馬すべきかどうかについて、誰も私の意見を聞いてこなかった。とんでもないことだ」[*17]と言っている。[*18]「もし私がアドバイスを求められていたら、出馬に反対だと率直に進言しただろう」とも語っていた。

『ライフ』誌はマッキンタイア医師に、「FDRは次の四年の任期を全うできるか」と直接的な質問を浴びせた。これに対してマッキンタイアは次のように答えた。

「私自身がこれについて答えられる立場ではないが、大統領の健康は問題ない（excellent）ことだけははっきりしている」（『ライフ』一九四四年七月二十八日号）

しかしながら、FDRの死後、マッキンタイアは「プライベートな場面では、あと四年仕事を続けることに対して危惧の念を伝えていた」と述べている。と同時に、ルーズベルトに向かって「我々の決めた制限に従ってくれれば、一九四八年までは大丈夫だと思う」[*19]と言ったとも述べ、さらに自分の責任を回避するかのように、「何事もスローダウンすることです。そうでなければ、私は責任を持てませんと言った」と語っているのである。[*20]

長女アンナの三度目の夫ジェイムズ・ハルステッド医師は『ニューヨーク・タイムズ』に対して、

「純粋に医学的な観点から判断すれば、義父は一九四四年の選挙に立つべきではなかった」と語った（一九七四年）。一方で長男のジェイムズは、「医師らが、父の四選への立候補にはっきりと反対したことはなかった」とも述べている（『ニューヨーク・タイムズ』一九七四年十月十三日付）。このジェイムズのコメントには驚いてしまう。FDRの周りにいる人物で、彼に対してはっきりと意見を言える者などいなかった。ましてや出馬の是非について物が言える者などいはしなかった。そのことを一番よくわかっていたのがジェイムズではなかったか。

こうしたなかでも、一人だけはっきりと立候補をやめるように進言した医師がいた。それが、ほとんどその存在が知られていなかった先述のフランク・レイヒー医師だった。彼はそのときの模様をメモに残していたが、その内容は四十年間にわたって伏せられていた。一九四四年七月十日付のメモは次のようなものだった。

「大統領の容態について書き留めておく。これは将来、私に対する批判が出てくる可能性があるからである。大統領を診察し、それに基づいた私の意見であり、内容は個人情報に当たるものである。

マッキンタイア、ジェイムズ・ポーリン医師と私の三人が大統領の健康診断を実施した。大統領の体重等の計測、X線検査、各種病理テストなどである。その結果を踏まえて、一九四四年七月八日（土曜日）、私はマッキンタイア医師（提督）と協議した。私は過去に行なわれたX線などのデータと現在のそれとを比較し、大統領が四選されても、彼は任期を全うできないだろうという意見をマッキンタイアに伝えた。

ロシアへの旅の結果（原注：レイヒーのメモの原文は「ロシア」となっているが、テヘランの間違い）、大統領の心臓の調子は良くない。長期にわたる高血圧の症状があり、心臓にダメージを受けている。私は、仮に次の任期中にもう一度心不全の症状あるいはその兆候が出てくれば、任期は全うできないと考えるとマッキンタイアに伝えた。彼も私の判断に同意した。私の立場上、大統領にはこのことを言えないが、主治医のマッキンタイアには大統領にこれを伝える義務があると言った。同時に、マッキンタイアには、もし大統領がもう一期務めるなら、誰を副大統領にするかについて重大な責任があるとも伝えた。マッキンタイアはこの意見にも同意し、大統領にそのように言うと答えた。

このメモは私が書いたことを確認する証人のもとに封印され、金庫に収める。このメモが開封されるのは、大統領の健康状態を隠していたとして私が非難されたときのみである。（患者のプライバシーを考慮しなくてはならない）医師という立場に鑑みれば、職業上の立場を逸脱し、患者の秘密を暴露することはできないと承知している。だが私は将来起こり得る批判の可能性を考え、記録に残しておくことにする」

このレイヒー医師のメモの内容は具体的である。わが国のトップクラスの心臓専門医が大統領を診て、ＦＤＲは次の任期を全うできないと判断したのである。そして後世のためにこのメモを残した。ただしメモには癌についての言及はない。したがって、このメモは、ＦＤＲが癌ではなかったことの根拠に使われる可能性もあるが、レイヒー医師と近しい医師が、レイヒーが彼らに、大統領は癌であるとはっきり言っていたという証言がある。

またレイヒー医師のメモでは、「仮に次の任期中にもう一度心不全の症状あるいはその兆候が出てくれば」などと軽い表現になっているが、これは変である。レイヒーはこのメモを書く二カ月前にブルーエン医師から最終診断の報告を受けているし、彼自身がそれを確認するために大統領を診察していることは、はっきりと記録に残っている。

マッキンタイアとレイヒーの二人は共謀したのである。彼らは大統領の健康だけを考えていたのではない。海軍軍医機構を守るという政治的な意図もあったのである。二人は互いを尊敬していた。したがって、この件では助け合ったのだ。

（原注：この時期のレイヒーの心の裡を知る材料がある。彼は一九四五年一月にアルバート・マイセルという人物に手紙を書いている。

「マッキンタイアと一緒に仕事をすることに満足している。海軍軍医のなかでも、広い見識を持っている人物で、彼の意見はなるほどと思わせることがある。彼は影響力の強い立場にいるが利己的なところが一つもない。自らの利益は考えず、慎み深い人物である。彼は、大統領の主治医という立場を利用したことは一度もない。私だけでなく多くの者が、このような軍医総監の存在をうれしく思っている。私が何か言い訳のようなことを言っているように思われるかもしれないが、私の頑固な性格をあなたも知っているはずだ」

レイヒーはこの手紙の写しをマッキンタイアの秘書クレア・マーフィーに、「マッキンタイア医師には見せずに処分してくれ」と言って渡している。しかし、本当にそのように言ったのか、あるいは違う思いがあったのかはわからない。いずれにせよ、この写しは、マッキンタイア文書〔FDR図書館所有〕に保管された）

レイヒーはそれでも自身の名誉を気にしていた。彼が将来非難される場合に備えておかねばならなかった。メモを残した数カ月後に、新聞記者が「プロの医師として大統領をしっかり診たのか」と質問されたことがあった。レイヒーは答えることを拒否し、この件をすぐにマッキンタイアに報告した。マッキンタイアはレイヒーに対して、大統領の四選問題についての意見を文書に残すように指示した可能性もある。ただし、将来彼らの判断が批判に晒《さら》された場合に備えてのことで、それまではその文書は秘密にしておくという条件だったのかもしれない。

いずれにせよ、ＦＤＲが心臓に疾患を持っていることはすでに広く知られるようになっていた。そのことはＦＤＲの近親者も側近も気づいていた。記者のなかには、マッキンタイアやアーリー報道官が否定するのを覚悟で、単刀直入に質問を浴びせた者もいた。しかし、癌（悪性黒色腫）についてはしっかりガードされていた。このことが文書に残るようなことはまったくなかった。一九四四年は戦争も最終局面を迎えていた。この年の選挙に癌に冒された人物が立つわけにはいかなかった。ホワイトハウスはこの件についてナーバスになり、どんな些細な情報でも癌を示唆するものは握りつぶした。この問題については次章で詳述する。

フランク・レイヒーのような人物が情報隠蔽にかかわったなどと考えることは「陰謀論」じみている。この問題については、デイヴィッド・ボイド医師の記録が参考になる。ボイド医師はレイヒ

ルーズベルトを診た医師たち。上段右端がロス・マッキンタイア、下段中央がフランク・レイヒー。1942年12月撮影（U. S. Navy Photo）

ー・クリニックの理事の一人であり、アメリカ胸部外科学会会長を務めたこともある人物である。この人物がレイヒー・クリニックの歴史について触れている文書（未発表）のなかで、レイヒー医師についいて述べているところがある。彼ほど医師としての責任感のある人物が「明らかな嘘」に加担したことに驚き、FDRの医師団には秘密を守るという誓いでもあったのではないかと疑っている。[*21]ボイド医師は次のようにも書いている。

「フランク・レイヒー医師が情報隠蔽に加わっていたと考えることは、彼の人柄を知る者にとっては信じられない思いだ。しかし、彼はもうすぐ悪性黒色腫で死を迎える人物に、健康であるというお墨付きを与える陰謀に加わったらしいのだ[*22]」

副大統領はウォレスか、トルーマンか

レイヒー医師が大統領は四選に立つべきではないというメモを残したまさにその翌日、ルーズベルトはロバート・ハネガン[*23]に、「積極的ではないが、国民の負託があれば立候補する」と伝えた。この意思表示によって、アメリカ政治史に残る壮絶な大統領選の火蓋が切られることになった。FDRは副大統領候補《ランニングメイト》にハリー・トルーマンを指名した。

FDRは誰をランニングメイトにするかに慎重だった。最初は現職副大統領ヘンリー・ウォレスをそのまま指名することを考えたようだ。この考えに夫人のエレノアも同意し、自分が持っている新聞コラムを使い、ウォレス賛辞の記事を書き、それを全国に配信しようと考えた。FDRはエレノアに記事の配信は民主党大会の後にするよう指示した。ウォレスに対して党の反対があることを見越していたのかもしれない。[*24]

FDRが予想していたように、民主党内ではウォレスの副大統領指名に難色を示す者が多かった。たしかにウォレスはFDRに対して類まれな忠誠心を見せた政治家だったが、民主党内では、「彼は（万一の場合の）大統領には不適だ[*25]」（民主党財務担当エドウィン・ポーリー）と見られていた。四年前（一九四〇年）の選挙とは違い、FDRは党員に対して自らの意思を一方的に押し付けるほどの力はなかったから、党内の反発は予想されていた。それに加え、FDRに近い者にも反ウォレス感情があった。ポーリーも、エドワード・フリンも、エドウィン・ワトソン将軍も反対だった。誰もはっきりと口には出さなかったが、「FDRは四年持たない」（エドワード・フリン）と疑ってい

たのである。[*26]

ポーリーは後になって、自らの国家に対する重大な貢献は、ウォレスが副大統領候補にならないよう全力を尽くしたことであると述べた。大統領候補選出の党大会では、「我々は大統領を選ぶのである。副大統領の候補の選択まで任せているわけではない」と主張した。ポーリーと同じような感情を持つ者は少なくなかった。しかし、大統領は四選を目指すには体調が悪すぎるなどとはっきりと口にする者はいなかった。

それでも一九四四年七月二十四日号の『タイム』誌は、意味深長な記事を載せている。「ニューディール政策を推進する有力者のほとんどが、誰をナンバー2のポジションにつけるかで大騒ぎである。なぜなら、次の副大統領が大統領に昇格する可能性が高いからである」。ただ『タイム』誌は、この記事の真意は病気の問題ではなく年齢の問題であるとしていた。つまり、FDRが一八五六年以降の歴史のなかで、最も老いた大統領候補であることを根拠にしていた。

FDRは現職のウォレス副大統領をそのまま指名したかったが、それで党が割れるようなことはしたくなかった。四年前の選挙とは違い、自らが圧倒的な力を持っていないことを悟っていた。スピーチライターのサミュエル・ローゼンマンに次のように語っていたことでそれがわかる。

「今度の民主党大統領候補選は前回のようにはいかない。党はすでに南部と北部では思惑の違いで割れている。この対立で民主党は勝てない可能性さえある。そうなったら、戦争は長引き、私がこれまで考えていた戦後体制構築の計画も台無しになる」[*27]

ローゼンマンもイッキーズ内務長官も、ウォレス副大統領に対して、〈彼が引かないと党が割れるとの）懸念を伝えていたが、ウォレスは副大統領候補の切符を捨てようとはしなかった。ウォレス副大統領には自信があった。これまでの人権問題にかかわる実績から、とくに黒人票を獲得できると考えていた。黒人の有権者は、ルーズベルトの黒人政策には満足していなかった。とくに軍隊は、組織のなかに黒人兵士を有機的に融合できていなかった。ウォレスは、黒人票が期待できるという自らの価値をFDRに理解させられると考えた。これに対してFDRは、「また二人で戦えたらいいのだが」[*28]と言うばかりであった。

FDRは、直接対立を避けるのがうまかった。政治的駆け引きが必要なときや表立った対立を回避しなくてはならない場合には、それができる政治家だった。ウォレスもそのことに気づいている。「大統領は、水の流れを操る能力がある。水が流れる方向を見極めながら、逆の方向に船を進めることもできる男だ」[*29]と語っていた。

FDRは、ランニングメイトを誰にするか、なかなか明らかにしなかった。ただ私的な場面では、ジェイムズ・バーンズ[*30]を推したいと洩らしていた。バーンズは元上院議員で最高裁判事、経済安定局（Office of Economic Stabilization）局長を歴任していた。副大統領候補への打診は、FDRの腹心ハリー・ホプキンスが前年の秋から密かに行なっていた。バーンズはFDRの強い後押しがあると期待して乗り気だったが、労働組合指導者はバーンズを保守的な人物と見て警戒した。ルーズベルト自身、バーンズはニューディール政策の正しさを信奉していないのではないかと懐疑的だった。そして何より、黒人グループは南部出身（サウスカロライナ州）のバーンズを嫌った。これに加えて、バーンズはカソリックから新教に改宗していたから、カソリック教徒の支持が得られるか心配なところがあった。いずれにせよ、バーンズはＦＤＲを信じ、副大統領候補指名を期待して民主党大会に参加した。

バーンズのほかにも副大統領のポストを狙っている政治家は少なくなかった。たとえば与党民主党のリーダー、サム・レイバーン下院議長[*31]やアルベン・バークリー上院議員[*32]がそうであった。民主党幹部はほかにも、最高裁判事ウィリアム・ダグラス[*33]や、ハリー・トルーマン上院議員[*34]にも打診した。ただしトルーマンは、自分はそんなことを打診されていないし、興味もないと繰り返していた。トルーマンの娘マーガレットによれば、トルーマンはＦＤＲの容態を知っていて、自らが大統領になる可能性を嫌がっていたらしい。

「どうも私を副大統領候補にしようとする動きがあるようだ。私の意思とは関係なく予想屋連中が騒いでいる。でもお断りだ。なんとかこの動きから逃げたいと思っている。たしかにペンシルバニア通り一六〇〇番地（訳注：ホワイトハウスの住所）に住むのも悪くはないが、六十歳にもなって、そこに裏口から入るようなことはしたくない[*35]」

「副大統領からたまたま大統領に昇格した者（so called accidental presidents）は、大概が馬鹿にされ、尾羽打ち枯らし、それまで築いてきた評判は台無しになって軽蔑される。そうはなりたくない[*36]」

大統領候補選出の一日前の七月十一日、ＦＤＲは側近や党幹部と副大統領候補の人選を協議した。この少し前に、「自分が候補に選ばれたら、（現職の）ウォレスをランニングメイトにする」と党本部に文書（メモ）を出していた。「ただこの問題で我を通すつもりもない」とも書いた。トルーマンを強く推していたのは、同じミズーリ州出身のロバート・ハネガンだったが、トルーマンは、自分は副大統領候補選ではバーンズを推すと述べた。民主党幹部会議は数時間にわたった。会議室にはいつものように煙草の煙が満ちた。

疲れたルーズベルトが、「ダグラスか、トルーマンのどちらかが党のコンセンサスのようだが、自分はどちらでも構わない」と述べると、ハネガンはその考えを文書にしておいてくれ、と頼んだ。必要がない限り公にはしないでほしいと言いながら、ＦＤＲは次のようにメモを残した。

「ロバート・ハネガン君

きみはハリー・トルーマン君とウィリアム・ダグラス君を候補に挙げた。私は両名のどちらでも構わない。どちらが選ばれても私とは良いコンビで選挙戦を戦えると思う」[*37]

バーンズは、ＦＤＲのメモのことを知っていた。ＦＤＲはバーンズには、「あのメモは私が実際に言った内容とは違う。彼らは、あの二人の候補を私が拒否するかと聞いてきたので、拒否はしないと言ったのであって、あの二人を好ましく思うとは言ってはいない」[*38]と語った。バーンズはこのＦＤＲのコメントを素早くメモした。

政治家の陰謀と駆け引きそのものだった。このようなやりとりが数日にわたって繰り返された。大統領候補は圧倒的多数でＦＤＲが選ばれた。ただ一票、ハリー・バード上院議員（バージニア州）を推す票があっただけだった。副大統領候補にはＦＤＲ自身は相変わらずバーンズがいいと思っていたが、ＦＤＲの支持者はトルーマンを推していた。バーンズは候補になることをなかなか諦めなかったが、労働組合のリーダーであるシドニー・ヒルマンとフィリップ・マーレイから、はっきりと諦めるように引導を渡された。

ここにきてFDRは、大会が開かれているシカゴのブラックストーン・ホテルに陣取っていたハネガンとエドワード・フリンとフランク・ウォーカー（郵政長官）に電話を入れた。トルーマンはこのホテルの一室に籠っていた。「彼に候補を受諾させることはできたかね」と聞くFDRに返ってきた答えは「まだできていない」（ハネガン）というものだった。

FDRは、「受諾しないと党は割れてしまうが、それでいいのか。戦争が続いているなかで、それがどういう意味を持つかわかっているだろう。トルーマン議員にそう伝えてくれたまえ」とハネガンに指示した。この言葉を伝えられたトルーマンは観念した。民主党のリーダーの言葉を受けて、しぶしぶ副大統領候補になることを引き受けたのである。ハネガンはこれを喜んだ。「私が死んだら、墓石には、ヘンリー・ウォレスを大統領にしなかった男と刻んでくれ」と記者たちに語った。[*39]

大統領と民主党幹部の間では意見の一致を見たものの、現実の民主党大会の場はまだ混乱していた。現在の党候補選出のやり方とは違い、当時は大統領や民主党幹部が誰を副大統領候補に推すのかを明らかにしない時代だった。したがって代議員は、自らの意思で意中の候補に投票した。第一回投票ではウォレス四百二十九票、トルーマンが三百十九票だった。四百票がそれ以外の候補にばらけて投じられた。第二回投票では大きな票を持つ州の議員がトルーマン支持に変わり、トルーマンが副大統領候補に選出された。

この年の副大統領候補の選出は相当な重みがあったことは、ベネット・クラーク上院議員の副大統領指名演説ではっきりとわかる。彼は次のように力説した。

「今年の副大統領候補選出には宿命的なものを感ずる。いつにもまして、大統領として望まれる資質を持った人物を選出しなくてはならない」

クラークのスピーチが何を意味するか、会場にいた者も、ラジオの前にいた者も気づいたに違いない。もちろん選出された本人のトルーマンはこれが意味することをはっきりと理解していた。九月のことであるが、トルーマンは、第一次大戦の戦友であるエドワード・マッキムをホワイトハウスに招待したことがあった。マッキムは、「もうすぐここが、きみの住処になるわけだな」と冗談《ジョーク》めかしてしゃべっている。その「ジョーク」にトルーマンは深刻な面持ちで答えた。

「エド君、そうなることが恐ろしい[*40]（it scares the hell out of me）」

トルーマンはたしかにFDRの容態が心配だった。候補に選出されたトルーマンはFDRと顔を合わせたが、彼の心配はいっそう深まった。娘のマーガレットは二人の間で次のような会話があったことを明かしている。

「大統領は父（トルーマン）に、どんなやり方で選挙戦を戦おうと思っているのかと聞いてきた。父が、飛行機を使って移動しようと思っていると応じると、大統領は、『（飛行機は駄目だ）どちらかは生きていなくてはいけない』と答えた[*41]」

クラーク議員の演説とは裏腹に、トルーマンが選ばれたのは、資質よりもやはり政治的な思惑の結果だった。民主党が割れない候補。それがトルーマンが選ばれた理由だった。当時のアメリカ国民で、FDRの後継者は誰がいいかと聞かれてトルーマンの名を挙げる者はいなかったに違いない。出身のミズーリ州以外ではほとんど彼は知られていなかった。FDRは自らの容態を理解していたはずだった。死期の近いことを悟っていたかもしれなかった。彼は、万一に備えてベストの副大統領を選ばなければならないはずだった。しかし彼はそうしなかった。党が推した人物を受け入れただけだった。

一九四四年の選挙も、共和党は逆風を感じていた。ＦＤＲの人気は依然として高かった。共和党は、二人の候補がどちらも高齢であることの不安を訴えることにした。「くたびれたお年寄り政治家二人」（tired old men）と表現されたが、実際はＦＤＲのくたびれ加減だけを非難したものだった。

大統領は病んでいる、という噂は確実に広がっていた。これまでのホワイトハウスはそうした噂があれば、はっきりと公式の場で否定した。ところが今回は違った。スティーブン・アーリー報道官は、噂を流す人物を、ＦＢＩ（エドガー・フーバー長官）を使って沈黙させることを決めたのである。

注

＊1　Frances Perkins, *The Roosevelt I knew*, Viking Press, 1946, p388. 原注

＊2　「サックリー日記」一九四五年四月六日付。原注

＊3　Hugh Evans, *The Hidden Campaign: FDR's Health and the 1944 Election*, M. E. Sharpe, 2002, p84. 原注

＊4　国民青年局は公共事業による失業者救済を図る公共事業促進局（ＷＰＡ：Works Progress Administration）のなかの若年層を担当する部門である。

＊5　「サックリー日記」一九四四年五月二十二日付。原注

＊6　Geoffrey Ward, ed., *Closest Companion*, p302. 原注

＊7　Jim Bishop, *FDR's Last Year*, p72. 原注

＊8　Hugh Gallagher, *FDR's Splendid Deception*, p193. 原注

＊9 Jonathan Daniels, *White House Witness*, Doubleday, 1975, p220. 原注
＊10 Edward J. Flynn（一八九一―一九五三）元ニューヨーク州議会議員。ＦＤＲの選挙参謀。ヤルタ会談にはＦＤＲの外交顧問として同行。
＊11 Joseph P. Lash, *Eleanor and Franklin*, New American Library, 1973, p708. 原注
＊12 この二年ほど前のことであるが、ナチスの鉤十字の飾り物を記者会見に持ち出し、『ニューヨーク・デイリー・ニューズ』紙のコラムニスト、ジョン・オドネルに向かって、これをオドネル君にプレゼントしたいと言って、集まった記者たちを驚かせたことがあった。Betty Houchin Winfield, *FDR and the News Media*, p68. 原注
＊13 Merriman Smith *Thank you, Mr. President*, p25. 原注
＊14 *Eleanor and Franklin*, p709. 原注
＊15 *FDR's Last Year*, p22-23. 原注
＊16 同右。原注
＊17 *The Hidden Campaign*, p61. 原注
＊18 Frank Freidel, *Franklin D. Roosevelt: A Rendezvous with Destiny*, p513. 原注
＊19 Ross McIntire, *White House Physician*, p193. 原注
＊20 同右。原注
＊21 Harry Goldsmith, *A Conspiracy of Science*, p123. 原注
＊22 同右。原注
＊23 Robert Hannegan（一九〇三―四九）一九四三年から四四年までＩＲＳ（米国内国歳入庁）長官、四四年の大統領選挙では民主党全国委員会委員長。
＊24 *Eleanor and Franklin*, p708. 原注
＊25 *The Hidden Campaign*, p66. 原注
＊26 同右。原注
＊27 Samuel Rosenman, *Working with Roosevelt*, p439. 原注
＊28 *FDR's Last Year*, p100. 原注
＊29 John Morton Blum, *The Price of Vision*, Houghton Mifflin, 1973, p313. 原注
＊30 James F. Byrnes（一八八二―一九七二）民主党下院議員（任期一九一一―二五年）、上院議員（任期一九三一―四一年）、最高裁判事（一九四一―四二年）。大統領の死後、トルーマン政権では国務長官を務めた。サウスカロライナ州。
＊31 Sam Rayburn（一八八二―一九六一）民主党下院議員。テキサス州。

＊32　Alben Berkley（一八七七―一九五六）民主党上院議員。ケンタッキー州。トルーマン政権の副大統領（任期は一九四九年から五三年）。

＊33　William O. Douglas（一八九八―一九八〇）第三代証券取引委員会（ＳＥＣ）委員長（任期一九三七―三九年）。最高裁判事（任期一九三九―七五年）。

＊34　Harry Truman（一八八四―一九七二）上院議員（任期一九三五―四五年）。ミズーリ州。

＊35　*Washington Post*, November 20, 1972. 原注

＊36　同右。原注

＊37　*FDR's Last Year*, p99. 原注

＊38　同右、p100. 原注

＊39　Jonathan Daniels, *The Man of Independence*, J. B. Lippincott, 1950, p239. 原注

＊40　同右、p255. 原注

＊41　*Washington Post*, November 20, 1972. 原注

10章　噂の拡散

「医者を呼ぶな」

ルーズベルトは、これまでの三回の大統領候補指名受諾にあたっては、民主党大会で自ら壇上に立った。しかし一九四四年の大会には姿を見せなかった。彼は受諾のスピーチをサンディエゴのキャンプ・ペンドルトンから、ラジオを通じて行なった。[*1] そこに到着するまでの六日間は大統領専用列車で過ごし、大陸を横断してこの基地にやって来たが、旅の詳細は秘密にされていた。ＦＤＲは、ここからハワイの太平洋艦隊視察に向かうことになっていた。

ラジオを通じての受諾スピーチでは、これまでとは違い、これからの選挙戦では、全国を駆け回るようなことはできない、最高司令官としての職務を優先すると訴えた。

「戦争の悲劇は続いている。そんななかで従来どおりの選挙キャンペーンは実施できない。キャンペーンに時間を割《さ》く余裕がない。それでも国民に戦況を伝え、誤った情報が伝えられたら、それを正す努力を厭わない」[*2]

ＦＤＲはラジオを通じてもう一つのメッセージを発した。「来たる大統領選挙は、経験豊かな政治家を選ぶか、未熟な政治家を選ぶか」の戦いになると述べたのである。共和党の候補トーマス・Ｅ・デューイは四十二歳だった。まだニューヨーク州知事になってから二年にもなっていなかった。「経験の浅い政治家に任せるのか、それとも世界の現実を見てきた経験豊富な政治家に任せるのか。その経験ある政治家が今（ヨーロッパ戦線では）攻勢をかけている。勝利の手前まで来ているのである」[*3]と述べたのである。

秋の大統領選のための運動はしないとのＦＤＲのスピーチには、大統領の容態を憂える者たちの意見が取り入れられていた。腹部に転移した癌の痛みが繰り返しＦＤＲを襲っていた。彼は列車のなかでも苦しむ場面があった。エレノアへの手紙にはこうある。「キャンプ・ペンドルトンでの上陸演習を見ることができた。そのときに神経性の腹痛（collywobbles）が起きた。午後は専用列車の中で過ごした。今日は良くなっている」[*4]

ＦＤＲは「神経性の腹痛」が何を意味しているか語ろうとしなかった。しかし長男のジェイムズは後になって、このときのことを書いている。[*5]

「(父は）突然苦しそうな声を上げた。顔色から、相当な痛みであることがわかった。顔も明らかに土気色だった。『もうだめかもしれない』と漏らした」

ジェイムズは父を床に寝かせ、手を握った。そして医者を呼ぼうとした。しかしＦＤＲは医者を呼ぶことを拒否した。「この痛みは消化不良だ」と言い張ったのである。

「父は特別車両の床に横になり、目は閉じたままだった。顔は引きつり、頑健な上半身は繰り返す痛みで激しく震えた。父とたった二人だけであった。私はひどい無力感を感じた」
ジェイムズは、七転八倒する父親をどうすることもできなかった。自分が何をすべきかわからなかった。（「医者を呼ぶな」という意味をジェイムズはわかっていた）フランクリンは父であり、同時にアメリカの最高司令官であった。しかしジェイムズは幸運だった。ＦＤＲは数分後に閉じた目を開いた。血色も良くなり呼吸も正常に戻ったのである。
ＦＤＲは「ジミー（ジェイムズ）、起こしてくれ」と言い、その後、上陸演習の視察を続けたのだった。ＦＤＲにはたしかにこのような痛みに耐える強靱さがあった。この発作は二人だけの秘密であるとジェイムズは感じた。彼はこのことを列車に乗っていたマッキンタイアにもブルーエンにも伝えなかった。[*6]（原注：娘のアンナ・ルーズベルトは、ジェイムズが著したこの事件が本当にあったか疑っている。弟には一人で父を担げるほどの力はなかったはずだった。もしジェイムズの話が事実なら、ブルーエン医師にそのことを伝えなかったのは、極めて無責任だと、ジェイムズを責めている）
ラジオを通じての指名受諾演説を終えると、ＦＤＲは重巡洋艦ボルチモアで真珠湾に旅立っていった。ダグラス・マッカーサー将軍、チェスター・ニミッツ提督と対日戦争の打ち合わせをし、太平洋艦隊を視察することが目的であった。海軍の参謀らはニミッツ提督を通じて、日本への直接侵攻にはまず台湾を攻略すべきであるとＦＤＲに訴えていた。しかしマッカーサー将軍は違う考えであった。マッカーサー将軍はフィリピンを脱出する際に、かの有名な「必ず帰ってくる（I shall return）」の言葉を残していただけに、ルソン島攻略に固執した。そこには七千の米軍戦争捕虜がいた。ルソンを制圧した後にマニラに向かうべきだと彼は主張した。

「台湾を解放し、それを中国に返還するよりも先にやることがある。千七百万のフィリピンのキリスト教徒を見捨ててはおけない。もしフィリピンの解放を遅らせれば、世論は黙っていないだろう」。この考えにFDRは同意した。二時間にわたる議論の末の決断だった。FDRは、マッカーサーの長広舌に身体が持たなかったのだと推察する歴史家もいる。たしかにこの時期、イッキーズ内務長官は、ニューディール政策の顧問であるトーマス・コーコランから、FDRの体調が良くないとの報告が入っていたことを日記に残している（一九四四年八月六日付）。ただ、FDRがマッカーサーの考えに同意したのは、体調によるものだけではなかった。参謀総長のジョージ・マーシャルがマッカーサーの考えに理解を示したことが大きな要因だった。たしかに、FDRがマッカーサーの意見を受け入れたのは、体調のせいではなかったかもしれない。しかし、マッカーサーはFDRの容態が悪いことは見抜いていた。

「大統領には数年会っていなかったが、彼の肉体は魂の抜け落ちた抜け殻のようなものだ。彼はもう長くはないだろう」[*7]。部下には、「大統領は一年以内に亡くなるな」と漏らしていた。FDRはアリューシャン列島方面を経由して、八月十二日に、ワシントン州のブレマートン海軍工廠[*8]にやって来た。FDRは駆逐艦カミングスの艦上から、工廠に働く人々を前にして演説した。演説はラジオで全国に流された。

この演説原稿は、珍しくFDR自身が考え、ウィリアム・リグドン海軍大尉に速記させたものだった。スピーチライターの手を借りなかったせいか、あまりぱっとしない内容だった。

「大統領はあまり出来が良くなかったことをわかっていた。言い訳がましく、ちょっとした旅の雑

感をしゃべっただけだと弁解していた。いずれにせよ最低のスピーチだった」[*9]（大統領秘書グレイス・タリー）

ハロルド・イッキーズは一九四四年八月十二日付の日記のなかで、「あのスピーチで大統領の体調が良くないことがわかったし、票には結びつかないだろう」との感想を述べ、陸軍次官のジョン・マックロイ（FDR支持の共和党員）がイッキーズに、「僕の共和党員の仲間は、あれほど体調の悪いことがわかるスピーチをするFDRに票を入れることをためらうだろう」と言ったことも書き留めていた。[*10]スピーチライターのサミュエル・ローゼンマンはラジオで演説を聞いたが、彼もそのスピーチのひどさに愕然としていた。「大統領は何か躊躇《ためら》いがちで、言葉がもたつき、煮えきらなさを感じさせるひどい代物だった」[*11]のである。FDR自身もその出来の悪さを認めていた。[*12]マーガレット・サックリーもラジオで演説を聞いていた。彼女はFDRの声に張りがあるとは思ったものの、疲れていると感じた。また何度か単語を読み間違えたことも気がかりだった（「サックリー日記」一九四四年八月十二日付）。

たしかに彼らが感じたように大統領の体調は良くなかった。演説の際には足元がふらついていた。FDRが副木を使って自分だけで立つのは久しぶりのことだった。FDRの体重は三月末の時点から最低でも十五ポンド（七キログラム）は減っていた。今回の太平洋の旅ではそのため副木が身体に合わなくなっていた。二・五ポンド（一キログラム）は減ったのではないかとサックリーは記している（「サックリー日記」一九四四年八月二十三日付）。前年の春に始めた一日千八百カロリーの食事制限はすでにやめていたにもかかわらず、FDRは体重を減らしていた。

ＦＤＲは、この日のスピーチの最中に、強い胸の痛みを覚えている。ブルーエンは、その痛みを、胸骨下圧迫感（substernal oppression）と表現している。痛みを感じながらもＦＤＲはスピーチを続けた。スピーチを終えたＦＤＲは「胸がやけに痛い」と甲板から船室に降りてきた。このときの様子をブルーエンは次のように語っている。

「私たちは急いで服を脱がせ、心電図をとった。血液も検査した。幸いなことに、いわゆる狭心症であった。心筋梗塞とは違い、後遺症を残すタイプの痛みではなかった。それでも、大統領はこれまで心臓に痛みを訴えるようなことはなかったから心配であった」[*13]

マッキンタイアもこの「事件」は気になった。「この旅で一番驚いた出来事だった」と書いているが、原因は心臓疾患とは関係ないところにあるとした。

「甲板には強い風が吹いていたし、その甲板も少し傾いていた。この二つが原因で副木に無理な力がかかった。その結果、胸が痛んだのである。つまり筋肉痛である。大統領は（ホワイトハウスに戻ると）旅行に出る前より体調は良くなった」[*14]

実際のところ、ＦＤＲの狭心症の痛みは十五分程度続いていた。ＦＤＲが驚くほどの肉体的な抵抗力と（痛みに耐える）精神力を持っていたことは間違いない事実であった。筆者はこのときのスピーチの模様を記録したフィルムを見る機会があった。編集されていない記録フィルムである。それを見ても、ＦＤＲがどの時点で狭心症の痛みを感じたのかわからないのである。たしかにスピーチそのものは感心しないものだった。しかし、身体の動きからも、あるいは発する言葉からも、いったいいつ、とんでもないほどの痛みを感じたのかわからない。ＦＤＲは見事に演技ができる人物だった。

トリミングされた写真

いずれにせよ、出来の良くない「舌がからまるようなスピーチを国民はラジオで聞いたのである[*15]（サミュエル・ローゼンマン）」。大統領の滑舌の悪さを、すでに（サンディエゴの）指名受諾演説の際に気づいた者がいた。『ライフ』誌のカメラマン、ジョージ・スカッディングは、ＦＤＲの両目が据わっていて、口元もぽかんと開いていたのを見ていた。たしかに心筋梗塞に襲われたかのような風貌だったのである。ハロルド・イッキーズは、「まるで幽霊のようだった」と日記に書いていた（一九四四年八月六日付）。

指名受諾演説のときに撮られた写真を見たインターナショナル・ニュース・サービス社（ニューヨーク市）の編集者は、ホワイトハウス番のロバート・G・ニクソンに「大統領は死にかかっているのか（Is Roosevelt dying?）」と急いで確認してくるほどであった。報道官のスティーブン・アーリーも、この写真にはがっかりしていた。彼は大統領秘書のグレイス・タリーに次のように書いた。[*16]「いったい何が悪かったんだ。カメラマン（スカッディング）が悪いのか、それともカメラの調子がよくないのか、あるいは被写体（大統領）が悪いのか。とにかく悪い噂を流そうとしている連中がいろいろやってくれている。大統領の健康問題で、ありとあらゆることを騒いでいる。とにかく最近のカメラマンには気をつけなければいけない」

スカッディングは、さっそくホワイトハウスに呼ばれ、ネガフィルムを提出した。多くの通信社

1944年の民主党大統領候補に選任されたのを受けての指名受諾ラジオ・スピーチ。彼の虚ろな顔が見える。これは広報担当のメディア対策の失敗とされる写真。FDRの当時の真の表情をとらえ、痩せた身体はだぶついたズボンでわかる。

に配信したものであった。『ライフ』誌は、七月三十一日号に、スカッディングの撮った写真を使っていた（上の写真）。げっそりとした顔、開いた口、なんとも異様な表情、（足が痩せて）だぶついて幅広に見えるズボンがはっきりと写っていた。ズボンはＦＤＲの萎えた下肢を隠すようにデザインされたものだった。スカッディングの上司は最悪の写真を選んでいた。

「あんな写真が使われて申し訳ないと謝りたかった。ああいう写真を使うと自分の仕事がやりにくくなる」と考えたスカッディングは、ホワイトハウスとの協力関係を示し、「汚名返上のために、これからは写真の選択は自分が責任を持ち、大統領の本当の姿がわかるような写真を選ぶ」と約束したのである。

『ライフ』の使用したこの写真を見ると、

原稿を読むＦＤＲの周りを長男のジェイムズ（右手、椅子に掛けた人物）と二人の義理の娘が囲んでいる。誰もが演説する大統領に格別の注意を払っていないように見える。頭の後ろだけ見えているのはリーヒー提督[*17]（陸海軍統合参謀長）である。その左前で椅子に腰掛けている表情のはっきりしない人物がハワード・ブルーエン医師である。この人物がブルーエンであることをスクープしたのは『シカゴ・トリビューン』紙の記者ウォルター・トローハンだった。彼の見たスカッディングの写真では、ブルーエンの顔は編集でカットされていた。しかし、わずかに袖の下部だけが見えた。トローハン記者は、階級の低い海軍軍人がこの場にいられるはずがないと怪しんだ。彼は写真のオリジナルを確認し、写っている人物を特定するために海軍省に写真を持っていった。その調査で、隠されていた人物がハワード・ブルーエン軍医であり、彼が心臓専門医であることが判明したのである。

　トローハン記者はさっそくこれを記事にした。一九四四年八月六日付『トリビューン』紙の三面に「ＦＤＲに心臓専門医が付き添っていることが判明」の見出しが躍った。記事は「ルーズベルトの健康不安が再びワシントンの関心事になった」としたうえで、その専門医がブルーエン医師であることを報じた。関係者のコメントは一切取られていないし、トローハンがコメントを取ろうとしたかどうかもわからない。彼らがコメントしなかったのは、『シカゴ・トリビューン』紙とトローハン記者が猛烈な反ＦＤＲの論陣を張っていたことが原因かもしれなかった。この記事を後追いするメディアはなかったし、記事の存在自体を他紙が報じることはなかった。

FBI長官フーバーの報告

しかし、この報道に気づいた者もいた。ベセスダの海軍病院ではブルーエンが頻繁に病院を留守にしていた。それはルーズベルトがワシントンから離れている時期と重なっていた。海軍病院の関係者にトローハンの記事の切り抜きが送られたこともあって、病院内に「ゴシップ」が広がった。海軍病院の半分くらいの医師がFDRの健康問題を俎上にのせて熱い議論を交わしていたらしい。噂を聞きつけたのが国務次官補のブレッキンリッジ・ロングであった。[*18]彼は自ら噂の出所を調べ、それがバイル・カークリン陸軍軍医大佐から出ていることを突きとめた。カークリンは、民間人時代はメイヨー・クリニックの放射線医療の専門医だった。またアメリカ放射線学会の創立メンバーの一人でもあった。

彼は、必要に応じて、メイヨー・クリニックに戻ることが許可されていた。クリニックの勤務医たちに大統領の容態を聞かれ、FDRが心臓を病んでいることをしゃべったのである。このことをロングは嗅ぎつけた。カークリンはロングの質問に次のように答えた。

「ベセスダ海軍病院や、ワシントンの軍医総監部では大統領の病気について誰もが知っていた。私はこのことを海軍病院で聞いた。大統領は病気であるにもかかわらず大統領職を続けるだろう、と噂されていた」

ロングはこのことを報道官のスティーブン・アーリーに報告した。噂を早めに潰しておかねばならないと思ったアーリーは、ロングの調査報告をFBI長官のエドガー・フーバーに伝え、[*19]調査員をつけるよう要請した。アーリーがＦＤＲの健康問題の件でＦＢＩを使うのはこれが初めてではなかった。

一九四〇年三月、ジョセフ・リーブという男がロス・マッキンタイア医師らを脅迫した事件があった。リーブは、『ナッシュビル・テネシアン』紙（一九四〇年三月六日）の記事を読んでいた。そこでは『コリアーズ』誌の政治コラムニスト、ウォルター・ダベンポートが「大統領は体調が悪く、三選は目指さないだろう。ＦＤＲ付きの医師がそう語っているからだ」と述べたと報じていた。リーブという男は、もともとはＦＤＲ支援者であった。支援することの見返りで得た職が気に入らず、マッキンタイアに対して、この記事について説明せよとの手紙攻撃を始めた。マッキンタイアは手紙を無視した。すると今度はＦＤＲの支持者たちに当該の記事をしっかり読むようにと書いた手紙を送り始めた。記事の内容は本当かとの問い合わせが相次いだ。そうした問い合わせにマッキンタイアは「大統領には何ら健康上の問題はなく、手紙は私に対する嫌がらせであり、なぜそうしたことをされるのかわからない」と答える一方で、アーリーにこの男を何とかしなくてはならないと訴えたのである。

『コリアーズ』のダベンポートは、自分はそのような発言はしていないと強く否定した。プライベートの場面でも公的な場でも一切そうしたことは言っていないし、オフレコだと断ってしゃべったこともない。それが彼の答えだった。アーリー報道官は、リーブにかかわる情報をＦＢＩに渡し、彼を調べ上げるように要請した。大統領が病気だと訴えて再選を妨害する行為に何らかの意図が隠されていないか調べさせた。「もし何か隠された動機があれば、第五列（スパイ）であるかもしれない。わが国に潜り込ませたトロイの木馬の可能性がある」。そうフーバー長官に話したのである。数日後にＦＢＩの調査員がリーブを訪ねた。リーブが大人しくすると約束したのはこの後すぐのことだった。

（原注：このリーブという男はこれで歴史から消えたわけではなかった。一九八四年、彼は七十三歳になっていたのだが、『ハスラー』誌に記事を書いた。そのなかで、コーデル・ハル国務長官が彼に、真珠湾への日本の攻撃をあらかじめ知っていると述べたと主張したのである。この記事は、ＦＤＲ政権が意図的に日本を挑発したのではないかと疑う人々の論拠に使われている）

しかしその後に問題が発生した。アーリー報道官がフーバー長官に宛てた調査依頼の書面が、副長官のエドワード・タムのところにも流れていたのである。タムはこの調査には政治的な偏りがあると感じ、軍の機関に調査を担当させるべきだと考えた。その指摘を受けてアーリーは、ＦＢＩではなく軍のシークレットサービスを使おうと考えたが、ブレッキンリッジ・ロング国務次官補は、タムの意見を意に介さず、フーバー長官に直接コンタクトをとった。フーバーは一九四〇年のリーブの一件と同じように素早く反応した。[*20] わずか三日で調査員を派遣し、カークリン陸軍軍医大佐を調査した。調査員は、ほかに数人の医師にも聞き取りを行ない、次のような報告書をフーバー長官に上げた（一九四四年十月二十九日付、ＦＢＩ報告）。

一九四四年十月二十一日、カークリン大佐はロチェスター市（ミネソタ州）のカーラーホテルで昼食をとった。そこにはメイヨー・クリニックのＡ・Ｒ・バーンズ医師も同席した。バーンズ氏は同クリニックの診療部長であった。バーンズ医師は、ベセスダ海軍病院の会議から戻ったばかりだった。会議には心臓専門医も出席していた。カーラーホテルの昼食の席で彼はカークリン大佐に大統領の心臓の病が重篤であると語った。

その夜、彼は四人の医師らとポーカーゲームを楽しんだ。この場でも、カークリン大佐は、バーンズ医師が大統領の心臓の病を話題にしたのを聞いた。

カークリン大佐はまた、一九四四年九月二十三日にシカゴで開かれた放射線診断士の会議でも大統領の健康問題についての噂を聞いたと語った。ニューヨークの長老派教会病院（Presbyterian Hospital）に所属していたロス・ゴールデン医師が、サンディエゴでの大統領指名受諾演説の写真を話題にした。「大統領の右のほうにいた男を知っているかい。彼はわが病院の医師だよ」と語っていたのを大佐は聞いた。ゴールデン医師はその医師の名前もはっきりと語っていた。ただ大佐はその名前は失念していた。

A・R・バーンズ医師はメイヨー・クリニックの民間人医師で、同院の診療部長であった。バーンズ医師は、カークリン大佐がバーンズから話を聞いたことを認めた。バーンズ医師に質問したところ、彼はベセスダの海軍病院に勤める友人のハワード・オーデル医師を訪問したときのことを話した。それは一九四四年十月十九日木曜日、午前十一時ごろのことである。オーデル医師は海軍軍医大尉であったが、かつてメイヨー・クリニックに勤めており、バーンズ医師の子分のような存在だった。この訪問の際に、おしゃべりをした。話題はミネソタ州の政治のことだった。そのときオーデル医師は唐突に「大統領はかなり病んでいる」と漏らした。バーンズ医師は彼に何の質問もしなかった。オーデル医師の情報源は不明である。

（調査員は）オーデル中尉はたしかにベセスダ海軍病院に配属されていることを確認した。オーデル中尉は右のような発言をしたことは否定したが、つい最近も病院の会議で大統領の健康問題が話題になっていると述べた。出席者の名前を確認しようとしたが、オーデル医師は拒否した。病院で大統領の健康が話題になっている理由は、おそらくブルーエン医師が大統領専用列車に乗っていることがわかったからではないかと、オーデル医師は推測している。医師は質問の際にかなり緊張していた。

オーデル医師に質問を続けたところ、彼はバーンズ医師に病院内を見せたと述べた。第十七〝デッキ（病棟）〟では、ここは政府高官のための専用病棟であると告げたらしい。バーンズ医師から、ここに大統領が入院したことがあるのかと聞かれたので、検査に二、三度訪れたが入院はしていないと答えたとのことである。オーデル医師はバーンズ医師に、大統領の健康不安の噂が病院内で流れていて、高血圧あるいは心臓にかかわる病気ではないかとの推察がなされていたと語った。またオーデル医師は、「その噂には根拠があると感じていた」と述べた。

フーバー長官はこの報告書をアーリー報道官に提出し、そこに彼の意見書を添えた（一九四四年十一月一日付）。ブルーエン医師が写真に写っていたことが原因で、他愛のない噂が飛び交っていたものであるとの意見だった。フーバー長官は、言ってみればホワイトハウスの情報漏洩を監視する門番のような役割を果たしていた。彼はたいした噂ではないと意見書に書いたが実際はもっと重大な事態であることを感じていた。アーリーは、報告書を深刻に受け止めた。大統領の心臓の病気がかなり重いものだという情報が、病院関係者の間だけでなく次第に広がっていることを憂慮した。たしかにFBIが調査したことで噂には一定の歯止めがかかるかもしれなかった。また癌あるいはそれが原因の疾病の噂はどこにもなかった。しかし彼は心配だった。彼の心配が現実になったのは数週間後のことだった。フーバー長官から、新たな噂が広がっているのがわかったので再調査を始めたとの連絡があった。今度の噂は心臓病だけではなかった。長官は次のように報告していた。

大統領の健康問題に関する噂はそうとう広まっており、ワシントン中がそのことを話題にしている感がある。しゃべっている者の大半は新聞記者のようである。情報の出所はホワイトハウスの内部に詳しい者らしい。

ウィリアム・カルホーン・スターリング医師は、前立腺や腎臓病の高名な外科医である。噂では、スターリング医師がホワイトハウスに呼ばれ、大統領の容態を詳しく診たとのことである。また大統領の容態は手術を要するものだが、スターリング医師は、大統領の心臓が悪いので手術することを拒否したらしいとのことだ。執刀によって死に至る可能性もあって、自分は大統領を殺した外科医の汚名を着せられたくないと言っているようだ。しかしレイヒー医師は、手術は必要であり、大統領選挙後にそれを行なうべきだと主張しているようだ。

レイヒー医師によれば、手術のためには体力をつけておく必要があると指導し、ウォームスプリングスで大統領は二十日間の休暇を取ったが、それは彼の指示によるもので、当初の予定は十日であった（原注：この記述は、ＦＤＲが四選後に同地で取った休暇を指している）。レイヒー医師は、手術はボストンのレイヒー・クリニックで行ないたい、大統領の手術を担当したとなるとすごい宣伝効果があると考えている。彼はたとえ手術の結果、大統領が死亡することがあっても、クリニックの評判は上がると考えている。その考えに呼応するように、噂はボストン周辺、ニューイングランド方面で喧《かまびす》しい。執刀は年明け早々に予定されているが、それよりも早まる可能性があると噂されている。

また、レイヒー医師はベセスダ海軍病院でも多くの手術を行なっていること、十二月八日ごろ、バーカーという名のシークレットサービスの職員がボストンに派遣され、施設のチェックをしたことが噂になっていた。

フーバー長官の二度目の報告書を読んだアーリー報道官は事態の悪化を憂慮した。報告書に出てくる二人の医師はどちらも大統領が癌であることを知っていた。その上、二人が大統領を診ていることは公表されていなかった。スターリング医師とレイヒー医師が情報源らしいこともはっきりした。メディアもこの事実を嗅ぎつけていた。後のことだが、ウォルター・トローハン記者は情報源の一人がスターリング医師であったことを認めている。記者たちだけでなく、ワシントン議会にも噂が広がっていた。

他の情報に基づいて考えれば、二度目の報告書の内容は真実を含んでいた。スターリング医師はたしかにトローハン記者に情報を漏らしていた。おそらく他の記者にも漏らしていただろう。このことはスターリング医師の娘で、助手を務めていたマルゲリータ・スターリング・アラーダイスが認めている。レイヒー医師も大統領の治療についてしゃべっていることが複数の情報源から確認されていた。そしてそれが悪性腫瘍にかかわるものだということも漏らしていた（15章参照）。またレイヒー医師は好んで有名人を治療していたこともわかっている。時代は下がるが、一九五三年にレイヒー・クリニックの副医院長のリチャード・カッテル医師がイギリスの外務大臣アンソニー・イーデンの胆管手術をしたことがあった。イギリス国内で行なった手術がうまくいかなかったのである。当時の首相ウィンストン・チャーチルはイーデンが国外に出ることに反対したが、レイヒー医師が強硬に自分のクリニックで手術するよう主張した。[*21]

レイヒー医師のビジネスパートナーであり、彼の信頼が篤かったリンダ・ストランドは、ニューイングランド・バプティスト病院でFDRに会ったことがあると語っている。FDRは偽名で治療を受けていた。[*22]

（原注：FDRがボストンの病院で治療を受けていたことを証言する者はほかにもいる。先の大戦中、ルトリッジ・ハワード医師はボストンの病院に勤務していた。ハリー・ゴールドスミス医師の論文〔一九七九年〕が発表された後、彼はゴールドスミス医師に接触してきた。彼は、一九四四年の冬、自分のアパートの部屋の窓から、車椅子に乗り、シガレットホルダーを銜《くわ》えた男がレイヒー・クリニックに入るのを見たと証言した。その男はFDRに瓜二つで、影武者かもしれないとも思えた。翌日には病院のスタッフの何人かが、やはりその男を見たと言っていたとも証言した）[*23]

またスタンリー・P・ラヴェルの証言もある。彼は中央情報局（CIA）の前身、戦略情報局

（OSS）の研究員（訳注：彼は生物化学者であった）であったが、一九四四年の民主党の大統領候補選出大会のころ、ボストンのレイヒー・クリニックが作成した報告書を読んだと証言している。そこには大統領を診た複数の医師が、大統領は（四選されても）その任期を全うすることはないだろうと述べたことが記されていたと証言している。[*24]

大いに受けた「ファラ・スピーチ」

医療関係者の意見は概ね右のようなものだった。それにもかかわらずＦＤＲは再選キャンペーンを開始した。民主党は依然として共和党をリードしていたが、前回選挙のような大差ではなかったからＦＤＲは安心できなかった。共和党の「疲れた老人はもう結構」キャンペーンが功を奏していた。しかし、ＦＤＲの精神力は見事なものだった。逆風を気力で跳ね返し、四選を成し遂げた。この勝利の陰には二つの重要な事件があったことを指摘しておく必要がある。

一つは、一九四四年九月二十三日に行なわれた全米トラック運転手組合（ＩＢＴ）のディナーパーティーである。このパーティーはワシントンＤＣのスタットラー・ホテルで開かれた。ＦＤＲの支持団体のパーティーであるだけに、ブレマートンでの無残なスピーチの失態を挽回するチャンスでもあった。側近は失態を繰り返すことを心配していた。娘のアンナはスピーチライターのサミュエル・ローゼンマンに、「父は、若くてエネルギッシュな（共和党の）デューイ候補に対抗できるほどの力強い演説ができるか不安だ」と漏らしていた。[*25]

側近たちは、ＩＢＴのパーティーを最後に、ＦＤＲには立ってスピーチをさせないよう決めていた。労働長官のフランシス・パーキンスはローゼンマンらとともにIBTのパーティーに向けて演説草稿を準備した。FDRがいかに長きにわたって労働組合運動に理解を示してきたかを強調する内容であった。ところが、パーティーの数日前にデューイ候補があっさりとFDRによる労働組合政策の成果を認めてしまったのである。パーキンスらは、労働組合運動に対する理解はもはや争点にはならないと考え、草稿を急ぎ修正するはめになった。しかしFDRは落ち着いていた。「心配しなくていい。きみらの準備する草稿は使わない。私は何をしゃべるか決めている。良いスピーチになるぞ[*26]」とパーキンスに語った。

ルーズベルトはその言葉どおり見事な演説をこなした。FDRは、労働問題についてはわずかに触れただけだった。その代わり、デューイ候補の演説に真っ向から反論した。デューイ候補は「老大統領(the Old Guard)の政策は何もかもが誤魔化しで、その典型がニューディール政策だ」と批判していた。これに対して、FDRは徹底的に共和党のやり方をこき下ろした。彼らの選挙キャンペーンは嘘ばかりであると訴えた。この日のスピーチは聞く者をぞくぞくさせた。この時期のスピーチのなかでは最高の部類に入る素晴らしさだった。とくにスピーチの後半は、歴史に残る名演説であった。

「共和党の幹部連中は私に対する攻撃だけでは満足しないようだ。妻や息子を非難の対象にしている。挙句の果てに、わが愛犬ファラまで非難しているようだ。そのような攻撃に私は腹を立てたりしない。私の家族も気にしない。ただファラだけは頭にきている様子だ。皆さんもご存知のとおり、ファラはスコットランド犬（訳注：ファラはスコティッシュ・テリアである）である。スコットランドの血が入っているだけに、共和党の嘘つきスピーチライターが作った法螺《ほら》話を聞いたときには頭に血がのぼったらしい。先の太平洋の旅で私はファラをアリューシャン列島の島に残したまま出港してしまい、駆逐艦を戻してファラを探させた。何百万ドル、いや何千万ドルもの税金の無駄遣いをしたと彼らは非難した。このフィクションを聞いたファラの怒るまいことか。これを聞いてからファラの性格はすっかり変わってしまった。大統領の私に対する非難は一向に構わない。ただファラへの名誉棄損だけは許されない」（『ニューヨーク・タイムズ』一九四四年九月二十四日付）

ジョークを交えたスピーチは聴く者を笑いの渦に巻き込んだ。ラジオで聴いていた数百万の人々も笑い転げた。ローゼンマンは次のように述べている。*27

「FDRの真面目くさった顔つき、（ファラのエピソードを語るときの）悲しげな声。これでスピーチを聴く者を大喜びさせた。その歓声を聞きながら、彼は最後まで真剣な面持ちで威厳を保ったままスピーチを続けた」

「まさに最高のスピーチであった。あの輝いていたFDRが戻ってきた。決して政敵にやり込められないあの強い男が帰ってきた」

（訳注：このスピーチは「ファラ・スピーチ」と称されている。YouTubeで確認できる）

マーガレット・サックリーの思いは少し違っていた。「彼は、強靱な意志だけであのスピーチをこなしたのだろう」（「サックリー日記」一九四四年九月二十五日付）と心配していた。FDRが病んでいる事実には何の変わりもなかった。ファラ・スピーチの一週間前、FDRはカナダのケベックに出かけ、チャーチルとカナダのマッケンジー・キング首相と会談した（訳注：第二回ケベック会談〔一九四四年九月十二日から十六日〕のこと）。キング首相は、「FDRは前回会ったときからすると、だいぶ弱っている。身体が痩せただけではなく顔までがやつれて細くなっていた。まさに疲れきった老人であった。正直に言うと、私には少しばかりショックであった[*28]」と日記に残している。心配したキングはウィルソン・ブラウン提督に大統領の健康について聞いている。提督はしぶしぶながら「ロス・マッキンタイアはかなり心配している」と認めたという。彼は同時にFDRの判断力についても不安視していた。会議の続いた三日間のFDRは、とりとめなく、まとまりのない話が多かった。またディナーの乾杯の音頭もおかしかった。FDRが去って（オタワの）国会議事堂からアメリカ国旗が消えた。それを見たキング首相は、「集まった三人のなかで最初に世を去るのがルーズベルトではないかとの前兆を見たような気がした」とも書いていた[*29]。

ケベック会談ではある事件が起きていた。会議の余興で映画『ウィルソン』が上映されたときのことである。国際連盟の設立に尽力したがアメリカは加盟できなかった。ウィルソンは悲劇の大統領で、その役を俳優アレクサンダー・ノックスが演じた[*30]。ノックスはこの作品でアカデミー賞の主演男優賞にノミネートされていた。また彼はFDRのお気に入りの俳優だった。ウィルソンは第一次世界大戦後、アメリカを国際連盟に加盟させたかった。しかし国内の反対にあい、それが叶わなかった。そして身体を壊して亡くなった。ルーズベルトとともに鑑賞していたブルーエン医師はFD

Rの呟きを聞いた。「くそっ《バイ・ゴッド》、自分が同じ目にあうのか。そんなことはないはずだ」。このしばらく後に、FDRの血圧が測定されているが、二四〇／一三〇という危険な数字を示していた。[*31]サックリーは相変わらず大統領の身体のことをひどく心配していた。「彼の健康のことを話すのも、日記に書くことも辛い。彼は日に日に弱っている。それでも、彼は今度の選挙に勝利したほうがいい。より良い世の中を作るという彼の思いを考えれば、四年の任期をこなせなくてもいいのではないか」（「サックリー日記」一九四四年九月二十五日・二十七日付）。

ルーズベルト自身が、大統領選期間中に、メディアから健康問題を直接聞かれたのは一度だけであった。十月十七日の記者会見で次のように冗談めかして尋ねた記者がいた。

「大統領、世間では閣下の健康問題が話題になっていることはご存知かと思います。縁起の悪い話を何人かの粗忽な記者が書いていますが（どう思われますか）」

FDRは次のように答えた。

「粗忽な記者だって？　この件について私にコメントさせないでくれ。後で後悔するような（汚い）言葉で、そいつらに反論してしまいそうだ。そのうちの何人かの健康状態を知っているがね、なかなかのものじゃないか」（原注：これはFDRに厳しい記者の一人であったジョン・オドネル記者〔『ニューヨーク・デイリー・ニューズ』〕に対する痛烈な皮肉であった。彼は脾臓の病に苦しんでいた）

コラムニストもFDRの健康問題を扱うことを避け、新聞の論説も同じ態度だった。例外は反ルーズベルトの『ニューヨーク・デイリー・ニューズ』紙とその姉妹誌『シカゴ・トリビューン』紙であった。この二紙は、FDRの健康問題について持って回った表現などせず、直截に扱った。とくに『トリビューン』紙は辛辣であった。二回の論説記事で、（FDRが再選されたら）在任中に亡くなるだろうと予測した。

「ルーズベルト氏の体調は大統領職の激務に耐えられないという証拠がいくつもある。万一、彼が亡くなったり職務が遂行できなくなった場合、トルーマンと仕事をすることになろう、と側近が語っていた」（一九四四年十月十七日付）と書き、また投票日一週間前には、「ルーズベルト氏に投票することは、トルーマン氏に投票することと同義である。ルーズベルト氏の年齢と健康状態を考えればそう考えざるを得ない」（十月二十八日付）と報じた。

地方紙（『シラキューズ・ポスト・スタンダード』）は次のような記事を載せた。

「この数カ月、カメラマンの撮影した画像では大統領の老いと疲れがひどく目立っている。それがわかるような画像を撮らせないよう命令が出た。フラッシュを焚《た》いたり、強いライトを当てるとそれがわかってしまうからである。ウォルター・ワンガーがハリウッドから専門家を呼び、FDRの画像を撮影する際の指導に当たることになった。二日前に、彼の指導のもとで撮影が行なわれたが、大統領は若々しく、そして健康そうな表情であった。こうした気配りは、ホワイトハウス関係者が大統領の健康に不安を抱いていることの証左である」

（原注：ウォルター・ワンガーは民主党支持の活動家で、『駅馬車 Stagecoach』や『海外特派員 Foreign Correspondent』のプロデューサーであった。一九四〇年十月ごろ、彼がメイキャップアーチストをホワイトハウスに派遣したのではないかとの噂が立った。FDRが公の場に出る前にその顔を整えるのが役割である。アーリー報道官はその噂を否定した。ハル・ロソン〔MGMのカメラマン〕がホワイトハウスで

撮影する際のライティングの方法を工夫してくれただけであると主張した。つまりハリウッドの移動スタジオをホワイトハウスにセットし、ライティングには映画用の白熱光を当てることになったと説明した）[*32]

土砂降りのなかの選挙キャンペーン

ただし、このように健康問題を直接に記事にしたものは稀であった。ファラ・スピーチは、大統領の頭がシャープであることを示すことはできた。今度は体力を示す必要があった。先にFDRの側近が選挙期間中に一般聴衆の前で演説させないと決めたと述べた。その決定を変えさせたのはロバート・ハネガン（民主党全国委員会委員長）であった。側近らに、FDRはもう一度、国民の前に立って大統領職に耐えられる身体であることを示すべきだと説得したのである。

こうして、ニューヨークで四時間のキャンペーンを行なうことが決まった。十月二十一日に、ブルックリン・ドジャースの本拠地イーベット球場を演説会場とするキャンペーンが決定した（訳注：ドジャースはニューヨークのブルックリン地区に本拠地があった。一九五八年にロサンジェルスに本拠地を移した）。「ルーズベルトの姿を聴衆が見れば。FDRがいかに元気で活力に溢れているかがわかるはずだ」[*33]。そうハネガンは信じていた。

しかしこの日は、「これ以上悪い日を選べないくらいの悪天候だった。雨が降り続け、終日憂鬱さを感じさせる日であった」と『タイム』は書いている[*34]。ブルックリンでは強い雨だったが、マンハッタンはもっとひどく、まさに土砂降りであった。オープンカー（パッカード）の後部座席に帽子もかぶらずルーズベルトは座り、五十一マイルのパレードを敢行した。翌日の写真に写ったルーズベルトのメガネは雨に濡れ、雨のしずくが頬から顎へと滴り落ちているのがわかった。それに加えてこの日は寒かった。沿道に出てパレードを見た者は百五十万人から三百万人と推定されている。彼らはＦＤＲが通るのを数時間も待った。「冷たい風が足元を吹き抜け、寒さで歯がガタガタ震えた」と新聞は報じた（『ニューヨーク・タイムズ』十月二十二日付）。大統領の車がパレードの途中で暖房の効いた駐車場に入ったことは一般には知らされていない。

「シークレットサービスが大統領の身体を急いで車から降ろし、床に敷いた毛布の上に寝かせた。彼らは服を脱がせ、タオルで濡れた身体を拭いた。新しい服に着替え終わると、ルーズベルトはブランデーを流し込んだ。その後、大統領を再びシークレットサービスが抱え、車に戻したのである。作業は素早いものであった。大統領を乗せたパッカードはパレードを再開した[*35]」

（パレードの前に）ワシントンスクエアにあるエレノアの邸でしばらく休む時間があったが、マッキンタイア医師が薬用バーボンを処方した。秘書のグレイス・タリーによれば、午後遅くボスは同じ薬を飲んだ。

この日のパレードはたしかに素晴らしかった。演出も十分だった。ただし、健康な人間にとってもかなりきついものであったことは間違いなかった。それでも人々の熱気に、ルーズベルトは新たな活力を得たようだった。メディアも好意的だった。「これで健康不安説は吹き飛んだ」と報じた。同じようなキャンペーンはフィラデルフィア、シカゴそしてボストンで予定されていた。『タイム』誌は、馬車馬のような活力あるルーズベルトが戻った、彼は全力で（キャンペーンを）続けている、と伝えたのである。[*36]

十一月七日、この日ルーズベルトは再選を果たした。空前の四期目に突入した。ＦＤＲへの一般投票得票率は五三パーセントであった（共和党候補四六パーセント。訳注：一パーセントは独立系候補票や無効票）。これは決して圧倒的支持と言える数字ではなかった。選挙人数では四百三十二対九十九の数字であった。ＦＤＲは三十六の州で勝利したが、そのうちの十四州の得票率の差は五パーセント以下であった。

いずれにせよ、ＦＤＲは国民に約束した戦争の最終局面の難題に立ち向かうことになる。平和維持のための新組織も作り上げなければならなかった。国民はルーズベルトの健康をもはや疑ってはいなかった。マッキンタイア医師は選挙戦前と同様に、ＦＤＲの体調は万全だと繰り返した。しかし、現実は違った。ルーズベルトは心臓発作を繰り返すようになった。側近はみなそれを憂慮した。しかしその事実は国民には知らされなかった。

注

＊1　Camp Pendleton アメリカ海兵隊基地。一九四二年に設置された。
＊2　*New York Times*, July 21, 1944. 原注
＊3　同右。原注
＊4　Jim Bishop, *FDR's Last Year*, p111. 原注
＊5　James Roosevelt, *Affectionately FDR*, Harcourt, Brace Jovanovich, 1959, p352. 原注
＊6　James Roosevelt, *My Parents*, Playboy Press, 1976, p278. 原注
＊7　Douglas MacArthur, *Reminiscences*, McGraw Hills, 1964, p199. 原注
＊8　ブレマートン（Bremerton）はシアトル近くの港。
＊9　Grace Tully, *Franklin Delano Roosevelt—My Boss*, p198-199. 原注

＊10 「イッキーズ日記」一九四四年八月十二日付。原注
＊11 Samuel Rosenman, *Working with Roosevelt*, p462. 原注
＊12 同右。原注
＊13 The President's Cardiologist, *Navy Medicine*, March/April, 1990. 原注
＊14 Ross McIntire, *White House Physician*, p202. 原注
＊15 *Working with Roosevelt*, p462. 原注
＊16 Robert Ferrell, *The Dying President*, p79. 原注
＊17 William D. Leahy（一八七五―一九五九）陸海軍統合参謀長（任期は一九四二年から四九年）。
＊18 Breckinridge Long（一八八一―一九五八）国務次官補（任期は一九四〇年から四四年）。
＊19 Edgar Hoover（一八九五―一九七二）初代連邦捜査局局長（ＦＢＩ長官。任期は一九三五年から七二年）
＊20 Crispell and Gomez, *Hidden Illness in the White House*, p111. 原注
＊21 *Time*, June 15, 1953. 原注
＊22 Harry Goldsmith, *A Conspiracy of Silence*, p170. 原注
＊23 同右、pp65-66. 原注
＊24 Stanley P. Lovell, *Of Spies & Stratagems*, Penguin, 1963, p170. 原注
＊25 *Working with Roosevelt*, p477. 原注
＊26 Frances Perkins, *The Roosevelt I knew*, p114. 原注
＊27 *Working with Roosevelt*, p478. 原注
＊28 *The Dying President*, pp84-85. 原注
＊29 同右。原注
＊30 映画『ウィルソン』は一九四四年製作の当時の最新作であり、ウィルソン役のアレクサンダー・ノックスはカナダ生まれの俳優であった。
＊31 *The Dying President*, p85. 原注
＊32 *Evening Observer*, November 7, 1944. 原注
＊33 *Time*, October 29, 1944. 原注
＊34 同右。原注
＊35 Hugh Gallagher, *FDR's Splendid Deception*, p195. 原注
＊36 *Time*, October 29, 1944. 原注

11章 「ＦＤＲは回復する。彼はいつでもそうだった」

虚ろな目、半開きの口

ルーズベルトは大統領選に勝利し四選がなった。体力的に厳しい選挙キャンペーンは終わったが、ルーズベルトは決して落ち着くことはできなかった。疲れやすく、気分がすぐれなかった。腹部の痛みも続いていた。おそらく癌の転移であったと思われる。それは胆石に特徴的な、刺すような痛みではなかった。こうした症状があったことをブルーエン医師は隠していた。彼は、太平洋の旅から戻って以降、大統領には何の問題もない、腹部の不快感もないと述べていた。マーガレット・サックリーは、「大統領は気分がすぐれない。ベルトのあたりに変な痛みがあって、食欲がない、とこぼしていた」と日記に書いた（一九四四年十一月二十二日付）。

ＦＤＲはウォルター・リード陸軍病院で[*1]、六週間の完全休養を考えていた。[*2]おそらく、先にスターリング医師が拒否した手術を、この病院で行なうことを考えていたのだろう。長期の「休養」が、大統領の健康不安説にあらためて火をつけるだろうことは誰にでも予想できることだった。結局、

ＦＤＲは十一月末に三週間の休暇をウォームスプリングスでとると発表した。大統領にとっては真珠湾攻撃以来、初めてとる長期休暇だった。

この年（一九四四年）の一月のことであるが、予算を担当するＯＭＢ（行政管理予算局）長官ハロルド・スミスは年度予算教書演説の打ち合わせのため、大統領のベッドルームに入ったことがあった。

「大統領はぼーっとして、呆《ほう》けたような感じであった。そんな姿をこれまでに見たことはなかった。予算教書演説草稿のおよそ三分の二程度まで打ち合わせを済ませたところで、大統領は首をこっくりし始めた。目はほとんど閉じていた」[*3]

この三カ月後にはもう一つ、ＦＤＲの体調異変を示すエピソードがあった。ターナー・キャトリッジは『ニューヨーク・タイムズ』紙の記者で、後に編集長になる敏腕記者であった。彼はヨーロッパおよび中東の取材旅行から戻ると、ホワイトハウスに呼び出された。ＦＤＲが話を聞きたいということだった。

「私は大統領執務室に入った。大統領の顔を見るのは数カ月ぶりのことであった。私は大統領の変貌ぶりに驚いた。見てはいけないものを見たような感覚に襲われた。そのまま部屋を飛び出したい気持ちだった。大統領は痩せこけていて、シャツの襟が（だらしなく）開いて垂れていた。そのなかに簡単に手を差し込めるほど開いていた」

大統領との会話が始まると、キャトリッジ記者はもっと驚いた。

「大統領の目はどんよりと曇っていて、口は半開きだった。突然、口が開いたまま話が中断した。

そして彼はそのまま私を凝視していたのである。（およそ一時間の会話だったが）脈絡のない話が続き、そしてそれが突然やんで、大統領は私をぼんやりと見つめた。給仕がランチを運んできて昼食となった。それで私はやっと解放された」[*4]

キャトリッジの記述は直接に確かめられたＦＤＲの健康状態を示す第一級の証言である。ワシントン中に広まっていた噂が真実であることを伝えていた。しかしキャトリッジはこのことを記事にしなかった。そして誰にも話そうとしなかった。彼がこのことを自身のメモワールに書いたのは、ＦＤＲの死後四半世紀以上が経ってからのことだった。

ジョン・フリンは実に辛辣にＦＤＲを批判した人物である。彼は著書『ルーズベルト神話』[*5]のなかで、先のハワイ視察旅行について書いているが、ＦＤＲをわずか数メートルのところで見た海軍高官の証言を載せている。ただし、証言者の名前は明かしていない。その人物によれば、ＦＤＲは夕食が終わると用意されたメモを読み上げた。ところが突然それをやめた。ＦＤＲの目は虚ろで、意識が遠のいたようだった。そばにいた者が彼を揺すって起こし、原稿のどこまで読んだか教える仕草をしていた。その後車椅子を押されて退出したが、大統領は首をうなだれ、口は半開きであった。[*6]

このような話を、党派性を帯びた、手垢にまみれたゴシップと決めつけるのは簡単なことだろう。だが、この証言には他の証言との整合性があるだけでなく、その後の出版物のほぼすべてに記された証言に先だって一九四八年に書かれたものなのである。

いずれにせよ四選後の数カ月、ホワイトハウス関係者以外の者による証言が相次いだ。ＦＤＲは突然意識を失うという噂もあった。フランク・マロニー上院議員（コネチカット州）が大統領との会談のためホワイトハウスに向かったときのことだった。大統領との話を終えたジョセフ・オマホニー上院議員（ワイオミング州）とばったり顔を合わせた。オマホニー議員は大統領の調子は上々で、冗談を飛ばし魅力的で、昔どおりのルーズベルトだったとマロニー議員に伝えた。その言葉に励まされたマロニー議員は急ぎ大統領執務室に入った。大統領のデスクの前に腰を下ろすと、大統領はオマホニー議員の描写とはまったく違う様子だった。

ＦＤＲは視線を上げたが何一つ言葉を発しなかった。目は虚ろであった。マロニー議員はすぐに、大統領は誰と会っているかわかっていないのだ、もっと言えば、周りに人がいることさえ気づいていないのだと察知したという。彼は急いで部屋を出てワトソン将軍を探した。将軍はまったく動じなかった。「気にしなくていいです。すぐに元に戻ります。大統領はいつもそうだから」。それが将軍の答えであった。たしかに将軍の言うとおりだった。マロニー議員が執務室に戻ると、普段どおりの大統領であった。何事もなかったかのように回復していたのである。[*7]

ワトソン将軍のちょっと軽蔑したような、「大統領はいつもそうだから」という物言いには意味があった。将軍は、訪問者がびっくりするようなＦＤＲの容態にまったく驚いていない。まるで何でもない出来事のように振る舞った。彼は、ＦＤＲがぼーっとしている状態からすぐに正気に戻ること、そして後遺症のようなものがないことを知っていたのである。実際、ＦＤＲの容態を現実に見た者はみな同じように考えた。

アロンゾ・フィールズはホワイトハウスの酒類の管理責任者（バトラー）であったが、ＦＤＲは突然に意識を失くすようなことがよくあったと証言している。執務を始めるときは明るく陽気にしていても、会議や打ち合わせで揉めるようなことがあると、たちまち気持ちが萎え、うなだれ、口が半開きになることがあったのである。[*8]

FDRはハワイでの発作だけでなく、ホワイトハウス詰めの記者の前で心臓発作を起こしたことがあった。記者たちとのディナーの席でそれが起こった。彼が亡くなる少し前のことである。アレン・ドゥルーリー記者(『ニューヨーク・タイムズ』)は、このころはワシントン議会の担当だった。その日のことを日記に残している。

「大統領はディナーの会場に車椅子を押されて入ってきた。普段の彼とは違い、立ち上がって拍手する我々には何の注意も払っていないように見えた。彼はただただ我々を見つめ、パーティー会場にいることさえも理解していないようだった。彼には我々がいることさえもわかっていなかったのではないか。栄光ある大統領のそのような姿を見るのは辛いことであった。ディナーが進んで大統領の様子を見ると、スピーチを聞こうとする気はあったように感じられた。ただ表情はほとんど変えず、顎が落ち、口が大きく開いたままだった」[*9]

フランシス・パーキンス労働長官はFDRと四十年来の付き合いであった。彼女も大統領の様子が数時間で大きく変わってしまうことに気づいていた。よくなる場合は、幽霊のような表情から突然いつもの快活さが戻り、目に輝きが戻った。彼女はFDRの様子をコロンビア大学のインタビューで次のように語っている。[*10]

「大統領の変化は、まず目から精気が失せることから始まった。そして顎や頬の筋肉から力が失われたようになり、顎が下がり、口が開いた。顎も口も機能不全に陥ったような感じだった。表情を表す筋肉が弱っていた。また握力も萎えていた。彼は意識を失うことがあったが、短時間で回復した」

パーキンスの描写は、秘書のグレイス・タリーが、FDRは手紙を読みながら突然眠ってしまうと書いていたことに一致している。娘のアンナも父親がとても静かになって「内省的」になると書いていた。パーキンスは、FDRの右のような症状は数年続いていたとしている。つまり、ターナー・キャトリッジがFDRを見て驚いた事件の前から、こうしたことが頻繁にあったということだ。シークレットサービスのミルトン・リプソンは、FDRが椅子から転げ落ちる光景を何度か見ていた。

「(驚いて助けにいくのだが)そこにはわが国の大統領がまったく無力のまま床に転がっているのである。大統領を静かに助け起こし、椅子に戻す。それだけのことであるが、私の心は張り裂けそうであった」[*11]

グレイス・タリーによれば、一九三八年に自邸のハイドパークでも意識を失っていた。食事のときにそうなったのだが、わずか十五分ほどで何事もなかったかのように正気に戻ったと書いている。[*12]意識を失った事件ではっきりと記録されているのは、一九四〇年二月の出来事である。このときFDRは、駐仏大使ウィリアム・ブリットと秘書のミッシー・ルハンドとディナーの最中だった。驚いた二人にマッキンタイア医師は、軽い心臓発作だと説明した。おそらくマッキンタイアは心臓にもっと重篤な障害があることを知っていたはずである。[*13]

意識を失う原因は何だったか

このように、ＦＤＲがたびたび意識を失ったことは、疑う余地がないほど記録されている。症状も同じである。おそらくその原因は、心臓の問題というよりも脳の障害に起因するのではないか。脳から発せられる電気信号が、ほんの短い間だけであるが機能不全に陥ることによって起こる脳卒中に近いものではなかったか。一般に脳卒中の場合、痙攣《けいれん》のような発作が起こると思われているが、必ずしもそうではない。意識を失うというＦＤＲの症状は、現代の医学用語では、「複雑部分発作(partial complex)」と呼ばれるものである。この発作が起きれば、側頭脳葉部の異常が強く疑われる。このことは悪性黒色腫が脳に転移した可能性を示している。悪性黒色腫では、脳に転移した部分からの脳内出血があり、それが原因で死亡することが多い。

しかし、キャトリッジ記者がＦＤＲの死の一年前に目撃した症状は転移が原因ということもあり得るが、ＦＤＲの意識喪失は、少なくともこの時点では、転移が原因ではないだろう。というのも、転移によって意識喪失が起こると、たいていの場合、数週間から数カ月で生命を落とすことがふつうだからである。おそらくこの時期にＦＤＲが見せていた意識喪失の原因は、心血管系の障害によるものではなかったかと推察される。

高血圧はこの時代には有効な対処法がなかった。十九世紀末ごろから脳卒中にはブロミンが処方され、一九一二年からはフェノバルビタールが使われた。ＦＤＲに対しては、一九四四年四月以降、一日当たり九十ミリグラムから百八十ミリグラムが処方されている。鎮静効果を狙ったものである。

しかしこの強力な鎮静効果のある薬を、一日十六時間の睡眠をとっている患者になぜ処方しなくてはならなかったのかが問題である。つまりこの薬の鎮静剤としての効果を期待してではなく、脳卒中に対する効果を狙ったものだと考えるのが自然である。ＦＤＲはこの薬の鎮静効果（副作用）について知らされていなかった可能性がある。サックリーに、どうも眠り病にでもなったのではないか、とこぼしていることからそれがわかる（「サックリー日記」一九四四年五月六日付）。

バート・エドワード・パークは脳神経外科医であり、歴史的人物の疾患についての著作がある。彼は、ＦＤＲの見せた突然の意識喪失と顎が下がって口が開いた症状は、何らかの脳障害に起因すると考えている。脳に十分な酸素供給がなかったことが原因であろう。ＦＤＲは心臓が弱っており、血圧も高かった。肺機能や腎機能も低下していた。脳に十分な酸素を運べない可能性があった。ＦＤＲが集中力を欠いたのは（転移による）複雑部分発作ではなかったのだろう。

脳障害が軽度な場合、興味深い現象が起きる。患者は、興奮するような場面や刺激を強く受ける場面では、見事なパーフォーマンスを見せることがよくあるのだ。このことはＦＤＲが、緊張を要求されるスピーチの場面で素晴らしい演説を見せたことに符合する。ニューヨークの大雨のなかでＦＤＲが見せた選挙キャンペーンもこれで説明がつきそうである。

ＦＤＲ付きの医師たちが脳神経疾患の可能性を疑っていたと思われるエピソードはほかにもあった。ウィンチェル・クレーグ大佐（軍医）はベセスダ海軍病院でのＦＤＲの瘤の切除手術に立ち会った。その際にＦＤＲの頭の位置を調整した医師であった。歴史家のロバート・フェレルは、クレーグ医師がメイヨー・クリニックの同僚医師（デイヴィッド・ボリス）にあることを語ったと書いている。クレーグ医師はＦＤＲの頭蓋内腫瘤の有無を確かめる検査をしたと述べていたのである。[*14] この検査は実に面倒で、被験者に不快感を与えるものだった。現在は幸いなことに最新科学で脳内写真を撮影することができるが、当時はエックス線造影の質を上げるために、脳脊髄液をガスに置き換える作業が必要だったのである。そしてこのような検査は、医師が極めて高い可能性で脳内腫瘤の存在を疑っている場合でなければ行なわないものであった。

フェレルとボリスの両氏は、この検査が実際にあったかどうかを示す診断書を調べたが見つけられなかった。クレーグ医師の甥に当たるジョセフ・クレーグ医師は叔父がＦＤＲの治療に当たったことだけは証言したが、それ以上は語っていない。[*15]

マッキンタイア医師とブルーエン医師は、ルーズベルトが脳卒中を起こしていたなどとは一切書き残していない。大統領の脳が正常でなかったと主張することは、大統領は癌であったと主張することと同じほど重大なことであり、なかなか口にできるものではない。しかし口にしなければ隠せるというものでもない。毎日大統領に接している者は容易に気づくことであるし、毎日接触しなくても、ときおり大統領に接する人間も気づいていた。ＦＤＲは急激に体重を落としていた。医師たちはそれをひどく心配した。大統領自身も食欲がなく食べるものに興味さえない、味もわからないと訴えた。ＦＤＲは、ストレプトマイシン（訳注：細菌性疾患の抗生物質）を処方されていた可能性がわずかながらある。この薬は一九四三年に発見され、人間に対する臨床テストがメイヨー・クリニックで初めて実施されたのは一九四四年の十一月である。ＦＤＲが味覚障害と難聴の症状を見せ始めたのはこのころである。ストレプトマイシンに味覚と聴覚に対する副作用があることはこの時点ではわかっていなかったが、ＦＤＲの症状はこの副作用に一致する。この時期に新薬ストレプトマイシンを大統領に処方できる可能性があったことだけは否定できない。

どんどん痩せていく

ＦＤＲの基礎体重は、一九四四年三月に計測された百八十八ポンド（八十五キログラム）だとすれば、その二カ月後の数字は百七十四・七五ポンド（七十九キログラム）であった。これはブルーエン医師のカロリー計算に基づく指導の結果だった。この減量にＦＤＲは気分を良くしていたとサックリーは書いている。

「大統領はあと一ポンドか二ポンドは欲しい。百七十五ポンド以下は嫌だ。百八十ポンドは超えたくない。いずれにせよ、体重が減って気分が良さそうだった。プールでの歩行練習もひと月前より楽になったと喜んでいた」（「サックリー日記」一九四四年六月二十七日付）

当時、来たる選挙戦に備えて、聴衆の前で立っていられる体力を維持することがＦＤＲの最重要課題であった。ＦＤＲにはこのころの体重がほぼ理想に近かった。サックリーはＦＤＲが一、二ポンド増やしたいと言っていたと日記に書いたが、現実にはそうはならなかった。ますます体重を減らしてしまったのである。ブルーエン医師は八月に、料理人が最善を尽くし、日々のカロリー摂取量を若干増やしたにもかかわらず、大統領が減量に固執したため百七十ポンド（七十七キログラム）までに落ちてしまったと記録しているが、これはおかしい。大統領の体重はすでに百六十五ポンド（七十五キログラム）まで落ちていたのである。ブルーエン医師は体重の減少を、大統領自身がダイエットを望んだ結果であると、誤魔化し始めたのである。

ロス・マッキンタイアが記者会見を開いたのは、大統領選挙のおよそ三週間前の十月の半ばのことであった。このころには大統領の痩せ細り具合は誰の目にも明らかだった。マッキンタイアは、大統領がどうしても痩せたがっている結果の体重減だと説明した。冗談交じりに、大統領は凹んだ腹を自慢しているようだとも言った。彼は、体重の減少は春に起きたものだと説明した。太りすぎた身体を食餌療法とホワイトハウスのプールでの水泳で絞った。今では食事制限もなく、食べたいものを食べて構わないのだが、若い身体を保ちたくて、その結果げっそりしたような顔を見せてしまう結果になっている。ＦＤＲは百七十五ポンドまで体重を落としたが数ポンド戻している。ただ理想の体重よりもまだ七、八ポンド足りない。それがマッキンタイアの言い訳だった。

それにしても痩せすぎではないかという記者の質問に、「僕もそう思うが、いったん凹んだ腹になった男が、元の出っ張った腹に戻ることを喜ぶとは思えない」と答え、記者の質問をかわした。そして彼は、「我々は大統領の体重を増やそうとは思っていない」と付け加えた。これはまさに煙幕であった。[*16]

マッキンタイアは大統領と次のような会話を交わしたことをメモワールで語っている。

「『大統領、御自身はその体重で気分が良いかもしれませんが、傍目にはそのように見えません。首はほっそりとしてしまい、顔にも皺が増えています。実際の年齢よりも十歳くらい老けて見えます。ぜひ服を新調してください。今のシャツではサイズが大きすぎます。コートを羽織ると、まるでハンガーにぶら下がっているように見えます』とアドバイスしたが、大統領はただ笑って、何の言質《げんち》も与えなかった」[17]

ＦＤＲの本当の体重はマッキンタイアが記者会見で述べた数字よりもかなり少なかった。ＦＤＲの体重はいったん減り始めると元に戻ることはなかった。ときに食欲が戻ったこともあったが増えなかった。医師たちが体重を増やそうと工夫し始めたのはこのころであった。ジギタリスの処方量を減らしたのもその試みの一つだった。胆石の疑いがあって低脂肪の食事にしていたがそれも中止した。マッキンタイアが大統領はダイエットに固執していると記者に語ったころ、サックリーの日記よると、ＦＤＲは毎朝十一時にエッグノグ（玉子酒）を、午後四時には大きなグラスでオレンジジュースを飲まされていた。

死を予感していた

感謝祭（十一月第四木曜日）の後、ＦＤＲはウォームスプリングスで休暇をとった。サックリーはそこでも、記者を前にしてしゃべるＦＤＲの容態が悪いことを気にかけていた。「私はここで行なわれた記者会見のおよそ半分に出席した。大統領の顔色は悪く、痩せこけ、疲れているように見えた。私は何度も、心配することはないと自分に思い込ませようとした。しかし、現実の大統領の衰えは隠しようがなかった。彼は去年よりも十も歳をとったのではないかと思うほどだった。おそらくそのことに大統領自身も気づいていると思う」と日記に書いた（「サックリー日記」一九四四年十一月二十九日付）。

ブルーエン医師の観察も同じようなものだった。「大統領は食事を摂るのに苦労していた。まったく味覚がないとこぼしていた。その結果、体重がまた少し落ちた。我々はとにかく食べることが大事だと訴えた」と書いていた。体重が落ちたのは腹部に転移していた癌によるものだろう。ＦＤＲの体重はおそらく百五十ポンド（六十八キログラム）は超えてはいなかっただろうし、多分それ以下だったかもしれない。

（原注：バート・パーク医師は、ＦＤＲの体重減の原因を、重度の鬱血性心臓疾患によるものではないかとの意見を出している。しかし筆者は、ＦＤＲが慢性の腹痛を訴えていたことから、腹部の癌が原因だと推察している。多くの心臓専門医の意見を聞いたが、これほどの体重減は心臓疾患によるものではないだろうとの意見であった）

年も改まり一九四五年になると、ＦＤＲは年頭教書演説の準備に入った。大統領は何かを予感したのか、つまりもう長くないことを感じたかのように、年頭教書演説の日には孫たちをみなホワイトハウスに呼び、ホワイトハウスに数日泊まるよう命じたとエレノアは記している。[*18] 演説は一月二十日に予定されていた。その数日前に、サミュエル・ローゼンマン、ロバート・シャーウッドと草稿の打ち合わせをした。そこには秘書のグレイス・タリーとドロシー・ブレイディもいた。

突然、ＦＤＲは、「グレイス、この部屋に私の一番の思い出になるような物があるかい」とタリーに尋ねた。彼女は十八世紀の帆船の絵ですと答えた。同じ質問がブレイディにもされた。彼女は十九世紀の海軍提督ジョン・ポール・ジョーンズの肖像画ですと答えている。ジョーンズはブレイディの遠い祖先に当たる人物だった。この答えを聞いたＦＤＲは二つのメモを書いた。そこには、自分が死んだときには二人の女性がそれぞれ選んだ絵を贈与すると書かれていた。このメモはホワイトハウスの金庫に保管された。[*19]

一九四四年の就任演説は質素に行なわれた。戦争経済下であることを理由に、演説にかかわる費用は通常の九割もカットされた。演説は議事堂の外で行なうのがつねだったが、この年はホワイトハウスのポーチで行なわれた。演説も短いものだった。わずか五百字という史上最小の長さであった。五カ月前、ブレマートン海軍工廠では立って演説したが、ＦＤＲはそれ以降立ったまま演説することはなかった。しかし、この日は久方ぶりに立ってスピーチしたのである。底冷えする日であったが、ＦＤＲはコートなしでしゃべると言い張った。

短い演説を終えるとホワイトハウスの室内に戻り、車椅子に倒れ込むように腰を下ろした。そして息子のジェイムズを呼んでグリーンルームに移動するよう命じた。このときの模様をジェイムズは次のように語っている。

「サンディエゴでの痛みと同じタイプの痛みだと父は言っていた。ただあのときよりは軽いらしかった。強い酒が欲しい。ストレートで飲みたいと父が言い張るので、私はストレートのバーボンを用意した。父はそれをぐいと飲みほした。私はそんな飲み方をする父を見たことがなかった」[*20]

この後、ＦＤＲはジェイムズと遺言の細かな打ち合わせをしている。自分がはめている指輪はジェイズに譲るとも言った。[*21] 明らかに彼は死を予感していたのである。

エドワード・ステティニアス国務長官は、ＦＤＲが就任演説を始めた時点で心配になった。「大統領は身体を震わせていた。手の先が震えているというようなものではなく、身体全体が震えているのである。私は十二月の半ばごろからこの演説までの間に、何か体調を劇的に崩す事態があったのではないかと疑った」[*22]と書いている。

この日の昼餐会のゲストの一人にイーディス・ウィルソンがいた。彼女は元大統領ウッドロー・ウィルソンの未亡人である。彼女はフランシス・パーキンスに向かって、「大統領は、主人の亡くなる前の状態にそっくりだわ」と語った。フランシスは、「そんなことを私以外の人間には絶対にしゃべってはだめですよ」と釘を刺した。パーキンス労働長官は数日前にＦＤＲに会っていたが、ＦＤＲの体調悪化に気づき、ひどく心配していた。「大統領はこれからも、どうしてもやらなくてはならない仕事が山積している。たとえそれで死ぬことになってもやらなければならないことばかりだ」[*23]。それがそのときの彼女の思いだった。

たしかにパーキンスの言うとおりであった。ＦＤＲはまさに人生で最も難しい会議に出かけなければならなかった。（クリミア半島の）ヤルタで、最後の三巨頭会談が予定されていたのである。

注

＊1　現ウォルター・リード・メディカルセンター。ワシントンＤＣにある。
＊2　「サックリー日記」一九四四年十一月十一日付。原注
＊3　Thomas Fleming, *New Dealer's War*, Perseus Press, 2001, p327. 原注
＊4　Turner Catledge, *My life and The Times*, Harper & Row, 1971, p146. 原注
＊5　John Flynn, *The Roosevelt Myth*. Garden City Publishing, 1948. 一九九八年に Fox & Wilkes 社から五十周年記念版が復刻されている。
＊6　同右、p403. 原注
＊7　Doris Kearns Goodwin, *No Ordinary Time*, p571. 原注
＊8　ＰＢＳ（テレビ局）の番組 *The American Experience: FDR*（1994）のインタビューでの発言。原注

*9 Allen Drury, *A Senate Journal*, pp388, 390. 原注

*10 Frances Perkins, Columbia University Oral History Project, Part 8, Session 12, pp283-284, pp1951-1955. 原注

*11 PBSのテレビ *The American Experience: FDR*. 原注

*12 Grace Tully, *Franklin Delano Roosevelt—My Boss*, p273. 原注

*13 Orville H. Bullitt, *For the President: Personal and Secret*, Houghton Mifflin, 1972, p398. 原注

*14 Robert Ferrell, *The Dying President*, p161. 原注

*15 筆者らによる電話インタビュー（二〇〇六年）。原注

*16 *New York Times*, October 13, 1944. 原注

*17 Ross McIntire, *White House Physician*, p194. 原注

*18 Jim Bishop, *FDR's Last Year*, pp248-249. 原注

*19 Geoffrey Ward, ed., *Closest Companion*, p383. 原注

*20 James Roosevelt, *Affectionately FDR*, pp354-355. 原注

*21 James Roosevelt, *My Parents*, pp283-284. 原注

*22 Bert Edward Park, *The Impact of Illness on World Leaders*, p258. 原注

*23 *The Dying President*, p103. 原注

12章　ヤルタ会談（一九四五年二月）

不便かつ不快な土地

フランクリン・ルーズベルトの政治の是非については多くの議論がなされているが、彼が出席したクリミア半島ヤルタでの一週間に及ぶ会議（ヤルタ会談）ほど評価が分かれるものはない。三巨頭（ルーズベルト、チャーチル、スターリン）が一堂に会したのは二度目であった。ヤルタ会談で、戦争の最終局面の対独戦のあり方や、戦後の方針、ソビエトの対日参戦、そしてヨーロッパの分割が決定された。また戦後組織される国連にソビエトが加盟する際の条件も打ち合わされた。

ヤルタ会談の直後から、そしてとくに中国が共産化した一九四九年以降、保守派側《コンサバティブ》からの、「ヤルタの病んだ老いぼれ（the sick old man of Yalta）」がソビエトの本質に目をつぶり、独裁者スターリンをナイーブなまでに信用し、東ヨーロッパを売った、という非難が喧《かまびす》しくなった。ドイツ降伏（V-E DAY）から六十年の節目にあたる二〇〇五年五月、ジョージ・ブッシュ大統領は次のように演説した。[*1]

ヤルタ会談での合意は、ミュンヘン協定やモロトフ＝リッベントロップ協定の不正義と同質のものであった。要するに強国であれば小国の自由を犠牲にしても構わないという性格のものであった。世界の安定のために自由を捧げる試みは、ヨーロッパ大陸の分割と世界の不安定化をもたらした。東ヨーロッパ諸国の数百万の人々を（共産主義の）囚われの身にしてしまった。ヤルタ会談は、歴史上最悪の事件の一つである。（訳注：ミュンヘン協定はドイツのズデーデン地方の併合を認めたもの。モロトフ＝リッベントロップ協定は独ソ両国によるポーランド侵攻を決めたもの）

ヤルタでのＦＤＲはまさに病んでいた。実際の年齢よりも老けこんでいた。これは隠しようのない事実である。会議に出席していたイギリスの外務次官アレクサンダー・カドガンは、「ＦＤＲは、協議の内容が何なのかさえわかっていないのではないかと感じた」[*2]と書いている。本書では、ＦＤＲがヤルタではまったくの病人で、あのような会議に出るべきではなかったとか、ＦＤＲには病気に対する驚くほどの抵抗力、回復力があって、重要案件を協議するための精神力はしっかり保っていたとかの議論はしないことにする。たとえば、ソビエト問題の専門家で、ヤルタではＦＤＲの通訳を務めた外交官チャールズ・ボーレンなどは、「ヤルタでの大統領はたしかに病んでいた、しかし大統領は十分その役割を果たしていると思ったし、今でもそう信じている」[*3]と語っている（一九七三年）。

ルーズベルトは会談の場所を地中海のどこかにしたかった。皮肉なことに、スターリンは彼の主治医の意見を受けて、遠いところへの旅は難しいと言ってきたのである。その結果の妥協の地が黒海沿岸のリゾート地ヤルタであった。チャーチルはFDRより先にヤルタに入っていたが、「スターリンは（英米から）最も遠く最も不便かつ不快な場所を選んだ。我々にもう少し時間があれば絶対にこの場所を選ぶことはなかった。ここはチフス菌や虱《しらみ》の天国のようなところだ」と外交顧問のハリー・ホプキンスに知らせ、FDRへ伝えさせた。[*4]

ブルーエン医師によれば、チャーチルは次のようにもFDRに伝えていた。

「貴国の駐ソ大使アヴェレル・ハリマンは、サキ空港からヤルタまでは車で二時間だと報告していたが間違いである。たっぷり六時間はかかる。また山岳地帯を越えなくてはならないが、そこはかなり危険な場所で、場合によっては通れなくなることもある。ヤルタにある建物はドイツ軍が破壊して撤退したが、不潔な害虫に溢れている。ただし、ここに来る前、マルタ島でハリマン大使や先遣隊から、空港からヤルタまでの道は、天気に恵まれ昼間の移動であればそれほど困難ではないとの報告を受け、おおいに安堵している。なお、セバストポル港に停泊した米海軍船カトクティンの軍医官が害虫駆除を首尾よく完了した、との報告を受けたこともお知らせしたい」[*5]

FDRのヤルタへの旅はおよそ二週間かかっている。重巡洋艦クインシーでマルタ島に移動し、そこからクリミア半島のサキ飛行場まで千二百マイルを飛行機で飛んだ。ブルーエン医師が記録しているように高度は六千フィートから八千フィート（千八百メートルから二千四百メートル）の低空だった。サキ飛行場からヤルタまでの車の移動には六時間かかっている。

チャーチルとモラン医師はどう見たか

ヤルタへの出発前、ＦＤＲは側近を心配させている。ホワイトハウスで映画鑑賞会があったのだが、ルーズベルトは招待客に、「さあ今日の映画はヤルタが舞台だ」と言ってしまった。ヤルタで三巨頭会談が開かれることは極秘であったから、驚いた娘のアンナは、「違います。カサブランカが舞台です」と小声で訂正したのだった。[*6] マルタ島に到着すると、幹部による打ち合わせがあった。アーネスト・キング提督（海軍作戦部長）はその場に参加していたが、大統領に向けたブリーフィングの際に見たＦＤＲの態度がおかしかったと記録している。ＦＤＲは聞いているだけで一言もしゃべらず、早く終えてくれという態度を見せていたのだ。幹部は報告するだけで早々に退散した。[*7]

会議に備えて大量の資料が国務省によって用意されていたが、ジェイムズ・バーンズは大統領がそれに目を通していなかったことを嘆いている。それができなかったのは病気のためであったことは間違いない。それがバーンズの意見であった。[*8]

ヤルタ到着後もＦＤＲの状態に変化はなかった。海軍の大統領副補佐官ウィリアム・リグドンによれば、ＦＤＲはしばしば顎が落ち、口が開いた状態になった。リグドンは後になって（一九六二年）、「ＦＤＲと常時顔を合わせている者が、大統領の容態があれほど悪化していることにに気づかなかったのは驚くべきことだ」[*9]と述べた。ＦＤＲはヤルタに着いてから最初の三日間は発作性の咳に悩まされ、よく眠れなかった。ブルーエン医師が、抱水テルピンとコデインを処方して発作は抑えることができた。

会談は二月四日から始まった。午前中は予備会談、午後の正式会議はリヴァディア宮殿で四時から開催され、三時間から四時間続いた。その後にディナーとなった。会議の初日の模様をＦＤＲに付き添っていたアンナは夫（ジョン・ボエティガー）への手紙で次のように伝えていた。

「他言してはいけないことなので秘密にしておいてください。私たちはつねに父の様子に気をつけていなくてはなりません。容態が容態ですから。父はかなり興奮しているようで、この会議を楽しんでいるように見えます。いつも周りにたくさんの人を呼んで話しています。結果的に床に就くのが遅くなってしまい、睡眠不足になっています。ロス（マッキンタイア）もブルーエンも心配しています。あの心臓のことを考えるとそうなります。もちろんあのことは私と二人の医師しか知りません。私にできることは、父が本当に会うべき人とそうでない者を選り分けて、大事な人だけを父の身体を考えて最善のタイミングで会わせることです」

「大事な人物が誰かは会議の場を見ていればわかります。ブルーエン医師から、父の心臓の問題は思った以上に深刻であると聞かされました。ロスは私がブルーエンから聞いていることをまだ知りません。ブルーエンからは、ロスにしゃべってはいけないと口止めされています。私が一番辛いのは、このことを誰にも話せないことです。できることはほとんどありません。とにかく心配です（この手紙は破って捨てたほうがいいですね）」（一九四五年二月四日付）

アンナは気がつかなかったが、ＦＤＲの心臓の問題を知っていた人物はほかにもいた。チャーチルの主治医であるチャールズ・マクモラン・ウィルソン医師（モラン卿）である。彼はボストンの友人ロジャー・リー医師からそのことを知らせる手紙をもらっていたと日記に密かに記している。「ルーズベルトは八カ月前に心臓発作を起こしている。鬱血性心不全の兆候が見られる。彼の肝臓は肥大し腫《は》れている。解剖ということになれば、その他の臓器の腫れも確認されるだろう。彼は非常に短気になっていて、長いこと集中しなくてはならないようなときは非常に苛立つ。長考が必要な事案が持ち出されると、すぐに話題を逸らす。睡眠も十分にとれていない」[*10]

詳細は不明なところがあるものの、FDRの心臓疾患については、ヤルタ会談の十一カ月前、一九四四年三月のベセスダ海軍病院の検査でかなり正確なことがわかっていた。そのことを明らかにしたのは著名な医師であるロジャー・リーである。彼はハーバード大学の公衆衛生学部門の創設にかかわり、二十世紀初期の輸血法の改善に貢献した医師であった[*11]。

彼は一九五六年にメモワールを発表していて、前述のチャーチルの主治医モラン卿と親しかったことを明らかにしている。このメモワールのなかにはFDRの名は出てこないが、FDRとわかる人物の心臓疾患のことを書いている。それではリー医師はその情報をどこから得たか。彼は全米医師会（American Medical Assosciation）会長であったが、彼の前にはフランク・レイヒー医師とジェイムズ・ポーリン医師が会長を務めている。この二人は、先に述べたように、三月にマッキンタイアから依頼され、ベセスダでFDRを診ていた。そして二人はブルーエン医師の診断は間違いないと言っていたのである。

こうした人間関係に鑑みると、モラン卿がFDRの病状を早い段階で知っていたとしても不思議ではない。彼は日記に次のように書いていた。

ヤルタ会談はルーズベルトの死の２カ月前に行なわれた。FDR が纏（まと）っているのはお気に入りの海軍のマントである。(Franklin D. Roosevelt Library)

「医師の目には明らかにＦＤＲは病人であることがわかった。脳動脈が硬化している患者の見せる症状のすべてが現れていて、それもかなり進行した段階であることがわかった。おそらく数カ月の命であると推測できた。人間には、見たくないものは見ないという悪い性癖がある。ヤルタに来ているアメリカ人連中は、ＦＤＲはもうすぐ死ぬ人間であることを認めようとしなかった。彼の娘は父親が重症であるとは思っていないようだ。彼女がそう思っているのはＦＤＲ付きの医師がそう言っているからだ」

　もちろん、娘のアンナが父の病状を知っていたことは夫に書いた手紙で明らかである。ただ、医師が彼女に心臓疾患のことを打ち明けたのは、脳卒中の可能性が高いことや、癌のことを隠す煙幕であったとも考えられる。

　しかし、モラン卿はさすがに熟練した医師であったから、ＦＤＲの様子を見て、友人のリーが伝えてくれたことが本当らしいことを見て取った。

「大統領はひどく老けこんで見え、そして痩せていた。表情も歪んで見えた。縮んだように見える身体に肩からショールのようなものをかけていた。口を開けたまま、遠くをぼんやりと見ていることが多かった。彼を見た者は誰もが一様に驚き、それを話題にした」[12]

これが、モラン卿がヤルタでFDRを見たときの最初の記述である。この数日後には次のように書いている。

「我々が気になったのはFDRの身体の異変だけではなかった。彼は会談中に口を挟むことがほとんどなく、ただ口を開けたままであった」[13]

「ときに、議論されている内容がわかっていないと思しき発言をしたが、彼は持ち前の如才なさで取り繕った。しばらくするとその如才なさも消えた。彼はこの会議での重大な職責に耐えられる人物であるのかと大いに疑問を感じた」[14]

チャーチル自身がモラン卿と同じような思いを抱いていたかどうかははっきりしない。ただチャーチルが困惑し、失望していたことは確かだった。チャーチルはモラン卿に次のように言ったとモランは記録している。「大統領はもはや、いま現在続いている戦争そのものに関心がないようだ」。そしてこう記している。「チャーチルが読んでおいてほしいと渡した新聞も読んでいなかった。彼の関心は議会対策以外にはないのではないかと思わせることもあった」[15]

チャーチルは自身のメモワールを残しているが、モラン卿ほどには率直に語っていない。

「大統領が病んでいることは気づいていた。彼の人を魅了する笑顔や陽気な振る舞いに変わりはなかったが、顔からは血の気が失せ、目は遠くをぼんやりと見つめ、まるで彼の抜け殻を見ているようだった」[*16]

チャーチルは、自身が敬愛する人物、その尊厳を決して汚したくない人物が死にゆく人のように見えたことを詩的な表現で示唆したのである。

スターリンにしてやられる

モラン卿はイギリス代表団のメンバーもＦＤＲの姿に驚いていたと書いたが、そのことが事実であることは外務次官アレクサンダー・カドガンが「彼が出席を求められた会議でも、内容を理解したり、会議をリードしようということは一切しなかった。ときに議論に加わる場面ではまったく無関係な話をする始末であった」と書いていることからもわかる。

一九四五年二月八日には戦後のポーランド処理について激しい議論があった。ルーズベルトとチャーチルは自由選挙による政府を主張したが、スターリンはそれに反対した。ポーランドはドイツがソビエトに侵攻する際には必ず通り道となってきた歴史を訴え、より強力にコントロールできるようにしたいと主張した。この議論の最中に、ＦＤＲは交互脈（訳注：強弱の心拍が交互に起こる症状。近年この症状は死の予兆であるとされている）の症状を見せた。後日、ブルーエン医師はこれが「極めて危険な兆候で、余命いくばくもないかもしれないと感じた」と語っている。大統領の参加する議論の場が減ると交互脈が消えたのは幸いだった。ポーランド問題についてはスターリンが自由選挙を認めることで収束したが、彼がその約束を守る気がなかったことはすぐに明らかになった。

スターリンとの間にはほかにも難題があった。彼は、戦後に設立される国際連合にソビエトが参加するには、拒否権と、ソビエト連邦には特別に三票が与えられることが条件だと主張した。またドイツ降伏後に対日戦争に参戦することについては、中国からの満州独立をアメリカが認めることが条件だと主張した。これ以外にも多くの案件が協議されたが、何もかもソビエトが東ヨーロッパを支配するのに都合のいい方向での合意になってしまった。FDRのヤルタでの意思決定は、スターリンに極めて有利なもので、その後の冷戦の発生を不可避なものにしてしまったとの評価を生むことになった。

ロバート・F・ケネディはかつてジョセフ・マッカーシー上院議員の顧問をしたことがあったが、その彼はFDRのヤルタ会談を強く批判した（一九五四年）。彼は『ニューヨーク・タイムズ』の編集者とのやりとりのなかで、「ルーズベルトは、不確かな知識しか持ち合わせていないのに、部下である政治外交の専門家の意見も聞かず、数々の問題ある合意をソビエトとの間で結んだ。（会議に随伴していた）専門家たちは、協議されている事柄について十分な知識を持ち合わせていたにもかかわらずである」と述べた。[*17]

ケネディに対して歴史家のアーサー・シュレジンジャー[*18]は、「重大な事実誤認と曲解がある」と批判した。[*19] しかし、FDRがスターリンを過信したことは間違いだったと、多くのFDRの政敵が口をそろえていることは間違いない。放射線医のチャールズ・F・ボーレンは、「FDRはスターリンの世界を見る目が自分と同じであると錯覚していた。スターリンの敵を見る目は、極めて強いイデオロギーに支配された特殊なものだったことに気づかなかった。アメリカとソビエトの間の深いギャップは決して埋めることはできない性質のものだった。FDRはそのことを最後まで理解できなかった」と述べている。[20] FDRの分身のような外交顧問ハリー・ホプキンスもこの意見には同意している。

「（ヤルタでの我々は）心底、新しい夜明けを迎えると信じていた。ロシア人たちは物わかりがよく（reasonable）、先のことを見通せる連中だと思われた。大統領も我々も、彼らと平和的にうまくやっていけると思い込んでいた」[21]

ヤルタではFDRは的確な判断を下すための情報を持ってはいた。しかし真の問題は、彼にはそれを使いこなす精神力がもはやなかったことである。ときおり些細なことに拘泥してみせるのが精一杯であった。ヤルタでのFDRはタフネゴシエーターとはとても言えなかった。細かなことは後でどうにでもなると考えていたとすれば、彼は交渉相手をまったくわかっていなかったことになる。その上、彼自身に残された命がどれだけかもわかっていなかったのである。

（原注：ロス・マッキンタイアは、「大統領のヤルタでの働きは素晴らしかった」と強調するアルジャー・ヒスの言葉を引用している〔一九四六年八月十二日〕が、信頼するに足るものとはいえない。ヒスは、エドワード・ステティニアス国務長官の補佐官であり、後日ソビエトのスパイであることが判明した人物である）

それにしても、ルーズベルトとチャーチルはヤルタの会談でもう少し何かできなかったのだろうか。イギリス陸軍のバーナード・モントゴメリー将軍は、次のようにコメントしている。

「スターリンがルーズベルトを手玉に取るのは容易なことだった。ルーズベルトとチャーチルは、チェンバレン首相がミュンヘンでナチスに対してあまりに軟弱だと強く非難した。ところがヤルタでは、この二人がスターリンに対してとんでもなく宥和的だったのである」[22]

ジェイムズ・バーンズは、「ヤルタでできたことは、ソビエトに何をさせるかではなかった。何をしてもらえるかであった」。ポーランドはすでにスターリンの軍隊に占領されていた。東ヨーロッパのその他の国々もソビエト・ブロックに組み込まれることになった。評論家のジェイコブ・ハイルブランはこう書いている。「理論上は、ルーズベルトとチャーチルはスターリンに一切の妥協をしないこともできた。……しかしそうすることは、まさにヤルタで冷戦が始まることを意味したのである。要するに、FDRのスターリンに対するアプローチはチャーチルのそれと同じであった。チャーチルは、戦争に勝つためなら『悪魔と一緒にスープをすする（sup with the devil 悪者と組む）』と言っていた男である。二人はまさにスターリンという悪魔とともにスープをすすった」（『ロサンジェルス・タイムズ』紙、二〇〇五年五月十日付）のである。

ヤルタについて、FDR自身が正直な評価を下している。FDRは「良かったとは言えない」とアドルフ・バーール（元国務次官補）に言い、「自分のできるかぎり最善のことはした」[23]と述べた。まもなくルーズベルトはヤルタでの合意は本質的に何の価値もないことをはっきりと悟った。「アヴェレル（駐ソ大使）の言うことは正しかった。スターリンとはまともな交渉はできない（We can't do business with Stalin）。スターリンはヤルタでの約束をことごとく破った」とアンナ・ローゼンバーグ（戦時労働局長）に打ち明けているのである。[24]

ヤルタへの旅は無意味だった。合意はされたが守られず、対立も解消しなかった。死を間近にした人間にはあまりにも過酷な旅であった。

注

＊1 *New York Times*, May 8, 2005. 原注

＊2 Hugh L'Etang, *Ailing Leaders in Power 1914-1994*, Royal Society of Medicine Press, 1995, p36. 原注

＊3 Charles Bohlen, *Witness to History*, p173. 原注

＊4 Hugh G. Evans, *The Hidden Campaign*, p153. 原注

＊5 Howard Bruenn, Clinical Notes on the Illness and Death of President Franklin D. Roosevelt, pp579-591. 原注

＊6 John Gunther, *Roosevelt in Retrospect*, p364. 原注

＊7 同右、p365. 原注

＊8 James F. Byrnes, *Speaking Frankly*, Harper & Brothers, 1947, p23. 原注

＊9 *The Hidden Campaign*, p87. 原注

＊10 Lord Moran, *Churchill: Taken from the Diaries of Lord Moran*, Houghton Mifflin, 1966, p242. 原注

＊11 L. G. Stansbury and J. R. Hess, Putting the Pieces Together: Roger I. Lee and Modern Transfusion Medicine, *Transfusion Medicine Reviews*, January 2005. 原注

＊12 *Churchill: Taken from the Diaries of Lord Moran*, p234. 原注

＊13 同右、p239. 原注

＊14 同右、p243. 原注

＊15 同右。原注

＊16 Winston Churchill, *The Second World War*, vol. 6, Houghton, Mifflin, 1948, p416. 原注

＊17 *New York Times*, February 3, 1954. 原注

＊18 Arthur M. Schlesinger Jr.（一九一七―二〇〇七）ユダヤ系の歴史家。

＊19 *New York Times*, February 16, 1954. 原注

＊20 *Witness to History*, p211. 原注

＊21 Robert Sherwood, *Roosevelt and Hopkins*, p870. 原注

＊22 Conrad Black, *Franklin Delano Roosevelt*, p1074. 原注

＊23 Jim Bishop, *FDR's Last Year*, p468. 原注

＊24 Arnold Beichman, Roosevelt's Failure at Yalta, *Humanitas*, March 22, 2003. 原注

13章　予想できた事態

「大統領は長くないわね」

サックリーは愛するルーズベルトの容態を心配しながら彼の帰国を待っていた。彼女は新聞に掲載されたＦＤＲの写真を見てますます不安になった。「新聞に載っている写真のどれを見ても、彼が病人であることがわかった。ヤルタに到着前のマルタ島で撮られた写真も同じようなものだった。彼の補佐官たちまで大統領の身体を心配していると伝える記事もあった」（「サックリー日記」一九四五年二月十五日付）。何もかもが彼女を不安にさせたが、「ロンドンに帰国していたチャーチルが」、ルーズベルトは重篤な病なのかとの質問に、「そうは思わない」（「サックリー日記」一九四五年二月十九日付）と答えていたことに望みをつないだ。

この記事の一週間ほど前にＦＤＲからの私信を受け取っていた。そこには、「僕は大丈夫だ。ヤルタでの会議は最終局面に来ているが、会議は成功だ」と書かれていた。[*1] 彼女はそれでも心配であったが、ルーズベルトとチャーチルがヤルタ会談の後、中東を訪問して要人と会談したとの報道をラジオで聞いた。（それだけのスケジュールをこなせるのであれば）私の心配は杞憂だったに違いないと少し安心した（「サックリー日記」一九四五年二月二十日付）。

サックリーは知る由もなかったが、ＦＤＲに随伴している者たちの心配は極度に高まっていた。ヤルタでは娘のアンナがブルーエン医師から、ＦＤＲの容態について忌憚のないブリーフィングを受けていた。彼女は帰国の旅路から夫に手紙を書いた。

「父は帰国したとたんにがっくりくる可能性があります。できることは神様にお願いすることぐらいです」

ワシントンに戻ったルーズベルトを見たサックリーは、その容態が思いのほか良かったことに喜んだ。「血色も良く、血圧も低くなっている」（「サックリー日記」一九四五年三月五日付）と日記に書いた。ブルーエン医師によれば、帰国した時期のＦＤＲの血圧は若干下がったが、とても改善したとは言い難い状態だった。ただ彼は血圧の具体的な数値を残していない。ＦＤＲは、「体重が減って、すごく疲れる」とサックリーにこぼしたが、サックリーはＦＤＲの血色が良いことや元気そうに見える様子を素直に喜んだ。

不思議なことに、ヤルタ会談の内容を伝える議会報告についてサックリーは日記に書いていない。1章で書いたが、この演説は大失敗だった。彼女はこれまでＦＤＲのこうした演説については細かなところまでじっくり書き残していた。前年の夏にブレマートンで行なったスピーチでのＦＤＲの異常についても書いていた。ヤルタ会談の報告について何も書かなかったのは彼女らしくなかった。あの議会スピーチは冗長でだらだらとしたものだった。それを意味のないアドリブでごまかした。

サックリーならあの演説についてかなりの感想を書き込んでもおかしくはなかったのである。ところが彼女の日記にはまったく言及がない。おそらく彼女は、自らの死後に日記が読まれることを想定して、自己規制したのではなかろうか。

サックリーはFDRの血色の良さを喜んだ。しかしそれもほんの束の間のことだった。一九四五年三月二十五日、FDRとエレノアがサックリーの自宅を訪ねてきた（訳注：この日は日曜日である）。サックリーの自宅はルーズベルト家の邸から遠くないウィルダースタイン（ニューヨーク州）にあった。サックリーはFDRの姿を見て恐怖を覚えた。

「大統領を見て私は愕然とした。顔色は極端に悪く、たった一つの言葉を発するのも億劫な様子だった。彼はもはや（職責の）緊張に耐えられる身体ではないと感じた」（「サックリー日記」一九四五年三月二十五日付）

このような思いを持ったのはサックリーだけではなかった。聖パトリックの祝日（三月十七日）はFDRとエレノアの結婚四十周年の日であった。[*2] この記念日を、ルーズベルトと親しい二組の夫婦がホワイトハウスで祝った。そのうちの一組がロバート・ジャクソン最高裁判事夫妻だった。ホワイトハウスからの帰路の車中でジャクソン夫人は、「大統領は長くないわね」と呟いた。驚いた判事が車を停め、理由を問うた。「あなたは気づかなかったの。大統領は一言二言言葉を発すると、すぐに俯いてしまっていたでしょう」[*3]

マッケンジー・キング（カナダ首相）は、FDRがヤルタから戻ってしばらくしたころにホワイトハウスを訪問した。彼は日記にそのときのFDRの様子を書き留めていた。FDRが同じことを何度も繰り返ししゃべることに驚いた。ディナーの席でジェイムズ・バーンズがプロテスタント（長老派教会）の女性と結婚したくてカソリック教徒をやめた話をしたのだが、ルーズベルトはこの話を翌日の午後にも繰り返した。チャーチルがマイアミの海で泳いだときの話も繰り返した。FDRは自分がその話を繰り返していることすらわかっていなかった。[*4]

報道官のジョナサン・ダニエルズとスピーチライターのアーチボルト・マックレイシュは、彼らが準備した演説草稿にまつわる経験を語っている。ヤルタ会談でスターリンが、戦後にできる国際組織（国際連合）においてはソビエトに多めの票が与えられるべきだと主張したことにかかわる原稿だった。それをルーズベルトが自ら修正した。ダニエルズは、二人が執務室を辞してからなされたその修正が、草稿全体の趣旨をまるで正反対の意味にしてしまうことに気づいたと回想している。執務室に戻ってそれを正す必要があった。「部屋に戻った二人が見たFDRの顔には死相が出ていた」とマックレイシュは記している。[*5]

サックリーはFDRの異変を多くの人が感じていたのを知らなかった。彼女は、木曜日（訳注：三月二十九日）の夜にFDRがウォームスプリングスに休暇に出ると聞いて安心した。彼女は、ウォームスプリングスには大統領に活力を与える何かがあると信じていた。おそらく彼女も同行を求められることになるはずだった。「大統領には休養が必要だ。あそこならゆっくりできる」と日記に書いた。そしてまた「彼はやつれて、痩せ細っている」とも書いた（「サックリー日記」一九四五年三月二十五日付）。

三月二十九日夜、予定どおり大統領専用車「フェルディナンド・マゼラン」号でウォームスプリングスに向けて発った。これが彼の生涯最後の旅となった。

大統領専用車がウォームスプリングスに到着したのは翌日の午後であった。この旅にはFDRのいとこのローラ・デラノ（ポーリー）が加わった。彼女は結婚したことがなく、そのせいかどうかはわからないが、多分にエキセントリックで思慮に欠けるところがある女性だった。ほかにはいつもの顔ぶれが同行した。秘書のウィリアム・ハセット、グレイス・タリー、ドロシー・ブレイディ、電話交換手のルイーズ・ハックマイスター、シークレットサービスのマイク・ライリーである。これにFDRのかつての法律事務所のパートナーで、ウォームスプリングス基金の理事長をしているバジル・オコナーと駐ワシントン・カナダ大使レイトン・マッカーシーが加わった。マッカーシーはウォームスプリングスに別荘を持っていた。また三つの通信社（AP、UP、INS〈国際通信社〉）がホワイトハウス担当記者を同行させている。

担当医として付き添ったのはブルーエン医師であった。その助手には薬剤師でマッサージ師でもあるジョージ・フォックスがついた。主治医のロス・マッキンタイアは議会での証言が予定されていてワシントンに残った。娘のアンナは子供の具合が悪く、また妻のエレノアは相変わらず首都の社交行事が続いていて、どちらも同行していない。

大統領専用車がウォームスプリングス駅に入ると、駅はいつものように歓迎の人々で溢れていた。そのなかにメイベル・アーウィンがいた。彼女の夫はウォームスプリングス基金で医療部長をしていた。メイベルはホームに降ろされて車椅子で移動するルーズベルトを見て驚いた。「私の心は張り裂けそうだった。大統領は本当に痩せこけ、老け込んで見えた。死んでしまうのではないかと思えるほどに疲れきった感じだった」[*6]とそのときの印象を語っている。彼女はもう一つ、FDRが普段と違うことに気づいた。FDRを乗せた車椅子はポータブルタイプのもので肘掛けがなかった。彼は緊張した表情で車椅子のシート部分を必死に摑んでいたのである。

シークレットサービスのマイク・ライリーも異変に気づいていた。彼は大統領を車椅子から迎えの車に移すときに車椅子を担ぎ上げて手助けするのだが、FDRはいつも自分の力を使い、その作業が楽になるようにしてくれた。しかしその日はまったく違った。大統領はとにかく重かった。いわゆる「遺体の重み（dead weight）」を感じた。ライリーはこの異常をブルーエン医師とシークレットサービスの仲間に伝えた。[*7]

ウォームスプリングスに着いた最初の夜のことだった。秘書のハセットは、主治医のマッキンタイアが不在であることもあって、ブルーエン医師にFDRの異常をあけすけに伝えた。

「この世界からどこかに消えてしまう。そういう感じがする」

ブルーエンはこれを聞いてしばらく黙っていたが「そんなことはないだろう」というのが精一杯だった。「あなたの立場は私もよくわかっている。あなたの仕事は大統領を救うことであって、敗北を認めたくないだろう。私も昨年の十二月からあなたと同じ思いだった。ホワイトハウスのスタッフ、大統領の家族、そして大統領自身にも本当のことは言えなかった。しかし、あなたにだけは言っておきたい。大統領はもう終わりだ[*8]」。これが首席秘書官ハセットの言葉だった。

これを聞いたブルーエンは陰気な表情を見せながらも少し興奮して、「たしかに大統領は危険な状態にあるのは間違いない。しかしストレスを減らし、感情を高ぶらせないようにすれば何とかなる」[*9]とハセットに反論した。「それは無理だろうね、大統領はもうすぐあちらの世界に行ってしまうよ」とハセットは答えている。「そして私の予感は当たってしまった」[*10]と後に記している。

この会話があった翌日、今度はサックリーがブルーエンを詰問した。長い会話だった。ブルーエンは、「私自身もフラストレーションがたまっているが、大統領にストレスをかけたり、感情を刺激しないようにすれば大丈夫だ」と前日にハセットに語ったことを繰り返しただけだった。彼女はFDRをよく知っているだけに、彼がやるべきことを示した計画を作ってブルーエンに示し、これを大統領に守らせてほしいと頼んだ。彼女はFDRが最も気にしている案件は戦後の平和維持機構（国際連合）の創設であることがわかっていた。大統領がいなければその構想を実現できないではないか。だからこそ体調管理をしっかりとしてほしいと伝えた（「サックリー日記」一九四五年三月三十一日付）。

不思議なことにウォームスプリングスに来るとFDRの体調はいつも良くなった。今回もその兆候が出た。体重は少しでも増やしたほうがよいとのアドバイスにFDRも同意した。オートミール（燕麦）を六回温め直してドロドロにしたお粥を定時の食事の間に摂ることになった。サックリーはこれに喜んだ（「サックリー日記」一九四五年四月三日付）。「こんなもので体重が増えるなんて不思議なものだ」という言葉が嬉しかった（「サックリー日記」一九四五年四月十二日付）。いずれにせよFDRの食欲は改善したようだった。味がしないと不平を言って夕食を拒否することもなくなった。四月五日の夕食は、濃い目のマッシュルームスープ、卵とベーコン、豆そして茹でた西洋梨と生クリームだった。仕事量は必要最小限にされた。毎日ワシントンから届けられる書類に目を通し、四月十三日（ジェファーソン・デー）に予定されているスピーチ原稿の修正をするぐらいであった。

FDRは相変わらずあまりよく眠れず、咳も続いていたが休養は取れていたようだった。彼は数カ月前に感じた死の予感（fatalism）を引きずったままだった。彼は読書用の本を木箱に入れていたが、その大きな箱を棺桶と呼んだ。そんな比喩をしたことはかつてなかっただけに周囲の者を驚かせた。彼は運転手のアーサー・プリティマンに、「その棺桶は車椅子の近くに置いてくれ」と何度か指示した。[*11]

FDRはイースターの日曜日（四月一日）の礼拝に町の教会に出かけた。その様子を先述のメイベル・アーウィンが観察していた。

「大統領の顔色は身に着けていたグレーのスーツの色と同じくらいにくすんでいた。牧師の説教を聞く間はメガネと聖書を膝に乗せたままだった。車椅子を押されて教会を出る大統領は右を見るでもなく左を見るでもなく、ただぼんやりと前方を見つめていた。そして誰にも話しかけることはなかった。私はそんな大統領をこれまで見たことはなかった」[*12]

この時期のFDRの体重はおそらく百五十ポンド（六十八キログラム）を切っていたと思われる。

一九四五年四月十二日、ウォームスプリングスにて死す

四月十一日、ルーズベルトは人生最後となる夕食を摂った。テーブルには財務長官のヘンリー・モーゲンソーが同席していた。この夜の手の震えはかなり激しかった。FDRはいつものように自らお気に入りのカクテルをグラスに注ごうとしたが、あまりの震えでグラスを倒してしまった。周

りにいた人の名前を間違えたまま呼び続けた。

〔原注：ＦＤＲの手の震えは一九四三年六月ごろまでには自ら制御できないようになっていた。ただ震えの程度は日によって違った。彼の筆跡を見ると、一九四四年にはそれがかなり進行していたことがわかる。この手の震えについては多くの証言が残っている。なかでもホワイトハウスの広報部長デイヴィッド・ノイエスの証言は強烈である。最後となるウォームスプリングスへの旅の直前のことだった。「大統領は、お気に入りの煙草をシガレットホルダーの先に差し込んで火をつけようとした。しかし手が激しく震えてしまいホルダーに差し込めなかった。大統領はデスクの引出しを開け、そこに曲げた肘を入れると、引出しを閉めて肘を固定させた。手の震えを止めようとしたのである」と書いている。

手の震え〔訳注：手の震えは医学用語では「振戦」と呼ぶ〕が起きる病気にパーキンソン病がある。ほかにも手の震えを起こす神経系の病気はあるが、ＦＤＲはこうした症状を伴う病気に罹っていない。ルーズベルトの手の震えは何か動作をしようとするときに起きている。専門的には「意図振戦（intention tremor）」に分類される震えである。モーゲンソー長官が証言しているように、ＦＤＲの震えはアルコールを飲むと収まる傾向があった。また彼の母親も彼の二人の子供にも同じ症状があった。このことは震えが遺伝性であるか、本態性振戦〔訳注：神経性疾患が原因〕のどちらかである。ＦＤＲの震えが健康の悪化に伴ってひどくなっていることから、震えの原因は複合的なもので、心臓、肺、あるいは腎臓の障害によって脳に影響が出た結果である可能性が高い〕

四月十二日は典型的なジョージアの春の陽気で、かなり暑かった。この日、ＦＤＲは首の痛みを訴えた。診察したブルーエン医師がマッサージすると痛みは和らいだ。ブルーエンはいつもどおりマッキンタイア医師に電話でFDRの容態を伝えた。血圧は一八〇／一一〇～一二〇、心臓に目立った変化なし。それがブルーエンの報告だった。ただ後日、心雑音（murmur）を伴う心臓肥大があったと述懐している。それでも大統領は普段以上に気力が漲《みなぎ》っていて、疲れも見せていなかった。
いくつかの文書にサインを終えると、FDRは赤いハーバード・タイ（水玉柄のネクタイ）を着け、海軍マント（袖なし）を羽織った。画家エリザベス・ショーマトフが描く肖像画のための衣装だった。ショーマトフは、FDRの元秘書ルーシー・マーサー・ラザフォード[*13]（訳注：FDRの海軍次官時代の愛人）の友人だった。ルーシーはウォームスプリングスから遠くないアイケン（サウスカロライナ州）に別荘を持っており、画家のショーマトフを連れてウォームスプリングスにやって来ていた（三月九日）。（訳注：秘書ルーシーとの愛人関係が発覚した際（一九一八年）、妻エレノアは離婚を決意した。最終的に彼女は思いとどまったが、その条件は二度とルーシーに会わないことだった）
ショーマトフがFDRの肖像画を描くのは二度目だった。ルーシーが一人娘（バーバラ）にプレゼントするためにFDRの肖像画を彼女に描かせていた（一九四三年）。ルーズベルトは内密に、（かつての愛人の子である）バーバラの名付け親《ゴッドファーザー》になっていたのである。この日の午後にはミンストレルショー（訳注：白人が黒人に扮して演じる、おどけたミュージカルショー）の観劇と、ピクニックの予定が入っていた。ピクニックの主催者は、FDRの好物のブランズウィック・シチュー（訳注：牛肉あるいはウサギ肉などと白インゲン、コーンを煮込んだ南部の料理）を準備していた。
午後一時十分ごろ、サックリーはリトルホワイトハウスとなっていたFDR邸のリビングルームのソファに座り、編み物をしていた。上目づかいに見ると、大統領は何か探し物をしているような仕草をしていた。頭を前に傾げ、手は震えていた。

「煙草でも落としましたか」と聞くと、ＦＤＲは痛みがあるようで額に深い皺をよせていた。それでも懸命に笑おうとしているのがわかった。ＦＤＲは左手を頭の後ろにやり、このあたりがひどく痛むと訴えた。「部屋にいた者でそれを聞いた人はいなかった。とても低い声だった。私は大統領のすぐそばにいたので聞き取ることができた」とサックリーは書いている（「サックリー日記」一九四五年四月十二日付）。

ＦＤＲは突然前のめりに倒れた。それを抱きかかえて支えたのはいとこのポーリー・デラノとルーシーだった。サックリーは電話を使って交換手のルイーズ・ハックマイスターにブルーエン医師を至急探すよう指示した。ルイーズは、プールサイドにいたブルーエン医師を見つけ大統領の急を知らせた。リビングルームでは、アーサー・プリティマン、サックリー、ポーリーとフィリピン人のハウスボーイ、イレーネオ〝ジョー〟エスペランチアがＦＤＲをベッドルームに移していた。

ルーシーは急いで邸を出ると、画家のショーマトフとアシスタントのニコラス・ロビンスを連れてサウスカロライナの自分の別荘に帰った。ルーシーは、大統領が倒れたときに自分がそこにいたことを夫人のエレノアが知ったら、大きなスキャンダルになることを本能的に察していたのである。

ブルーエン医師がＦＤＲのもとに駆けつけたのは倒れてから十五分後のことであった。ＦＤＲは真っ青な顔で、身体が冷たくなり、激しく発汗し、右目の瞳孔は大きく開いていた。このことは重度の脳内出血が右脳に起きていることを示していた。血圧は三〇〇／一九〇で、計測できないレベルに上がり、失禁もあった。*14 ブルーエンは急いで、パパベリン（訳注：血栓症などに使われる鎮痙薬）、亜硝酸アミル（訳注：狭心症などの心臓疾患に使われる薬品）、そしてニトログリセリンを処方した。どの薬も血管拡張を促すものだった。ＦＤＲの血圧は極めて危険なレベルに上がっていた。ブルーエンは、ＦＤＲが重度の脳内出血を起こしていて、その結果は危険なものであることがわかっていた。「出血の程度から、万一命をとりとめても、それはそれで悲劇になることは確実だった」と後に語った。[*15]ブルーエンは懸命に治療に当たったが、もはや避けられない結末を待つだけであった。

ブルーエン医師はワシントンに電話し、マッキンタイアに連絡を取った。マッキンタイアはジェイムズ・ポーリン医師と電話で打ち合わせを終えたばかりだった。ポーリンはレイヒー医師とともに一九四四年にＦＤＲを診たことがあった。マッキンタイアはポーリンに、翌週にはウォームスプリングスに来てもらうよう手配したばかりであった。電話に出たマッキンタイアに、ブルーエン医師はＦＤＲが気を失い、意識が戻っていないことを手短に報告し、五分後にまた連絡すると伝え電話を切った。五分後に電話を受けたマッキンタイアはメモワールのなかで、ブルーエンが楽観的で、ＦＤＲの心拍数の状態がかなり良いと伝えてきたと書いている。[*16]マッキンタイアのメモワールは人に読ませることが目的で、正確性に欠けているが、この場面の描写はその典型である。ブルーエンは実際には、「危篤状態を隠す長期戦になりそうだ」と言っていたのである。[*17]それを聞いたマッキンタイアは、「ああ、ついに来たか[*18]（Oh God, this poor man has really had it）」と呟くと、電話を切ったばかりのポーリン医師に再度連絡を取り、「大至急、ウォームスプリングスに行っていただきたい」と要請した。

ブルーエン医師はこの緊急時にあっても、地元の医療関係者の協力を求めなかった。ポーリン医師は百三十マイル（二百十キロメートル）離れた、どんなに急いでも三時間はかかる場所にいた。地元には専門医もいたし、医療施設もあった。H・スチュワート・レイパー（内科医）、エドウィン・アーウィン（整形外科医）、ロバート・ベネット（理学療法医）などがウォームスプリングスにいた。この町には手術施設もあった。脊椎固定手術なども行なわれていた（レイパー・ジュニアから筆者宛私信、二〇〇八年）。マッキンタイアとブルーエンは最後の最後の場面においても、FDRの本当の死因が漏れるのを恐れた。FDRに対する治療の実態を知るのは身内だけにしておくと決めていた。外部にFDRの本当の病のことを知られてはならなかった。

マッキンタイアはポーリン医師への依頼を終えると、すぐにFDRの娘アンナに連絡を取った。「たった今、ブルーエンから、大統領が脳卒中を起こしたと連絡があった」と伝えた。症状を心配するアンナに、「脳への障害はないと思う」と語り、彼女を安心させた。マッキンタイアは最初から最後まで本当のことを語らなかったことがよくわかる。

しばらくすると大統領夫人エレノアからマッキンタイアに電話があった。ポーリー・デラノがエレノアに急を知らせたのである。情報が欲しいという彼女に対してマッキンタイアは新しい情報を持ち合わせていなかった。エレノアはこのときを振り返って、マッキンタイアはさほど慌ててはいないように思われたと漏らしている。

ブルーエン医師はFDRの傍らで容態の変化に注意していた。FDRの息遣いは不安定で、いびきをかき、呼吸は浅かった。サックリーはブルーエンやプリティマンが動き回っているのをリビングルームで見ているだけだった。彼女は、「終わりの始まりをこのとき感じた」（「サックリー（確認）日記」一九四五年四月十二日付）。

三時半にポーリン医師が到着した。ジョージア州の裏道を使って大急ぎで駆けつけたのであった。彼はそのままFDRのいるベッドルームに入っていった。脈を取ると、ほとんど消えそうな弱いものだった。数分後、FDRの心臓が止まった。このとき、ブルーエンはマッキンタイアと電話で打ち合わせをしていた。そこでは、ポーリン医師がアドレナリンを心臓に注射（心注）し、蘇生を試みていた。心注処置でFDRの心臓は数度の鼓動を見せた。しかしそれっきりであった。彼の生命維持活動は終わったのである。二人の医師は、リビンググルームで待つサックリーとポーリーに合衆国大統領の死を告げた。午後三時三十五分のことである。

ブルーエンとポーリンの二人の医師は死因について直ちに合意し、ポーリンはマッキンタイアに次のように書いた。

「すべての症状を説明できるものは一つ（の診断）しかないと思う。広範囲に及ぶ脳内出血がくも膜下に流れ込んだものである。その結果、激しい痛みがもたらされ、頂部硬直（訳注：俯せに倒れた患者の頭部を持ち上げようとすると頭部が硬直し、胸部と一緒に持ち上がる症状を示すこと）が起きた」

二人の医師が合意したもう一点は、解剖はしないということであった。その本当の理由はわからない。ウォームスプリングスには解剖を行なえる施設がなかったとするポーリン医師の主張は間違いではない。またブルーエン医師とスティーブン・アーリー報道官は、夫人のエレノアが解剖に反対であったとしている。ただ本当に彼女がそう言ったかどうかを示す記録はない。主治医のマッキンタイアは、解剖には何の意味もない（解剖によって何ら新しい発見を期待できない）と主張した。マッキンタイアのこの態度は、真の死因がよくわからないことに鑑みれば、解せないものである。

マッキンタイアの了解のもと、ブルーエンとポーリンは、死因ははっきりとしていると言いきった。しかし彼らは解剖が実施されて真の死因がわかってしまうことを恐れたのである。ウォームスプリングスに同行していた三つの通信社の記者は、FDRが死去したことを聞かされた。同時期にホワイトハウスではスティーブン・アーリー報道官が発表した。臨終に立ち会ったブルーエン医師の存在は、国民が初めて知る事実だった。ブルーエンの名を知っているのは、おそらくウォルター・トローハン記者の記事を読んだことがある者か、あるいは『シカゴ・トリビューン』紙の読者ぐらいのものだったに違いない。FDRの死を伝える記事のほとんどが、ブルーエンの名を報じず、ただ海軍軍医が立ち会っていたとだけ伝えた。もちろんその医師が心臓専門医であることは報じなかった。

ブルーエンは大統領の死去後すぐに、集まった記者に即席かつ慎重なブリーフィングを行なった。彼はFDRが死の前に病を抱えていたことをまったく話していない。「雷に打たれたような死、電車にひかれてしまったような突然の死。大統領は出血が起きる一分ほど前には、にこやかに笑っていた」。これが彼の説明であった。

UP通信の記者メリマン・スミスの「何か予兆を感じたか」の質問には、「くも膜下出血を予測できる医者はいない。大統領はずっと体調は良かった。ここに来たときはすごく疲れていたが、最近は調子が良さそうだったのは、あなたも知っているはずだ」とブルーエンは答えている。スミスはメモワールで、こう付け加えている。「そう、体調は良さそうだったが、決して健康だとは言えなかった」[*19]。たしかに、くも膜下出血を予測できる医者はいないことは間違いない。しかし、FDRの容態をよく知っているブルーエン医師は、それが起きてしまったからといって驚くようなことはなかったはずであった。

大統領に親しい人間にとっても決して驚くようなニュースではなかった。バジル・オコナーはFDRの死を聞いて、「きみも、僕も、こうなることはわかっていましたよね」と言ったことが、ウィリアム・ハセットの日記に書かれている[*20]。

防腐処理にあたった元葬儀社社員の証言

マッキンタイアは首席秘書官のハセットとブルーエン医師に、地元の葬儀社に連絡し、ふさわしい棺を選ぶよう要請した。ただし二人がやることはそこまでで、あとは彼がウォームスプリングスに着いてから指示すると言い、アーリー報道官と夫人のエレノアがマッキンタイアに同行することも伝えた。三人が到着したのはその夜遅くなってからだった。ハセットとブルーエンが葬儀の手配を依頼したのはアトランタのH・パターソン葬儀社だった。老舗の業者でサービスには定評があった。FDRの遺体に防腐処理を施さねばならなかった。ポーリー・デラノは、「大統領はそんなことは望まない」と抵抗した。防腐処理を担当したのは、F・ヘーデン・スノダーリーであった。彼は、そのときの模様を、記憶を頼りに次のように筆者に説明してくれた。彼はこれまで一度もこのことを語っていない。本書が初出である。

ボスのパターソンから私に電話があったのは午後七時三十五分だった。アシスタントのジョージ・マーチマンを連れてウォームスプリングスに行くようにとの指示だった。大統領の遺体を処置するためだと知らされた。電話をかけたり、棺の種類を打ち合わせたり、処置に必要な材料を準備するのに時間がかかり、スプリングヒル（訳注：アトランタの一画）を午後九時二分に出発した。私は、しっかりした仕事（防腐処理）ができるか心配だった。亡くなってから大分時間が経っていることが心配だった。

到着したのは午後十時四十分だった。人の出入りはなく、警備の海兵隊員とシークレットサービスがいただけであった。彼らに用件を話した。シークレットサービスに案内され、ウォームスプリングスにあるリトルホワイトハウスの邸内に入った。入るまでに二度の検問があった。シークレットサービスであっても、そのたびにパスワード（合言葉）がなければ、通行できなかった。セキュリティは厳しかった。建物への入り口の各所を海兵隊員が監視し、建物内部のセキュリティはシークレットサービスが担当していた。リトルホワイトハウスに入ることができたのは午後十時五十分だった。車を建物の真ん前に停め、パターソン氏が入っていって、棺をどうやって運び込んだらいいかを調べた。しばらくすると彼が戻ってきて、防腐処理は夫人のエレノアが到着するまでできないと知らされた。玄関前に停めた我々の車は移動させられた。

リトルホワイトハウスは質素な、白い羽目板造りの建物で、小高い丘の一画に建っていた。幹線道路からおよそ一・五マイル（三キロメートル弱）ほど、曲がりくねった道をのぼっていかねばならなかった。道の両側は深い緑の森であった。建物の周囲にはフェンスがめぐらされ、大統領滞在中は、二十四時間態勢で海兵隊員が警備に当たっていた。建物の周囲は鬱蒼とした木々で覆われ、衛兵の詰めるガードハウスがいくつか設置されていた。建物自体はこの地方によくある夏の別荘で、決して豪華とは言えなかったが、しっかりした造りだった。暮らしやすそうな間取りで、あっさりとした家具が置かれていた。玄関のポーチ部分に張り出した屋根は四本のさほど太くない円柱が支えていた。円柱には蔓バラが巻きつき、今が盛りと咲き誇っていた。

中に入ると、そこは十二フィート（三・七メートル）四方の狭いホールになっていた。キッチンはここから右のドアを抜けたところにあった。左のドアの向こうは十五フィート（四・五メートル）四方の寝室であった。正面向かいの部屋は大きな部屋で、二十五フィート（七・六メートル）四方あった。この部屋がリビングルームとダイニングルームを兼ねていた。その部屋の左手に大統領執務室があった。

深夜十一時半になって大統領夫人（エレノア）がようやく到着した。静かに、威厳ある態度でスタッフに声をかけ、ポーリー・デラノとお互いを慰めるように抱き合った。そして大統領の遺体が横たわる執務室に入った。

私たちが防腐処理作業の開始を命じられたのは零時十五分ごろだった。大統領執務室はそれほど大きな部屋ではなかった。大統領はベッドの上に横たわっていた。顔はシーツで覆われていた。シーツを取ると大統領の顎の下から頭頂部までハーフ・インチ（一・二五センチメートル）幅のガーゼが巻かれていた。開いた口を閉じるための処置であった。そのために顎の下と両頬にはっきりとわかる圧力痕ができていた。全体に皮膚の変色が目立ち、どちらも隠すのは大変な作業になりそうだった。

死後すでに九時間が経ち、死後硬直が始まっていた。顔や手の変色が目立っていた。また水泡があちこちに見られた。身体はひどく瘦せ、目の下の部分が膨らんでいた。よく知られていることだが、下肢の状態はふつうではなかった。腹部は膨張していた。遺体を、冷やした作業台に移した。ライトを調整し、作業する身体に翳《かげ》の部分ができないようにした。私たちは遺体の顔を洗い、髭をそった。この作業には海兵隊員一名とアーサー・プリティマンが立ち会った。次の工程に入ろうとすると彼らは部屋から出たいと言い、私たちだけの作業になった。

右側の頸動脈と頸静脈に身体の膨張を止める薬液をゆっくり丁寧に注入した。薬液の名前は企業秘密なので明かすことはできない。薬液がうまく体内に回らない状況を見て、滞っている部分をマッサージして行きわたらせた。次に大腿部動脈と橈骨《とうこつ》動脈（訳注：脇から手先にかけて走る動脈）に薬液を注入した。頸部が膨張し始めたのでこの作業を止めた。この後、体腔《たいこう》部に注入する特殊な液を顔面右側と右目上部および右眼窩に注入した。

血液を抜き、トロカール（中空の円筒管）を使用して動脈から薬液を注入した。これが終わると、切開部分を縫合した。次に胸部と腹部の体液を抜き、同じ作業を繰り返した。動脈から注入する薬液は四本、体腔部に注入する薬液は二本使用した。すべての作業に費やした時間は五時間であった。遺体の状況と死因（脳出血）を考慮すれば、どれほど難しい作業であったか理解してもらえると思う。大統領の遺体であるという気遣いだけではなかった。

すべての切開部の縫合作業を終えると再度入念にチェックし、体液が漏れ出していないか確認しなくてはならなかった。ゴム製の包帯で腕や下肢の水泡部分を覆った。その上で一組のゴム製のカバーオールを使って身体全体を覆った。頸動脈部分の傷は厚手の防水布でできた喉当てを使って隠すことにした。

こめかみ周辺の髪をそろえ、鼻毛と爪の処理を済ませた。最後に衣装を着せる作業に入った。ダークグレイのビジネススーツ、白いシャツに白いストライプの入った黒いネクタイ、白のポケットハンカチを使用した。顔の部分は変色がひどかったので厚めの死に化粧が必要だった。大統領付きの運転手プリティマンに入ってもらい、遺体の髪に櫛を通してもらった。

防腐処理と死化粧を済ませた遺体をもう一度ベッドに移した。遺体に何をかけたらいいか決めていなかったが、パターソン氏の提案で、大統領お気に入りの海軍マントをかけることに決まった。金曜日の朝五時四十五分、すべてを終えた。パターソン氏はエレノア夫人に作業の終了を告げた。夫人は処置の出来栄えを見て喜び、礼を述べた。

棺はマホガニーに銅板の縁取りのものか、表面に銅粉が塗られたものにするか検討されたが後者に決められた。夫人が部屋から出るのを待って、我々は遺体を棺に移した。棺のなかの大統領を最初に確認したのは海兵隊員とシークレットサービスのメンバーの二人だった。私は、二人が、「いつもの大統領の顔をしている」と言っていたのが聞こえて嬉しかった。

そこから先はすべて政府の管轄だった。午前九時十五分に霊柩車が呼ばれ、大統領は、ニューヨーク州のハイドパークの自邸に戻る最後の旅についた。カラーガード（旗衛隊）、軍楽隊、三千人の兵士が駅までの道を先導した。彼らはウォームスプリングス基金の建物の前を歩いた。この基金は、身体障害のある子供たちや、負傷して身体が不自由になった兵士のためにＦＤＲが設立したものだった。建物のなかから、そうした子供や負傷兵が大統領に最後の別れを惜しんだ。

ゆっくりと走る霊柩車の後を陸海軍の高官とエレノアの乗る車が続いた。駅に向かう道の両側には落下傘部隊の兵士が並んでいた。午前十時一分、霊柩車は駅に到着した。陸海軍と海兵隊の代表が棺を担ぎ、駅で待つ特別列車の展望車に運び入れた。この展望車には特別な窓が増設されていた。午前十時十五分、特別列車は大統領の永眠の地に向けて出発した。

以上が私の実際の作業とその後の模様である。私はこの作業を任されたことを大変光栄に思っている。

これがＦＤＲの遺体防腐処理にかかわった人物が筆者に教えてくれた内容である。このなかに重要な記述がある。ＦＤＲの腹部が膨張していたとの指摘である。この膨張は死の前に起きていたものである。おそらく腹部に転移した癌が食物通過の障害になっていたものだろう。水泡の存在が指摘されているが、これについては謎である。ＦＤＲは三月にコーデル・ハル前国務長官に、ペニシリン反応が出たと語っているが、そのことと関係があるのかもしれない。また動脈への薬剤注入が難しい作業になったことが語られているが、このことはＦＤＲの動脈硬化がかなり進行していたことを示している。動脈硬化についてはマッキンタイア医師がその存在を後に認めてはいるが、彼は、

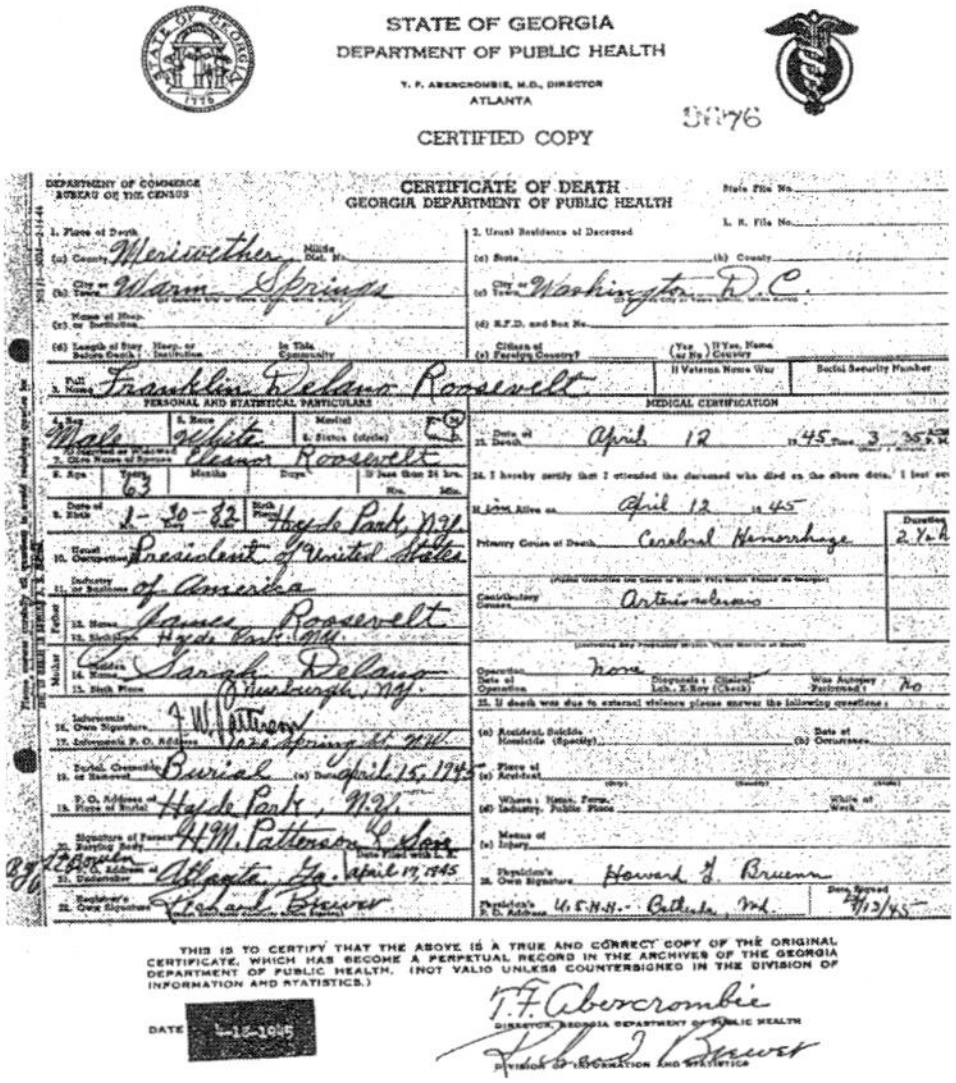
STATE OF GEORGIA
DEPARTMENT OF PUBLIC HEALTH
T. F. ABERCROMBIE, M.D., DIRECTOR
ATLANTA
CERTIFIED COPY

DEPARTMENT OF COMMERCE
BUREAU OF THE CENSUS

CERTIFICATE OF DEATH
GEORGIA DEPARTMENT OF PUBLIC HEALTH

1. Place of Death (a) County Meriwether (b) City or Town Warm Springs
2. Usual Residence of Deceased (c) City or Town Washington D.C.
3. Full Name Franklin Delano Roosevelt

PERSONAL AND STATISTICAL PARTICULARS
4. Sex Male 5. Race White
7. Name of Spouse Eleanor Roosevelt
8. Age Years 63
9. Date of Birth 1-30-82 Birth Place Hyde Park, N.Y.
10. Usual Occupation President of United States
11. of America
12. Name James Roosevelt
13. Birthplace Hyde Park, N.Y.
14. Maiden Name Sarah Delano
15. Birth Place Newburgh, N.Y.
19. Burial (a) Date April 15, 1945
P. O. Address Place of Burial Hyde Park, N.Y.
20. H.M. Patterson & Son
21. Atlanta, Ga. April 17, 1945
22. Registrar's Own Signature Richard Brewer

MEDICAL CERTIFICATION
23. Date of Death April 12 1945 Time 3 35 P.M.
24. I hereby certify that I attended the deceased who died on the above date.
I last saw h alive on April 12 1945
Primary Cause of Death Cerebral Hemorrhage Duration 2 Y.h
Contributory Causes Arteriosclerosis
Operation None
Was Autopsy Performed? No
26. Physician's Own Signature Howard G. Bruenn
Physician's P. O. Address U.S.N.H. - Bethesda, Md. Date Signed 4/13/45

THIS IS TO CERTIFY THAT THE ABOVE IS A TRUE AND CORRECT COPY OF THE ORIGINAL CERTIFICATE, WHICH HAS BECOME A PERPETUAL RECORD IN THE ARCHIVES OF THE GEORGIA DEPARTMENT OF PUBLIC HEALTH. (NOT VALID UNLESS COUNTERSIGNED IN THE DIVISION OF INFORMATION AND STATISTICS.)

DATE 4-18-1945

T. F. Abercrombie
DIRECTOR, GEORGIA DEPARTMENT OF PUBLIC HEALTH
Richard Brewer
DIVISION OF INFORMATION AND STATISTICS

FDRの死亡証明書（署名はマッキンタイア医師）

それは中程度のものだったと述べている。

ワシントンに到着した棺はホワイトハウスのイーストルームに運ばれた。沿道には四十万人の群衆が盛大な葬列を見守った。イーストルームでは一分間の黙禱があり、そこで葬儀が執り行なわれた。その後、棺は列車でハイドパークの私邸に移された。一九四五年四月十五日、政府高官、友人、家族そして愛犬ファラに見守られて、第三十二代大統領の遺体はハイドパークのローズガーデンに埋葬された。

注

＊1 Geoffrey Ward, ed., *Closest Companion*, p395. 原注

＊2 フランクリンとエレノアの結婚式（一九〇五年三月十七日）の模様は、以下の論考のなかで詳述した。「ルーズベルト神話が燃え落ちる日」『正論』二〇一四年九月号。

＊3 Marvin Jones Oral History Interview, Harry S. Truman Library, 1963. 原注

＊4 Robert Ferrell, *The Dying President*, p112. 原注

＊5 Jonathan Daniels Oral History Interview, Harry S. Truman Library, 1963. 原注

＊6 Mabel Irwin, *Memories of FDR's Last Visit*, p2.（訳注：未公刊）原注

＊7 Bernard Asbell, *When FDR Died*, Holt Renehart and Winston, 1961, p22. 原注

＊8 William Hassett, *Off the Record with FDR*, pp327-328. 原注

＊9 同右、p328. 原注

＊10 同右。原注

＊11 Grace Tully, *Franklin Delano Roosevelt—My Boss*, p359. 原注

＊12 *Memories of FDR's Last Visit*, p6. 原注

＊13 ルーシーとの愛人関係が発覚し、ＦＤＲの夫婦関係がもつれた経緯は「ルーズベルト神話が燃え落ちる日」で詳述した。

＊14 Howard G. Bruenn, Clinical Notes on the Illness and Death of President Franklin D. Roosevelt, pp579-591. 原注

＊15 Jan K. Herman, The President's Cardiologist, *Navy Medicine*, March/April 1990. 原注

＊16 Ross McIntire, *White House Physician*, pp241-242. 原注

＊17 *Off the Record with FDR*. 一九四五年四月十二日付「日記」。原注

＊18 The President's Cardiologist. 原注

＊19 Merriman Smith, *Thank you, Mr. President*, p183-184. 原注

＊20 *Off the Record with FDR*. 一九四五年四月十二日付「日記」。原注

14章　いまだに続く隠蔽工作

尻つぼみとなった追及

ＦＤＲが亡くなると、ホワイトハウス担当の記者たちはそれまでの自主規制を解き始めた。ルーズベルトを一貫して批判してきたウォルター・トローハンのような記者だけではなく、すべての記者が自主規制を解いたのである。ＦＤＲの死を報じる記者たちは、やっと彼らがそれまで見たり聞いたりしたことをありのままに書くようになった。死の直前の一年半の危なっかしかったＦＤＲの容態を書き始めた。

『ワシントン・ポスト』は、「大統領が病んでいたことを知る者は多かった。しかし、病状についての噂が真実でないとわかったことが多く、この戦争が終わる前に大統領は亡くなるのではないかという怖れについて報じることをためらっていた」と論説した（一九四五年四月十四日付）。

ＡＰはＦＤＲの死について詳細に報じ、「昨晩、大統領の体調がここしばらく決して万全ではなかったことが明らかになった」と伝えた。ＡＰの記者はＦＤＲに定期的に会う機会があったにもかかわらず、あたかもそれまでの容態がこのたびようやくわかったかのように報じた。報道は無署名で書かれていた。また当該記事のなかでは、与党民主党のリーダー、アルベン・バークリー上院議員がディナーの席で大統領夫人エレノアに、「大統領はひどく痩せてやつれたのではないか」と尋ね、それに対して夫人が、「私もそう思っているの、ここ数日食欲がなくて、お粥のようなものしか摂っていないのよ」と答えたことも書かれていた。

UPの記者メリマン・スミスは、一九四四年は大統領の病気の噂を打ち消すのに懸命だったと後に告白した。彼自身は私的な場面では大統領が死人のような顔つきであると話していたのである。その彼が、「大統領自身が病人であるとわかっていたのか、自らの体力をできるだけ温存しなければならないことを知っていたのか」などとする記事を書いたのである。大統領周辺のマッキンタイアら関係者に取材し、「FDRはたしかに耳が遠くなり、しゃべる言葉もはっきりしなくなっていたが、とくに身体の異常はなかった。ただただ地球上で最も過酷にプレッシャーを受ける職責に圧倒されたのである」と書いた（UP電、一九四五年四月十三日付）。

『ニューヨーク・タイムズ』は大統領の死の翌日の紙面で、「ワシントンで大統領と定期的に接触していた者はみな、この二年ほどの間、大統領の健康に疑いを持っていた。（体調は良い、という）ホワイトハウスの公式説明と実際に見る大統領の容貌が一致しなかったのである」と無署名記事で報じた。おそらく執筆者は同紙ワシントン支局長のアーサー・クロックであろう。「とくにこの一年の衰えは、大統領の年齢を考慮したとしても、顕著であった。しかし、大統領の健康状況については、大統領の主治医マッキンタイア海軍軍医やホワイトハウス報道官の説明に頼らざるをえなかった」と弁解気味に書いた。この記事も無署名だったが執筆者はクロックであろう。『ニューヨーク・タイムズ』（一九四五年四月十三日付）は、一九四四年二月の頭部の瘤の除去手術に触れた記事を掲載した。そのなかで、それは悪性腫瘍ではないかという噂があったことを書いたが、噂の真偽については触れなかった。

ウォルター・リップマンはよく知られた政治コラムニストだが、「先の民主党大会では副大統領にハリー・トルーマンを選出したが、そこにいる者はそれが彼を大統領に選ぶという行為に等しいことを知っていた」と書いた。この記事を、FDRをずっと批判してきたガレット・ガーレット[*1]は皮肉っている。「（民主党関係者は知っていたのだろうが）国民はまったく知らされていない。リップマンはそのことに全然触れようとしていない」とした上で次のような記事を書いた（『サタデー・イブニング・ポスト』誌一九四五年五月十九日号）。

ルーズベルトの健康問題はアメリカ国民に秘密にされていた。同氏に投票した有権者は彼が当然四年間の任期を全うできるという前提で投票した。正確を期して言うなら、有権者のなかにはラジオから伝わるルーズベルト氏の声が不自然に弱々しいことを感じた者もいたことはいた。また大統領の写真を見て、重篤な病を抱えているのではないかと疑う者もいた。しかしその疑いは、ロス・マッキンタイア軍医によって否定された。大統領付き軍医であるマッキンタイアは、大統領は同年齢の男性の平均よりも健康であると太鼓判を押した。いやそれ以上だったかもしれない。彼は、大統領は極めて健康である（in splendid shape）とまで言っていた。

大統領の健康を疑うジャーナリストや政治家は、大統領の側近から、敵を利する第五列だと非難された。もう一期（四選）ルーズベルト氏にやってもらえれば、そのまま権力のおこぼれにあずかれると思っている連中が、そうした非難を浴びせかけてきたのである。

なぜ、このあまり面白くない話題を議論しなくてはならないのだろうか。それはこうしたことが再び繰り返されてはならないからである。もちろん将来において、健康に自信があると言って大統領を目指す人物が現れ、今回のルーズベルト氏と同じ運命となることがあるかもしれない。しかし、少なくとも大統領の健康に疑いを持つ者に対しては誠意ある回答をしなくてはならない。悪意をもって政権を攻撃しているなどと非難されるようなことが繰り返されてはならないのである。

このような記事が出たにもかかわらず、マッキンタイアに対する批判はほとんど起きなかった。下院の議場でわずかに彼のやり方を批判する声が上がっただけだった。マッキンタイアを調査するという声もなかった。その理由は、大統領の死があまりにも悲劇的に感じられたからかもしれない。あるいはヨーロッパ情勢が激動していて、それどころではなかったからかもしれない。FDRの死後三週間後にイタリアではムッソリーニが処刑された。ヒトラーは自殺し、ベルリンは赤軍の手に落ちた。そしてドイツが降伏した。

いずれにせよ、ルーズベルトの病気に対する隠蔽工作があったのではないかという疑問の声は広がりを見せなかった。アメリカ国民はマッキンタイアとブルーエンの説明を額面どおり受け入れた。

ＦＤＲは病んでいたにしろそうでないにしろ、誰にも予測できない脳溢血で死去したという説明に納得したのである。

もちろん納得しないジャーナリストもいた。その一人が、『セントルイス・ポスト・ディスパッチ』紙を発行するジョーゼフ・ピューリツァー二世だった。ルーズベルトに死期が迫っていたことを国民に知らせるべきだったと考えたジョーゼフは、同紙のワシントン支局長レイモンド・ブラントにこの問題を追いかけるよう命じた。彼はその指示に忠実に従った。彼は、マッキンタイアとレイヒーの二人の医師にインタビューを求めた。それだけでなく、ＦＤＲの診断書すべての開示を要求した。

ジョーゼフ・ピューリツァー二世は、前年の秋、ＦＤＲの健康不安の噂の真偽を確かめるために、チャールズ・ロス記者をボストンに派遣し、レイヒー医師を取材させている。ロス記者は「ＦＤＲはドイツ降伏後には大統領職を辞するという噂があるが本当か」と迫った。レイヒーの回答は「馬鹿げた噂だ」の一言だった。ロスはその答えにひるまず、「専門医として大統領を診たか」の質問をぶつけた。レイヒーは「きみにはそのような質問をする権限はない。ただ私が言えるのは、マッキンタイア医師がＦＤＲは十分に健康だと言っていたことと、私もその意見に同意したということだ」と答えた。レイヒー医師は、このインタビューの後、マッキンタイアに対して、自分がそのような説明をしたことを否定した。自分の発言が何らかの誤解を生んで自身が厄介なことに巻き込まれるのを恐れたのである。

ブラント記者のインタビューと診断書の開示請求は大統領付きの医師たちを警戒させることにな

る。大統領の死から三週間ばかり経った五月八日、マッキンタイアは大統領の未亡人エレノアに手紙を出した。彼女が十二年以上も住み慣れたホワイトハウスを出る仕度で忙しくしているところであった。

「ブラントという記者が『セントルイス・ポスト・ディスパッチ』紙の編集人の命を受け、大統領の診断書を入手し、それを公開したいと言ってきました。当然ですが、私は拒否しました。そんなことをして何の意味があるのかと抗議しました。数日後、記者は、ボストンのレイヒー医師に接触しました。彼は、過去一年間の大統領の容態について尋ねました。記者は明らかにレイヒー医師が我々のコンサルタントの役割を果たしていたことを知っているのです。もちろんレイヒーは私以上に断固たる態度で、回答を拒否しました」

「彼らはおそらくあなたにも接触して、診断書を入手しようとするはずです。これに対してどう対処するかはあくまであなたの判断によりますが、私は、そうした質問に答えるべきではないと思います。そうすることで何も良いことはありません。あなたがおっしゃったように、もうすべて終わったことなのです」

これに対してエレノアがどう答えたか、記録は残っていない。またブラントは、正式にFDRの治療記録の公開を求めていない。他のジャーナリストもそれをしていない。それでもブラントは大統領の健康問題を記事にした（四月二十三日）。その記事のなかで、ハワード・ブルーエン医師の協力があったことを明かし、氏の協力に感謝している。もし正式な請求をしていれば前例のない事件になっていただろう。

マッキンタイアは、夫人のエレノアがこの問題は終わったことだと言ったことが重要だと強調した。ＦＤＲを診た医師が権威をもって死因を確定したと言えば、診断書公開請求の拒否の十分な理由になった。それにもかかわらず、「前ファーストレディがもう終わったことだ」と言ったことを拒絶の理由にしたのは不思議なことだった。その上、エレノアが本当にそのようなことを言ったかどうかの確認ができていない。実際、彼女は説明された夫の死因について、そして治療法について疑いを持ち続けた。その疑問を公にし、調査を求めたのはこの十年後のことであった。

　マッキンタイアは何を恐れていたのか。夫人が公開請求に同意することか。あるいは議会がＦＤＲの診療記録を請求するかもしれないと怯えたのか。ＦＤＲの診療記録はベセスダ海軍病院の金庫に厳重に保管されていた。それがいつの間にか紛失していた。探し出す試みが何度もなされたが、結局見つけることはできなかった。この金庫にアクセスできた人物はマッキンタイアのほかに二人いた。一人はジョン・ハーパー（海軍医療センター司令官）、もう一人はロバート・ダンカン（ベセスダ海軍病院の幹部、海軍大佐）だった。この記録を、わずかな、どうでもいい病理テストの記録等のみを残して破棄したのはマッキンタイアではないかと疑うことには合理性がある。彼こそが診療記録の公開で失うものが最も大きい人物だからである。

　ウォルター・トローハン記者が大統領の死因にまつわる噂を記事にしたのは一九七五年のことである（訳注：この年、ＦＤＲ政権の外交の失敗の総決算とも言えるベトナム戦争が終わった。この年からＦＤＲ外交に対する批判ができる空気が醸成された）。トローハンは、ルーズベルトの警備を担当したシークレットサービスから聞いた話もメモワールのなかで紹介している。その人物はＦＤＲが嫌いであったとも告白していた。[2] またウィリアム・カルホーン・スターリング医師（前出の泌尿器科医）から聞いた話も書いている。[3]

『シカゴ・トリビューン』紙がセンセーショナルな記事を発表したのは、ルーズベルトの死後十週間経ったころであった（『シカゴ・トリビューン』一九四五年六月二十四日付）。その記事のなかでトローハン記者は、ＦＤＲは、三月二十五日、つまり死の十九日前、ウォームスプリングスで死にかかっていたことを明らかにしたのである。またすでにハイドパークの自邸でかなりひどい脳卒中に襲われていたとも書いた。ＦＤＲは、一九三八年の夏にミネソタ州ロチェスターにあるメイヨー・クリニックを訪れている。このころＦＤＲには最初の脳卒中の症状があり、それ以来ずって続いていた。最初の症状は軽く、毛細血管が一つ切れたものだが、それ以来似た症状が続き、重篤な症状を見せたのはテヘラン会談のときだった。そうトローハン記者は主張した。この記事に対して、ルーズベルト家も他のメディアも沈黙した。それでもトローハンは入手した情報を分析した記事を書き続けた。

「ルーズベルト大統領の不可解な死」

しばらくすると月刊誌『ニューズストーリー』（一九四五年六月号）が、「ルーズベルト大統領の不可解な死」と題する記事を掲載した。三回にわたる連載記事の第一回の記事であった。このタイトルはかつてベストセラーになった『ハーディング大統領の不可解な死』（一九三〇年）という本のタイトルを真似たものだった。同書は、法律家で後に詐欺罪で服役することになるガストン・ミーンズという人物が著したもので、ハーディング大統領は妻に毒殺されたとする内容であった。『ニューズストーリー』の連載はメロドラマ風で〝裁判〟仕立てのかなり過激な無署名記事であった。「隠匿された治療記録と秘密主義が悪い噂の原因である」。これが『ニューズストーリー』の記事の主張だった。これはトローハン記者が『トリビューン』紙で主張していた内容と瓜二つだった。もちろん『ニューズストーリー』誌の記事ではトローハンや『トリビューン』紙についての言及は一切なかった。

（原注：『ニューズストーリー』誌はタブロイド誌ではあるが、定評のある著名なジャーナリストによって発行されていた。編集長のジェイムズ・バレットは一九三一年に廃刊した『ニューヨーク・ワールド』紙のニューヨーク市内版の編集人で、もう一人の編集人レックス・ゴードは後にNBCニュースの編集責任者となって一九五〇年代から六〇年代にかけて活躍した。発行人のハーバート・ムーアは、トランスラジオ・プレス・サービスという通信社を設立している）

裁判風に仕立てられた記事に登場する最初の証人はジーン・デイヴィスという人物である。ニュース・レポーターとして描かれるデイヴィスは、「大統領の死因は癌である」と証言する。デイヴィスの主張の根拠は、一九四四年十月十三日にベセスダ海軍病院で行なわれたとする検査結果であった。その検査で泌尿器系に悪性腫瘍が見つかったとしている。ニューヨークの著名な泌尿器科医が呼ばれて検査したが、大統領の悪性腫瘍は手術で切除することはできないとの診立てをした。FDRは医師連中を呼んで本当のことをすべて話すように命じ、余命はあと半年と聞かされた。それを聞いたルーズベルトは煙草に火をつけ、ゆっくりと深く吸い込んで、にやりと笑ったと記事は続けていた。

連載三回目の記事では、ＦＤＲの死の直前の三月二十五日の事件を扱っていた。その日、ＦＤＲの私邸のあるハイドパークに居合わせたという記者が、最も信頼できる筋からＦＤＲが脳卒中を起こしたと聞いたことを書いた。記事のなかでは記者の名前は隠されているが、トローハンを指していることは間違いない。このときＦＤＲはしばらく意識を失っており、医者はだめかもしれないとまで思っていたらしかったが回復し、数時間後には常人のように振る舞ったと記事には書かれていた（『ニューズストーリー』一九四五年九月号）。

三月二十五日に本当に脳卒中を起こしていれば、これまでの一連の症状に比べ、その日の容態はかなり危険なものだったのではなかろうか。ホワイトハウスのときと同様、車椅子から転げ落ちて、しばらく誰にも気づかれないままだったのだろうか。三月二十五日にひどい脳卒中を起こしたと報じている記者はトローハンだけである。トローハンや『ニューズストーリー』誌の記事が言うように重症の脳卒中がこの日に起きたのであれば、ウォームスプリングスへの移動は無理であったろう。ＦＤＲはこの翌日にウォームスプリングスに発っているのである。

『ニューズストーリー』誌の連載はトローハン記者の記事に触発されたものだが、重大な間違いがある。一九四四年十月十三日にベセスダで専門医によってなされた診断では、ＦＤＲの心臓が正常だったと書いていることである。たしかにマッキンタイアは公にはそう説明していた。大統領を診察した医師の周辺にいた者はこれが嘘だとわかっていた。もちろんマッキンタイア医師もわかっていた。九月の検査で血圧は二四〇／一三〇だった。その数週間後の検査では二一〇／一一二だった。

重度の高血圧であったFDRの体調はつねに心臓専門医によって管理されていたのである。『ニューストーリー』誌の記事はメディアの注目を集めなかった。この記事の見出しと同じ『ルーズベルト大統領の不可解な死』と題した本も出版されているが、これも注目されなかった。

同書の著者はエマヌエル・ジョセフソンである。彼は五十歳の眼科医で、ジョンズ・ホプキンス大学、コロンビア大学で学び、アメリカ赤十字ヨーロッパ部門の副部長だった。彼は政治活動家で、過激な陰謀論者と見なされていた。かなりの数の本を自ら経営する出版社（シェドニー・プレス）から上梓していた。彼の著作のなかでは、ロックフェラーもアイゼンハワーもみな共産主義者であるとされていた。一九四八年に出版された同書では、ルーズベルトは一貫してロックフェラー・メロン財閥の代理人として行動していたとされている。さらにテヘラン会談以降のFDRは実は影武者で、本物のFDRはハイドパークの自邸に埋められていると書いた。こんな調子の著作であったから、何もかもルーズベルトの陰謀だと決めている連中以外には相手にされなかった。しかしたった一点だけ正しい指摘があった。

「左眉の位置にあった腫瘍が広がったと推察するのに特別な医学知識は必要ない。FDRには、変色したシミが悪性化して急速に広がったと考えて間違いない特徴が見られた。悪性黒色腫と呼ばれる性質《たち》の悪い癌である」*4

著者のジョセフソンが信用できる人物であったとしても、この診立てを信用する者はいなかっただろう。彼は写真だけを見て結論づけていたからである。その上、マッキンタイア医師は繰り返し悪性腫瘍の存在を否定していた。

マッキンタイア医師の嘘

ルーズベルトの死後、マッキンタイアは何とか自分の言葉（診断と死因の説明）が最終判断であるとみなされるべく積極的に動いた。もっと言えば、彼はＦＤＲが亡くなる前から手を打っていた。彼はジョージ・クリールとある合意を交わしていた。クリールは元ジャーナリストで、民主党の活動家であった。マッキンタイアは彼に、ＦＤＲの死についてマッキンタイアの説明に沿った記事を『コリアーズ』誌に二度掲載させた。そしてその記事をもとにした本の出版を計画した。ところがマッキンタイアは、執筆に必要な医療データの提供を拒んだ。

「あなた（クリール）が必要だと言っている検査データですが、そんなものを掲載する必要はないと考えます。一般読者はそのようなデータに興味を示さないはずです。重要な臓器がどのような状態にあったかについては私の説明で十分と考えます」（クリール宛の「マッキンタイア書簡」一九四六年四月三十日付）

結局、具体的なデータを欠いたままで、『ホワイトハウスの医師（White House Physician）』と題された著作が発表された（一九四六年）。そこには一九四四年五月の健康チェック時のデータが出ているだけで、その他の部分では、マッキンタイアがいかにＦＤＲと親密であったかを示す逸話ばかりが書かれていた。また自らの治療法が適切であったことや大統領は健康であったという不正直な説明をしたことについては自己弁護に努めている。

大統領には明らかに動脈硬化症の症状があった。脳卒中の可能性が高かった。それにもかかわらず、それを否定した。「血圧の高さは心配するほどのものではない。亡くなった日でさえも大統領の血圧は彼の年代ではふつうの数値だった」[*5]と述べている。FDRが亡くなる一週間の血圧データは高めの一七〇／八八から、かなり危険な二四〇／一三〇までばらつきがあった。[*6]

マッキンタイアの説明がしらじらしい嘘であることは間違いない。彼は、FDRは強靭な心臓をもっていて、すこぶる健康だと一九四五年三月に入っても主張していた。[*7]嘘をついていることは明白だが、それを立証することは難しい。議論するためのデータがないからである。データを示さない一方で、マッキンタイア医師は、「大統領は年の割には素晴らしい健康状態だ」とか「私の診断には一点の曇りもなく、反省すべきところもない」[*8]と訴えたのである。

『ホワイトハウスの医師』は思いがけず好意的な書評を得た。これにはマッキンタイア自身も驚いている。反FDRの新聞『シカゴ・トリビューン』にすらそうした書評が登場した。典型的な書評は、『ニューヨーク・タイムズ』(カベル・フィリップス記者)に載ったものである。

「本書には大袈裟なことが書かれているわけではない。しかし、実に多くの貴重な情報を得ることのできる、しっかりした内容の本である。……歴史の真実を見極めようとする学生や研究者には必読書として読み継がれることになろう」(『ニューヨーク・タイムズ』一九四六年十一月二十四日付)。

悲しいかな、その後の歴史はたしかにこの記事のとおりになった。『ホワイトハウスの医師』には多くの不正確な記述があるし、本来の意図はマッキンタイア医師が自らの責任を回避することだった。それにもかかわらず、歴史家たちに疑われることなく、事実を書き留めた本として評価され、無批判に引用され続けたのである。

それでも同書が出た三年後、マッキンタイア医師は窮地に立たされることになる。その原因を作ったのはまたしてもウォルター・トローハン記者であった。FDRは複数回の脳卒中に襲われていたという彼の持論を補強する人物を探しあてたのである。その人物はミネアポリスのカール・C・ウォルド医師であった。医師は『ルック』誌に「FDRの健康問題に関する真実」と題した論考を寄稿した(一九四九年二月十五日号)。その記事はトローハンの主張と同様、FDRは脳卒中に四度も襲われていたと書いた。一九三八年(メイヨー・クリニック)、一九四三年十二月(このときは二人の医師が余命半年と考えた)、一九四四年三月二十五日、そして命を奪ったウォームスプリングスでのものである。また、噂であると断ってはいるが、一九四四年のメイヨー・クリニックでの検査で手術が難しい前立腺癌が見つかったとも書いていた。

それ以前の話とは違って、ウォルド医師の論文は全国的な関心を呼んだ。マッキンタイア医師は直ちに「記事は事実無根である」と反論した。[*9] このときはルーズベルトの親族もマッキンタイアの肩を持った。娘のアンナは、極めて誤解を生じさせる内容だとして、ウォルド医師を批判した。「一九三八年に脳卒中が起きたと言うが、父はこの数日後にガラパゴス諸島に釣り旅行に出て、二百三十五ポンド(百七キログラム)の鮫を釣り上げたわ。脳卒中を起こしていたのなら、そんなことができるはずがないでしょ[*10]」と医師の記事を笑った。

アンナの弟エリオットは『リバティー』誌に、「父の病状に対する嘘の数々!」と題する長文の反論を寄稿した。「『ルック』誌の記事は父を誹謗中傷するもので、薄汚れたジャーナリズムそのものである」と結んだ。エリオットは、母親や兄弟やホワイトハウスのスタッフの言葉を引用して脳卒中があったことを否定した。また、自らウォルド医師に電話をし、情報源を教えるように迫った。困惑したウォルド医師は『ルック』誌の論文との関係を薄めようとした。「『ルック』誌に載った論文は、私の本のなかでの主張が削られているところがあって、雑誌社によってセンセーショナルに仕立てられた。その結果、真実とは異なる印象を読者に与えた。私の本の意図とは違うことが伝えられることになった」とエリオットに語った。

エリオットは『リバティー』誌（一九四九年四月二十六日号）に、「私の主張が正しかった。医師の記憶は曖昧で、そのぼんやりとした記憶をトローハンからもらった手紙を頼りにたどったと認めた」との文章を寄稿している。そのなかで、「トローハンは合衆国のなかでもアンチ・ルーズベルト派の最右翼の新聞社の記者であり、信用できない」と訴えた。全国紙（誌）も、ウォルド医師とトローハン記者との関係が明かされたことで、医師の証言の信憑性を疑った。『タイム』誌は、トローハン記者は『シカゴ・トリビューン』の刺客（訳注：金で中傷記事を書く記者の意もある hatchetman という単語が使われている）であり、『ルック』誌はあの記事のおかげで一万部もよけいに売れたと書いた（一九四九年五月二日号）。

エリオットはこのときの報道はうまく抑えることができた。しかし、ＦＤＲの健康問題は一九五一年に再燃した。このころ大統領の任期は二期を限度とするとの憲法改正（修正二十二条）が行なわれた。これに関連して民主党全国委員会委員長だったジェイムズ・ファーリーが『ニューヨーク・タイムズ』編集長に投書を寄せたのである。元郵政長官のファーリーは、一九四〇年のＦＤＲの三選をめぐる議論において三選に反対したことを明らかにした。そのことでＦＤＲとの仲が決定的にこじれたが、自身が正しかったことは歴史が証明していると書いていた。
「我々は、第三期目にFDRがその力を急速に失ったことを知っている。さらに問題なのは第四期目である。政治指導者の誰もがFDRはもうすぐ死ぬ人間だと知っていた」（『ニューヨーク・タイムズ』一九五一年三月五日付。傍点訳者）
ファーリーの最後の言葉（傍点部）はマッキンタイアを追い詰めた。これと同じようなことはすでに囁かれていたが、ファーリーの言葉には重みがあった。彼はかつてFDR政権の一翼を担った人物であり、側近の一人であった。ファーリーの考えを支持していた新聞に『ワシントン・スター』紙があった。マッキンタイアは同社に抗議の書面を送った。「ファーリーの投書。第一、ファーリー氏は数年にわたって大統領に会っていない。したがって大統領がもうすぐ死ぬ人間だと判断できるはずがない」と反論し、最後に、「大統領はつねに自分の身体のことはよくわかっていた」と付け加えた（『ワシントン・スター』一九五一年三月十日付）。たしかにこの最後の部分は本当のことである。しかし、実際FDRはどのような体調（容態）であったかについては一切語っていない。
このころ、マッキンタイアは『USニューズ&ワールド・レポート』誌の長時間インタビューを受けていた。インタビュー記事のタイトルは、「わが国は死にゆく（死ぬことがわかっている）人間を大統領に選んだのか」であった。このなかでマッキンタイアは、FDRは動脈硬化症だったことは認めたものの、その程度は大したものではなく、血圧も心配するレベルではなかったと語った。ただFDRの血圧はときおり変な数値を示したことは認めた。二、三時間の間に突如血圧が二〇ポイントから三〇ポイント上がることがあった。それでも大きな問題に対処しなければならない場面では血圧は正常に戻り、大統領としての仕事に集中したと述べた。しかしこれは明らかな嘘であった。

メディアの大半は『USニューズ&ワールド・レポート』誌の記事を取り上げなかった。ただハースト系の新聞、『ボストン・ヘラルド』紙は論説でこの問題を取り上げ、「マッキンタイア医師が（ファーリーのインタビュー記事を）否定したのは理解できる。そうしなければ自身が嘘つきになってしまうからだ」と書いた。さらに続けて次のように述べた。

「大統領を実際に診たことのない多くの専門医たちが、容貌のやつれたのを見て、最悪の結果を見越していた。医学の知識のない新聞記者でさえ、それが何を意味するかわかったのである。ウォルド医師の主張に真実があるはずだと彼らは思っていたのである」（『ボストン・ヘラルド』一九五一年九月三十日付）

未亡人、沈黙を破る

大統領の死をめぐる論争が喧《かまびす》しいなかで、夫人のエレノアは沈黙を守った。彼女がその口を開いたのは一九五六年の夏のことであった。エレノアは、『ニューヨーク・タイムズ』のクレイトン・ノールズ記者のインタビューに応じた。ちょうどこの少し前にアイゼンハワー大統領が回腸炎で入院していた。彼は、前年に心臓発作を起こしたものの、医師によって再選にまったく問題ない身体だと診断されたばかりだった。エレノアはインタビューで、FDRも一九四四年の夏、医師からも う一期大統領を務めるのにまったく問題ないと言われたと述べた。続けて、健康問題は四選に出馬するか否かを判断する要因にはならなかった、「大統領も、私たちも健康のことなどまったく気にしなかった」(『ニューヨーク・タイムズ』一九五六年八月九日付)と語ったのである。

彼女のこの発言は、残されている証拠や証言とは百八十度異なる。レイヒー医師の残したメモには、四選を目指すべきではないと警告したことが書かれている。サックリーはその日記にFDRの健康問題を書き留め、FDR自身が健康を気にしていたと記していた。エレノアと娘のアンナの間で交わされた手紙のなかでも、二人が大統領の容態を心配していたことは明白だった。ただ(この時点では)そうしたことはまったく表に出ていなかった。そのためインタビュアーは、マッキンタイア医師による公式説明を追認し、補強する役割を果たしてしまうのである。大統領は、自身の健康を犠牲にして大統領職に打ち込み、その結果予期せぬ死を迎えた。もちろん大統領にはどこも悪いところはなかった。このマッキンタイアの語るストーリーに基づいたインタビュー記事に仕上がったのである。

エレノアは本当のことを言っているのだろうか。彼女はFDRの健康を心配していなかったのだろうか。実はこの『ニューヨーク・タイムズ』のインタビュー記事のおよそ一年後、エレノアは海軍軍医総監バーソロミュー・W・ホーガンに、FDRの診療記録を見たいと訴える手紙を届けている。ベセスダ海軍病院に記録がないことがわかると、ホーガン総監はマッキンタイア医師に連絡を取った。彼は、ラボでの検査記録の一部しか持っていないと回答した。エレノアはこうして入手した検査記録をハイドパークに設立されたFDR図書館に寄贈した。彼女はこれで事を終わりにしたかったのである。

娘のアンナが、母のエレノアが診療記録を求めた事実を知ったのは十年後のことだった。彼女も診療記録を求めて、あらためて海軍軍医総監室にコンタクトした。しかし回答は、そうした記録は残っていないというものだった。大統領はベセスダ海軍病院には入院しておらず、ラボでの検査、エックス線検査でもＶＩＰの場合は偽名が使われていることも説明された。アンナは、なぜ母が診療記録を求めるのに一九五七年まで待ったのか、一向にわからなかった。そしてなぜその年に急に診療記録を求めたのかも見当がつかなかった。

アンナのこの疑問に対する答えは永遠にわからないままになった。エレノアが亡くなったのである。その日は奇しくも一九六二年の中間選挙の日であった（一九六二年十一月七日）。死因は特殊な結核であった。彼女の死は、ＦＤＲの死因にかかわる論争を終わらせはしなかった。むしろ新しい展開を見せるきっかけとなった。

注

＊1　Garet Garrett（一八七八―一九五四）ジャーナリスト。ニューディール政策を批判し、アメリカがヨーロッパの戦いに巻き込まれることに反対した。

＊2　Walter Trohan Oral Interview, Harry S. Truman Presidential Library, October 7, 1970. 原注

＊3　Walter Trohan, *Political Animals*, pp192-198. 原注

＊4　Emanuel Josephson. *The Strange Death of Franklin D. Roosevelt*, Chedney Press, 1948, pp236-237. 原注

＊5　Ross McIntire, *White House Physician*, p239. 原注

＊6　Howard Bruenn, Clinical Notes on the Illness and Death of President Franklin D. Roosevelt, pp579-591. 原注

＊7　同右。原注

＊8　*White House Physician*, p17. 原注

＊9　一九四九年二月四日付、ＡＰ電。原注
＊10　同右。原注

15章　やまない疑惑

再燃した死因に関する論考

一九六三年、ついにハワード・ブルーエン医師がおよそ二十年にわたる沈黙を破った。エレノアが亡くなったことも大きなきっかけであったが、ルーズベルトの治療にかかわったとされる医師たちのほとんどが世を去っていたことも、彼に口を開かせた大きな要因であった。治療に関与した医師のなかで最初に死去したのはジェイムズ・ポーリン医師だった。一九五一年、心臓麻痺により六十九歳で逝った。アトランタの診療所で患者を診ているときに発作を起こした。[*1] その二年後にレイヒー医師が七十三歳で亡くなった。彼は、一般外科学の分野で世界的に知られる人物になっていた。[*2]

ＦＤＲの死に最も関与していた人物はマッキンタイア医師であるが、彼ももはやこの世の人ではなかった。彼は一九四七年に海軍を退役し、赤十字の献血プログラムの構築を任され、四年間その職にあった。一九五四年にはカリフォルニア州から下院議員選挙に立候補したが敗れた。その後シカゴにある国際外科医学校の学長となった。一九五九年、彼も心臓発作を起こして死去し、アーリントン墓地に葬られた。ブルーエン医師のほかに存命の医師はわずかにウィリアム・スターリング医師だけだった。彼がFDRの治療に関与していたことが公になったのはFDRの死後ずいぶんと経っていて、それまでFDRの（死の）謎に結びつくような論評は一切してこなかった。スターリング医師は一九六九年に亡くなった。

エリオット・ルーズベルトがカール・ウォルド医師を沈黙させたのは一九四九年のことだったが、一九六〇年代に入ると、医学界のなかでFDRの死について関心が高まった。最初に現れたのがルドルフ・マルクス医師の『歴代大統領の健康問題』[*3]（一九六〇年）という本であった。一九六一年になると、医学専門誌『アメリカ高齢者医療学会ジャーナル』[*4]（二月号）にベン・H・マッコネル医師が、FDRの死因についての論文を発表した。どちらの医師も、FDRは小さな発作を何度か起こしていたと書いた。驚いたことに、これらの主張に対してルーズベルト家は沈黙を守った。

一九六二年に入ると一般向けの雑誌『今日《こんにち》の健康』（三月号）に、「科学は心臓麻痺患者を救えるか」という記事が掲載された。同誌は、米国医師会がスポンサーの一般向けの医学啓蒙誌だった。当該記事[*5]のなかで、FDRは最後の発作を起こすまでに五度の軽度の発作を起こしていたと記されていた。この論考を寄せたのはJ・D・ラトクリフであった。この記事にジェイムズ・A・ハルステッド医師が反論を寄せた。ハルステッド医師はルーズベルトの長女アンナの夫であった。FDRの健康問題については、彼がルーズベルト家のスポークスマンの役割を果たしていた。ハルステッド医師は、FDRの生前には発作は一度も起きなかったと言いきった。彼はこの問題、つまり死の前に何度も発作があったか否かがホットな問題になっているのを知っていた。FDRは、病を抱えてヤルタ会談に臨み、精神が正常に働かないなかで、東ヨーロッパをスターリンに売り渡したのだという保守派《コンサバティブ》からの批判が激しくなっていることがわかっていたのである。

「真実はどうだったのかをはっきりさせておかなくてはならない。そうでないと、ヤルタにおけるFDRの判断力に問題があったという〝神話（myth）〟が信用されてしまうことになる。ここでしっかり反論しておかないと、それが歴史の一部になってしまう」[*6]

ハルステッド医師は自身の妻と義母の証言に加えて、マッキンタイア医師の著書を使って自論を補強していた。このことは、ルーズベルト家の人々がマッキンタイアの治療法に疑いの目を向けていたことに鑑みると、驚かざるを得ない。ハルステッド医師はこう書いている。「ラトクリフ氏はおそらく、マッキンタイア医師が一九四六年に出版した『ホワイトハウスの医師（*White House Physician*）』を読まれていないのではないか。彼は海軍中将であり、一九三三年から四五年まで、ほぼ毎日大統領を診ていたのである。ラトクリフ氏は、マッキンタイア医師が真実を語っていないと見なしたいのではないか」[*7]。ハルステッド医師の反論にラトクリフはコメントしていない。しかし、マッキンタイアは本当のことを語っていないのではないか、大統領の生前も亡くなった後も何か隠していたのではないかと疑ったのはラトクリフ氏が最初ではなかった。おそらくこのことはハルステッド医師も知っていたと思う。

ほかにもFDRの死因についての論考が出ている。外科医のフランシス・マッシーが『現代医療（*Modern Medicine*）』という専門誌に寄せたものである（一九六一年）。これに対して、ルーズベルト家の親族もハルステッド医師もコメントしていない。おそらく論文の存在自体を知らなかったのだろう。マッシー医師は、（左眉上部の）色素沈着と（外科的な）傷の存在、そしてその色変が消えたことについて言及していた。彼の結論はＦＤＲの病名は悪性黒色腫であるというものだった。*8

彼がこの結論を導くにあたって援用したのは左眉周辺の写真だけではなかった。彼は十二年前に、ウィリアム・マッキューン（McCune）医師の論文に使用された病理生検スライドを使っていた。*9マッキューンはジョージタウン大学とウォルター・リード陸軍病院に所属する医師であった。彼は一九四九年四月にアメリカ外科学会における講演で、一枚のスライドを使用していた。そこに映されていたのは、悪性黒色腫に起因する脳出血を起こした右脳の細胞切片であった。スライドに患者名はなく、「A-14-45」と記したラベルが貼られていた。マッシー医師は、これは一九四五年四月十四日を意味していると述べている。実はこの日は、ＦＤＲの遺体がワシントンに戻った日なのである。

マッシー医師は、解剖がなされたことはＦＤＲの遺体にかかわった人々から否定されているものの、この日にワシントンの陸軍病院でＦＤＲの解剖がなされたものと確信していた。しかし、これはラベルの意味するところを読み違えたマッシー医師の誤解であることが判明した。「A-14-45」の意味するところは、「一九四五年に実施された十四番目の解剖（autopsy）」であった。このことは、ウォルター・リード陸軍病院の病理担当医のロバート・ジョイ医師やロバート・ハドソン医師が筆者に証言してくれた。ジョイ医師によれば、スライドに撮られた切片は二十七歳の兵士のものであった。ハルステッド医師は、マッシー医師の論文について何の反駁もしていないので、論文の存在自体を知らなかったと思われる。

ルーズベルト家の逡巡

さて、このような背景のなかで、デイヴィッド・グレウィッチ（David Gurewitsch）がブルーエン医師にコンタクトするのである。グレウィッチ医師は、夫人エレノアが心を許した友人であり、主治医であった。同じ屋根の下に住み、エレノアの晩年の十五年間は一緒に旅行に出かけるほどの間柄だった。グレウィッチはブルーエン医師に、ブルーエンが持っているFDRに関する個人資料をハイドパークのルーズベルト家に預ける気はないかと尋ねたのである。グレウィッチは、この依頼をルーズベルト家の人々には事前に知らせていなかった。

娘のアンナと夫のハルステッド医師は、ブルーエン医師がこれに同意しそうだとグレウィッチから聞かされると、喜んだ。「ブルーエンがどのような記録を持っているか知らないが、そういったものは当分の間、二十五年ほどは世間の目に触れさせないほうがいい」と考えたのである。「私たちもよく考えてみましたが、そうするのが一番よいと思います」とブルーエンに手紙を書いた（一九六三年三月五日）。しかしアンナの弟ジェイムズはそうは思わなかった。「もしこのことが知れたら、私たちが何か隠していると疑われることになる。父の死から十八年経った今、父の診療記録に制限をかけることを正当化する言い訳は見つけにくい」と姉に忠告していた（一九六三年二月二十五日）。

アンナの夫ハルステッドとブルーエンは、この問題をその後四年にわたって協議したが結論は出なかった。最終的に二人の医師は直接会って話し合うことになった。彼らが顔を合わせたのは一九六七年三月八日のことである。ハルステッドはあらためて、資料の利用に関して契約を結んだうえで、ブルーエンの持つ資料をハイドパークに預けることを勧めた。ただし当初提示した「二十五年間は非公開」を条件としたいと繰り返した。しかしながら、このときブルーエンには別な考えがあった。自身の持っている資料を本にして公にしたい、すぐにではなく、十分時間が経った時点でそれを発表したいとハルステッドに伝えたのである（一九六七年三月八日）。

ブルーエンは、ハルステッドを説得し同意を得ようとして、発表する資料はあくまで事実（資料）だけであって、チャーチルの主治医モラン卿が書いたようなものにはならないと強調した。モラン卿はチャーチルの死後、メモワールを発表していたが、医学界から倫理上の問題を指摘されていた。[*10] そのメモワールのなかでモラン卿は、ＦＤＲのヤルタでの容態は問題ありと疑念を呈していた。それでもブルーエンは、本の形で公にするかどうか決めかねていると言い、「自分の意見が政治的な意味合いを持ち、国際関係にまで影響を持つような事態となることは避けたい」と付言したのである。[*11]

ハルステッド医師も、ブルーエンが資料を発表してくれたほうがいいと考えたと思われるかもしれない。「ヤルタの大統領は病んでいた」という批判に対して、しっかりした資料が出ることによって、はっきりと反論し、この論争をお終いにできると考えたのではないかと。しかしハルステッドはそうは考えなかった。「公表すれば問題になるだろう」[*12] と強く反対したのである。とはいえハルステッド医師の心は揺れていた。彼は、ルーズベルトの伝記を書いた二人の作家、フランク・フライデルとアーサー・シュレジンジャー・ジュニアに会うことをブルーエン医師に提案した。二人ともＦＤＲを好意的に評価していた。[13]

ハルステッドとブルーエンは話し合いを続けたが、ブルーエンはあくまで、彼が初めてＦＤＲを診たのは一九四三年末であったと繰り返した。一九四六年にはマッキンタイアも同じことを述べていたが、後にブルーエンの初診はそれより数カ月前だったと主張を変えた。

ハルステッドとブルーエンの協議が続いているころ、新たな展開があった。癌摘出の名医として世界的に名の知られていたジョージ・Ｔ・パック医師が、「世界の歴史に衝撃を与えた病気」というテーマで医学生や医師に向けて一連のレクチャーを行なっていた。パック医師が取り上げた人物には、ウィリアム・ハルゼー提督やアルゼンチンのファーストレディ、エヴィータ・ペロンがいた（訳注：ハルゼーは心臓発作、ペロンは子宮頸癌で亡くなっている）。

一九六三年、パック医師はニューヨークのスローン・ケタリング記念病院に勤務する外科医を前にして講義する機会があった。パックは同院に三十年以上勤務し、当時皮膚癌担当の外科主任だった。彼の講義を若手の医師ハリー・ゴールドスミスが聞いていた。パック医師の話が、彼の古くからの友人フランク・レイヒー医師との会話に及ぶと、ゴールドスミスは強く興味をそそられた。レイヒー医師は、一九四四年にルーズベルトを診察したこと、そして大統領には癌の転移があることがわかり、四選は目指さないようにアドバイスしたことをパック医師に話していたというのである。[14]

ゴールドスミス医師は講義内容と、講義の後でパック医師と交わした会話の内容が忘れられなかった。その後もこの問題の研究を進め、一九七九年に専門誌に「ルーズベルト大統領の死因にまつわる未解決問題（Unanswered Mysteries in the Death of Franklin Roosevelt）」を発表することになる。[15]

ＦＤＲが癌であった可能性を主張する彼の論考は注目を浴びた。

パック医師はゴールドスミスらにレイヒー医師の話をしただけではなく、それ以前にもそのことを他の医師に話していた。その一人が元フロリダ州医師会会長サミュエル・デイ医師であった。ＦＤＲは一九四四年にレイヒー・クリニックで診察を受け、胃に癌があることがわかった。レイヒー医師はそれが手術の難しい進行癌であるとＦＤＲに告知したと語っていたのである。デイ医師によれば、レイヒーはパックに、関係者が生存しているうちは口外してはならないと言っていたらしい。[*16]ゴールドスミスの論文が発表されてからのことだが、デイはコラムニストのジャック・アンダーソンに同じ話をした。アンダーソンは複数の新聞社と契約を結びコラムを配信していた。デイはこれまで知られていなかったことをアンダーソンに明かしている。

デイ医師は、パックにもう一度ＦＤＲの癌の件を尋ねる機会があった。一九六五年のことである。パック医師は次のように語った。

「私はディック・カテルにこの件を尋ねたことがある。彼はレイヒー医師の右腕で、レイヒー・クリニックの後継者となった人物である。私の質問にカテルはひどく驚いた様子だった。そしてその件は秘密事項であると答えた」（アンダーソン配信記事、一九八七年七月二日付）

ゴールドスミス医師は論考をまとめるにあたって、一九六三年にパック医師のレクチャーを受けた医師を探し、連絡を取った。その一人が、スローン・ケタリング記念病院の外科主任アンドリュー・キーリーだった。彼は、パック医師がその講義のとき以外にも、私的な夕食会で同じようなことを言っていたと証言した。キーリーはパック医師が親睦団体ストローラーズ・クラブでそのような話をしている場にいたという。パック医師はそこで次のように語っていたらしい。
「パック医師は、レイヒー医師から、FDRが民主党指名を受ける前年（一九四三年）の夏、彼の診察を受けたことを聞いた。レイヒー医師はFDRに、前立腺に癌が転移していることを告げ、もう一期（四期目）やるようなことをしてはならない、四年の任期は持たないだろうと警告したらしい」[*17]

似た話を、直接レイヒー医師から聞いた医師も見つかった。ロバート・ブラッドリー医師である。彼は、レイヒー医師がニューハンプシャーの友人と某クラブで会った際、大統領を診察したときの模様を話した場に居合わせた。レイヒーはホワイトハウスでの診察を終えた後、診察結果を告げようとしたが、ルーズベルトはそれを遮って、「この辺でやめておこう」と言ったというのである。[*18]

このような伝聞情報があることはルーズベルト家の人々は知らなかった。

ブルーエン医師がルーズベルトの病状について書き始めたのは一九六七年の半ばのことだった。執筆にはFDRの娘アンナが協力していた。彼女は何度も意見を述べたし、夫のハルステッド医師は、ハイドパークの邸にある診療記録などを見ながら、ブルーエンを助けた。一九六七年十月二十一日、ブルーエンは、原稿がほぼ仕上がり、あと二週間ほどで脱稿することをアンナに伝えた。実際にはそれから一年以上が必要だった。

出来上がった原稿を、アンナと夫のハルステッドは慎重に吟味した。その結果、かなりの部分の修正を求めた。アンナはブルーエンに次のように書いている（一九六九年七月十五日）。
「夫と二人で原稿をじっくりチェックさせてもらいました。修正いただいた部分には満足しています」と伝えたうえで、さらなる修正を要求していた。それは、ＦＤＲの愛人だったルーシーにかかわる部分だった。「ゴシップを狙っている連中があなたを追いかけまわすかもしれません」として、その部分の修正を要求した。修正の文面も彼女が用意した。また原稿の最後の部分に次のような文章をブルーエン医師の言葉として加筆するように求めた。この部分はブルーエン医師に成り代わって、ハルステッドが書いたものである。

「本書は診療記録に基づき、正確を期して書かれたものである。根拠のない噂に応えるためである。（中略）私は臨床医として忘れられぬ経験をした。もし高血圧症をコントロールする治療法があの当時に使えたら、いったいどんな風に歴史が変わっただろうかとの思いに何度も駆られる」

ハルステッドの書いたこの部分はまったく修正されることなくブルーエンの論文に（ブルーエンの言葉として）掲載された。アンナとブルーエン医師が内容の修正を繰り返しているころ、歴史家のジェイムズ・バーンズがアンナに接触してきた。彼は伝記作家で、二冊目のＦＤＲの評伝を執筆していた。彼は、ブルーエンにインタビューしたいので便宜を図ってもらいたいとアンナに依頼した。アンナはブルーエン医師にそれを伝え、バーンズに協力するよう勧めた。バーンズは、ブルーエン医師が執筆協力者であることを明記すると言い、一般読者向けに雑誌への寄稿も考えていることを付言した。バーンズはブルーエンの原稿に目を通した。彼は、これによって「ＦＤＲはヤルタの病人」という非難が下火になるかもしれないと仄《ほの》めかしたが、逆に、新しい疑問を呼ぶことになり得るとも警告した。

「ブルーエン論文」への疑義

ブルーエン医師は、（アンナとハルステッドとの）調整が済んだ原稿を『内科学会年報（*Annals of Internal Medicine*）』に寄稿した。権威ある紀要である。編集者は、強い興味を示したが、ブルーエンに、医者と患者間の守秘義務について問題はないか、ルーズベルト一族（FDRの子供全員）が出版に同意しているかどうかの確認が必要だと言った。アンナがそれを了承し、兄弟の同意を取りつけると約束した。ただエリオットとは音信が途絶えていて、異論を唱える可能性があると少し心配げであった。アンナは同意したものの、家族が許可したことを同誌がどのような形で示すのか非常に気になった。

アンナは次のように編集者（R・ラッセル・エルキントン）に手紙を書いた。

「ブルーエン医師の論文を『許可』したという説明ですと、あたかも私たちがブルーエン医師に強要してこの論文を書かせたような印象となり、読者に誤解を与える可能性があります。そのことで論文の価値が下がってはいけません。私たちの願いは、父の最後の一年間における意思決定がいかなるものだったかに光を当て、真実を伝えることだけです」

「もし私たち家族が承諾した旨を書く場合には、これまでしたためていたものが出版されることになったので、ブルーエン医師が（念のために）私たち五人の親族に承諾を求めてきたというような説明がなされるべきでしょう」

一方、ブルーエンは、紀要の副編集長（エドワード・フート）には、「アンナの勧めで論文を書いた」と説明していた（一九六九年十月十六日）。

こうした交渉がなされている間に、一冊の本がイギリスで出版されたことを『ニューヨーク・タイムズ』が報じた。『指導者たちの病理学（*The Pathology of Leadership*）』というタイトルで、執筆者はヒュー・レタン医師だった。そのなかで医師は、「直近の十人のアメリカ大統領のうち六人、十三人のイギリス首相のうち十一人は、その職務遂行が不都合になる病を抱えていた」と分析していた。[*19] ＦＤＲは六人の大統領の一人だった。ただこの本では詳細を論じていなかった。

イギリスの医学専門誌が同書を取り上げ長文の書評を載せた。ブルーエン医師はそれを読み、レタン医師の主張をアンナに報告した。

「列挙された政治指導者は医学的な見地からすれば、とてもまともな決断はできない状態であった。ＦＤＲの死因は脳腫瘍であることは議論の余地がないほど明らかである」

アンナは兄弟たちにこれを伝えた。実際のところ、レタン医師のＦＤＲに関する論拠はそれほどしっかりしたものではなかった。彼は先述のフランシス・マッシー医師の論文を根拠にしていた。すでに書いたように、その論文に使用したスライドは、ＦＤＲのものではないとされていた。それでも、レタン医師はかなり強い調子で、「ルーズベルトの死は、悪性黒色腫の転移によるものであるという可能性は否定できない。またルーズベルト家は情報を隠している」と述べ、「心臓の病などを抱えたＦＤＲの身体は、ヤルタでまともな判断が下せない状態にあった」と主張したのである。ブルーエンとハルステッドは何としてでもこれに反論しなくてはならないと感じた。ブルーエンが準備している論文は急いで出版されなければならなかった。アンナはレタン医師の本がアメリカで発売されると同時期かその前に、ブルーエン論文が発表されなければならない、それがブルーエン医師の思いでもあると兄弟に伝えた。

　ブルーエン論文が発表されたのは一九七〇年四月十二日であった。FDR没後二十五周年の日だった。論文には十分なインパクトがあった。発表された当日に『ニューヨーク・タイムズ』が同論文を大きく取り上げたのである。見本版を予め送ってあった。見出しは「ルーズベルトの担当医は語る。病気のために大統領の判断力が鈍ったことなど断じてない」となっていた。

　ブルーエン論文を掲載した『内科学会年報』には、アンナを喜ばせる編集者の解説が掲載されていた。少なくとも表面上は編集者が独自に書いたという体裁をとっていた。

「最近出版された本（『指導者たちの病理学』）のなかでは、ルーズベルト大統領が転移による脳腫瘍を病んでいたとされているが、その分析はウォルター・リード陸軍病院にあった患者名のないスライドを根拠になされたものだった。このたびのブルーエン医師の論文で、そのような主張には医学的根拠がないこと、そしてFDRの解剖はなされていないことがはっきりした」

「ブルーエン医師から大統領の写真の提供も受けた。偉大なる、勇気ある大統領の写真である。職務の重圧のなかで疲労し、高血圧で心臓の力も弱っていた。それでも、それまで培った経験と豊かな知識を活かした的確な判断により戦争を指導したのである」

　アンナがこの編集者の解説を喜んだのは言うまでもない。ブルーエン論文を多くの新聞が論評した。これこそがFDRの死の真因を語ったもので、今後の論評はいずれもこの論文が引用されることになる。それがメディアの感想だった。歴史家もブルーエン論文を額面どおり受け止めた。医師たちも同様だった。『ホワイトハウスの隠された病』を書いたケネス・クリスペル、カルロス・ゴメス両医師は、ブルーエン論文は正確に記録されたものとしてそれを引用している。[*20]『一九四四年のFDR』[*21]を書いたマシュー・B・ウィリスは同書のなかで、「FDRに関心のある者は、FDRの健康状態の真実が発表されたことに感謝すべきである」と記し、アンナとブルーエンの決断に謝意を表している。[*22]ブルーエン医師はこうした賛辞の声に謙遜することなどなく、これで真実がはっきりしたと強気のコメントを出した。[*23]

ブルーエン医師は、今後とも同論文が権威ある資料として歴史家によって引用されることを本気で期待していたのかもしれない。しかし近年、ブルーエン論文に疑義が呈されている。バロン・ラーナー医師は、コロンビア大学医学部（College of Physicians and Surgeons）で医学史を教えている。彼は二〇〇七年に発表した論文で、ブルーエンの説明に疑義を呈した。「ブルーエン医師の論文は、歴史上の人物が自らの関与した出来事を後付けで語るのと少しも変わらない」。「一九四〇年代および七〇年代に政治問題化したFDRの死因に関する彼の『最終』説明には、相当に政治色がついていると見なくてはならない」、彼に協力している者は全員この問題の利害関係者であると主張した。[*24]

ラーナー医師は、ミネソタ大学医学部の心臓病専門医であるハワード・B・バーチェル教授の次のような言葉を引用している。バーチェル教授は、「FDRの病状が悪いという論文であったら、発表されることはなかったのではないか」という質問に対して次のように書いているのである。

「おそらくブルーエン医師には無意識のうちに強いバイアスがかかっていて、大統領の健康に問題がなかったという好意的な評価を下したと言えるのではないだろうか。彼こそが、FDRにヤルタに行くことにオーケーを出した人物であるからだ[*25]」

　バーチェル教授は「無意識のうちに強いバイアスがかかっている」と書いているが、実際は意図的に（医師としてというよりも）身内として、ブルーエンは行動していたと思われる。彼は共和党員であったが、大統領に近づき過ぎていた。そして彼に魅せられてしまった。ＦＤＲの死の二週間前のことだが、サックリーに向かって、「ＦＤＲに仕えた人間は誰でもそうだと思うが、私も大統領が好きだった。彼に、窓から飛び降りろと言われたら躊躇なくそうしたかもしれないほどだ」とまで言っていた[*26]。

　ブルーエンはまた、四選について意見を求められたことはないとつねに言っていた。ところが一九九〇年に、アメリカ海軍病院に所属する歴史家ジャン・Ｋ・ハーマンのインタビューでは、自分の政治に対する考えが医学上の判断に影響していた可能性に言及した。あの戦争が、三巨頭（ＦＤＲ、チャーチル、スターリン）の強力な信頼関係のなかで遂行されていることを知っていたから、ＦＤＲがヤルタに行くことは重要だと理解していた。それがブルーエンの答えだった。その二年後には、歴史家のロバート・フェレルのインタビューを受けている。もし四選についての意見を求められたら何と答えたかという問いに、「医学的見地からすれば無理ですと答えただろう」とかなりニュアンスの違う回答をした[*27]。

　ラーナー教授は、ブルーエン論文は、ＦＤＲ、その家族、ＦＤＲを取り巻く政治家あるいはＦＤＲを診ていた医師たちの意思決定が正しかったとする物語に沿ったものであり、信頼できないと結論づけた[*28]。ブルーエン論文は、ＦＤＲの主治医であるロス・マッキンタイア医師にまったく批判の目を向けていない。逆に、マッキンタイアは無能な医師であったとする非難に対して反発しているのである（原注：それでも時が経つにつれ、ブルーエンの態度もマッキンタイアに対して厳しいものに変わっていった。ただし、インタビューでその気持ちをあからさまに表すことはなかった）。

ラーナーの分析は、ＦＤＲの病状に関する従来の説明を覆すような医学上の重大な疑問は生まなかった。しかし、少なくとも、ブルーエン論文はすべてを語らず何かを隠していること、また事実を捻じ曲げていることだけははっきりさせた。発作によって職務の遂行に支障が生じたことは一ダース以上の人間が見ていて、そのことを口にしていた。証言した者はみな、大統領の身近にいる人間ばかりだった。それにもかかわらず、ブルーエン医師はこのことに一切触れていない。議会でヤルタ会談の報告をした一件についても、あのスピーチが上手くいかなかったのは、「スピーチの合間合間に、記憶に頼って〝オフレコ〟の話を挟んだから、その後で原稿のどこまで話したかを見つけるのに少々手間取ってしまった、とＦＤＲが苦笑いをして話していた」と書いている。

その上、左眉上部の皮膚の変色についても何も語っていない。そしてそれがいつの間にか消えたことにも沈黙している。その後ハリー・ゴールドスミス医師の論文が発表されると、彼の説明はころころ変わった。頭の瘤の切除手術の際に併せて黒変部を切除した、変色部は消えてはいない、写真で消えたように見えているのは現像のミスではないか、と。

ブルーエンは、一九四一年にＦＤＲに貧血の症状があり、鉄分が不足していたことには触れている。その原因は痔による出血だとし、硫酸第一鉄を処方したと説明した。ブルーエンは、ＦＤＲに輸血がなされたことを書いていない。ジェイムズ・ハルステッド医師は、FDR図書館の診療記録から、輸血があったことをブルーエンに知らせている。それだけではなく、FDRが輸血に伴う拒否反応を起こしたことも話しているのである。大統領は血液の三分の二を失い、輸血が繰り返されたことについても黙ったままである。

最後になるが、ブルーエンは残された診療記録をつまみ食い的に利用していることも指摘しなくてはならない。その典型的な例が一九四四年三月二十九日にベセスダ海軍病院での尿検査の結果である。検査では、尿比重（訳注：健康人の場合、一・〇一から一・〇三、腎臓機能の検査指標となる）、尿糖値、尿潜血などを調べたが異常はなかったと書いた。しかし、ブルーエンは同時に行なわれた、異常を示す二つの検査を書いていない。尿に白血球円柱（訳注：白血球が円柱状に固まったもの。腎臓疾患の存在を示す）が見つかっていた。FDRの尿に膿が混入していたことを示すものだった。腎臓に疾患があることは確かなだけに抗生物質の処方が必要なのである。

ブルーエン論文にはここに挙げたような多くの問題がある。また彼は、レイヒー医師がFDRを診察したのは一度だけだと言っているが、それは嘘である。ブルーエン論文は、事実に基づいた画期的な発表になるはずだった。しかし結局は、FDRの病状を隠蔽する工作そのものであった。

注

＊1　*New York Times*, August 15, 1951. 原注

＊2　*Boston Globe*, June 28, 1953. 原注

＊3　Rudolph Marx, *The Health of the Presidents*, G. P. Putnam's Sons, 1960.

＊4 *Journal of The American Geriatric Society.*

＊5 How Science is Saving Stroke Victims, *Today's Health*, March 1962. 原注

＊6 James Halsted, A Medical Myth, *Today's Health*, December 1962. 原注

＊7 同右。原注

＊8 *Modern Medicine*, March 6, 1961, p211. 原注

＊9 William S. McCune, Malignant Melanoma: Forty Cases Treated by Radical Resection. 一九四九年四月二十日に行なわれたアメリカ外科学会での講演資料。原注

＊10 Lord Moran, *Churchill: Taken from the Diaries of Lord Moran*, p103. 原注

＊11 A Medical Myth. 原注

＊12 同右。原注

＊13 同右。原注

＊14 Harry Goldsmith, *A Conspiracy of Science*, pp1-2. 原注

＊15 *Surgery, Gynecology & Obstetrics*, December 1979, pp899-908. 原注

＊16 Hugh L'Etang, *Ailing Leaders in Power*, Society of Medicine Press, 1995, p37. 原注

＊17 *A Conspiracy of Science*, p9. 原注

＊18 Robert Ferrell, *The Dying President*, pp18-19. 原注

＊19 *New York Times*, September 26, 1969. 原注

＊20 Kenneth R. Crispell and Carlos F. Gomez, *Hidden Illness in the White House*, p158. 原注

＊21 Matthew B. Wills, *FDR in 1944*, Ivy House, 2003.

＊22 同右、p155. 原注

＊23 医学雑誌 *Navy Medicine* のインタビュー（一九九〇年）。原注

＊24 Barron H. Lerner, Crafting Medical History: Revisiting the "Definitive" Accounts of Franklin D. Roosevelt's Terminal Illness, *Bulletin of the History of Medicine*, 2007, pp387-388. 原注

＊25 同右、p398. 原注

＊26 「サックリー日記」一九四五年三月三十一日付。原注

＊27 *The Dying President*, p76. 原注

＊28 Crafting Medical History, p406. 原注

終章　「ルーズベルトの死」の教訓

ホワイトハウスの空席をどう埋めるか

医者の協力を得て、自らの死に至る病を隠した大統領はルーズベルトが初めてではない。グロバー・クリーブランド、ウッドロー・ウィルソンがそうであった。恐らく、ウォーレン・ハーディングもそうではなかったか。FDRの後にも、アイゼンハワー大統領の医師団は、しばらくの間、心臓と消化器系に問題があることを隠した。ジョン・F・ケネディ大統領の場合は、アジソン病（慢性副腎皮質機能低下症）であったが、担当医らはこれを隠していた。ケネディは定期的に、副腎皮質ホルモンの注射が必要だった。リンドン・ジョンソン大統領も踝《くるぶし》にできた皮膚癌の切除手術を受けたが、そのことは死後四年目にして初めて公にされた。

ホワイトハウスが透明性を高めたと言われる時期にあっても、ロナルド・レーガン大統領の側近らは、暗殺未遂事件（一九八一年）で銃弾を受けた大統領が重態だったことを隠した。レーガンは、その三年後に悪性の大腸ポリープを、一九八七年には前立腺癌の手術を受けた。ファーストレディのナンシー・レーガンは、医師団が記者のインタビューを受けることを拒否した。ただし手術の内容については公表されていた。

ＦＤＲの急死、それ以前から容態が悪かったことの暴露、そしてその後継者が世間にはそれほど知られていなかったトルーマンという人物だったこと。こうした事態を受け、ホワイトハウスの突然の空白を埋めるプロセスをより厳密に見直すことが議会の関心事として浮上してきた。ＦＤＲの死後四半世紀にわたって、そうした場合のいくつかの重要な手続き変更がなされてきた。それでも最も重要な問題については何も議論されていない。それは、大統領が嘘をつくこと（病気を隠すこと）をどうしたら防げるかという問題である。フランクリン・ルーズベルトがやったようなことをどうしたら繰り返させないか。それが議論されなければならない。

ＦＤＲが亡くなってから一カ月後、Ａ・Ｓ・マイク・モンロニー下院議員（民主党：オクラホマ州）が、大統領職が空席になった場合の手続き変更の議案を提出した。この案件について議論されるのは実に半世紀ぶりのことであった。議案が複雑な問題であることから、特別調査委員会の設立が促されていた。一九四五年六月十九日、トルーマン大統領は、特別委員会の調査を待たずに、議会に対して議案で提示された手続きを成文化する作業を進めてほしいと要請した。

合衆国憲法は、大統領職が空席になった場合は副大統領がその職に就くことだけが決められていた。それでは副大統領が大統領となり、副大統領職が空席になった場合についてはどうするかの議論が必要になった。一七九二年の法改正では、上院の長老議員から臨時大統領が選ばれることになった。その次に来るのが下院議長であった。この継承順位は一八八六年に再び変更された。この年はジェイムズ・ガーフィールド大統領暗殺から五年目、クリーブランド政権の副大統領トーマス・A・ヘンドリックスが突然死してから数カ月後に当たっていた。副大統領の次に来る継承順位は国務長官と決められた。

トルーマン大統領はこの継承順位に異を唱えていた。すべての閣僚は任命職である。副大統領ポストが自らの昇格で空席となっている現状では、万一の場合に大統領となる人物をトルーマン自身で決めることになる。彼は、アメリカの民主主義制度においては大統領にその権限はないと考えたのである。トルーマンは、継承第一位に来るのは選挙で選ばれた者でなければならないと考え、下院議長が適任であるとした。下院議長が上院選出の臨時大統領よりも上位に来るべきだと主張した。ただし彼の公式の意見は少々こじつけめいていた。下院議長が継承順位上位に来るとした理由は次のようなものだった。

下院議長に選任された者は、選挙区での信任だけでなくすべての下院議員の信任も受けている。したがって、下院議長職にある者は国民の信任を受けた人物であると見なすことができる。さらに、上院議員の任期（六年）に比べて、下院議員は二年ごとの選挙であり、下院議員のほうが民意を反映していると説明した（一九四五年六月十九日の議会での発言）。

しかし、トルーマンにはより個人的な、かつはなはだ政治的な思惑があった。彼は下院議長サム・レイバーン（民主党：テキサス州）と親しかった。彼は四月十二日にスティーブン・アーリー報道官から直ちにホワイトハウスに出向くよう連絡を受けているが、そのときレイバーンの執務室で一杯やっていたことからも親しさがわかる。トルーマンは、ケネス・マッケラー上院議員（民主党：テネシー州）が継承順位一位になる可能性を摘み取っておきたかったのである。

マッケラー上院議員はかつてニューディール政策を支持していたが次第に離れ、保守的な考えに変わっていた。実際、この後すぐのことであるが、ＴＶＡ（テネシー川流域開発公社）総裁人事ではトルーマンとマッケラーは対立した。デイヴィッド・リリエンタールの再任にマッケラーが反対したのである。トルーマンは、上院の長老が継承順位筆頭になると（訳注：the president pro tempore＝上院仮議長。慣例的に多数党の最長老議員がなる。現在の大統領継承順位は、副大統領、下院議長に続く第三位）、しばらくは南部出身者がその地位を占めることになるが、それが気に食わなかった。マッケラー上院議員は五カ月前に、カーター・グラス上院議員（民主党：バージニア州）が八十七歳で引退したことから最長老になっていた。

国務長官が継承順位筆頭に来ることにも問題があった。当時の長官はエドワード・ステティニアスであったが、彼は議員ではなかった。『ニューヨーク・タイムズ』ワシントン支局長アーサー・クロックは、「ゼネラル・モーターースの元幹部で、ニューディール政策推進者の彼に大統領の資質が備わっているとは民主党員の誰もが思っていない」と報じた（『ニューヨーク・タイムズ』一九四五年六月二十日付）。

トルーマンは、一八六八年に起きたアンドリュー・ジョンソン大統領に対する弾劾議論[*1]を引き合いに出して、継承順位問題を議論した。このとき大統領に昇格した副大統領を弾劾することができれば、上院長老が大統領代理になることができた。この規則だと大統領に反発する議会が弾劾に成功すれば、議会の意のままになる人物を大統領にできる可能性があった。そうした事態を防ぐために一八八六年には国務長官が継承順位の筆頭とする改正が行なわれた。この経緯を知っていたトルーマンは、自らの提案に附則を付けることを提案した。大統領になった副大統領の次の継承権を持つ者に誰が選出されたとしても、その継承権は次の議会選挙、または大統領選挙までとするとの条項である。

トルーマンの提案は概ね好意的に受け止められた。とくに民主党の反応はポジティブであった。『ニューヨーク・タイムズ』は、「極めて理性的な提案だ」（一九四五年六月二十日付）と誉めちぎった。それでもしばらくすると反対論が起きた。議会の手続法を変更するだけでなく、憲法改正が必要な重大な変更であるという意見が出てきたのである。そうしたなかで出てきた提案の一つは、前回の選挙における選挙人団（大統領選挙の際の選挙人の集合体）に、新大統領と副大統領を選んでもらうという方式だった。このようないくつかの提案がなされたが、ほぼはっきりしたのは、誰が継承権を持つとしても、その権利の有効期間については、特定の期間だけ、あるいは次の選挙までとすることには反対で、大統領任期満了までとするという意見が大勢を占めたことである。

トルーマンが最終的な法律（公法一九九号）として修正法案にサインしたのは、一九四七年七月十九日のことだった。大統領となった副大統領の次の継承権を持つ者の権限は、大統領の任期終了まで有効と決まった。

ところがこの修正案が成立した後、ワシントンの政治状況が大きく変わった。トルーマンが初めて、大統領に昇進した副大統領の次の継承順位者に下院議長を充てることを提案した時期には、下院は大統領府の考え方と軌を一にしているのが常態であった。これに対し、上院はその三分の一が二年ごとに選挙を迎える。したがって上院の過半数が往々にして大統領の方針に反する決定をすることがあることが予想された。そのため、上院の意志は必ずしもその時点の民意を反映していないことになり、仮に上院から選ばれた者が大統領に昇進することになれば、民意とはずれた人物が大統領になるということになってしまう。

しかし、一九四六年には、共和党が上下両院で過半数を占めた。したがって、どちらの院から継承順位最上位者が選ばれても共和党員となり、現職の民主党大統領とは異なる方針の副大統領が生まれることになる。上院からなら、アーサー・ヴァンデンバーグ議員（共和党：ミシガン州）、下院からなら議長のジョセフ・マーチン（共和党：マサチューセッツ州）ということになる。一九七〇年に発生したウォーターゲート事件の際にも同じような状況があった。スピロ・アグニュー副大統領が賄賂問題で辞任（一九七三年十月）すると、その十カ月後には、ニクソン大統領が辞任（一九七四年八月）することになった。この場合は、下院議長が継承順位一位であればカール・アルバートとなる。彼は民主党員である。もし上院から臨時大統領を出すということになれば、ジェイムズ・イーストランド（ミシシッピー州）となる。イーストランドは民主党員で、強烈な人種差別主義者だった。（訳注：アグニュー副大統領の辞任を受けて、ニクソン大統領がジェラルド・フォードを指名した。その十カ月後にニクソンは大統領を辞任しフォードが昇格した。フォードはアメリカの歴史上唯一、選挙によらず大統領になった人物である）

一九六三年にはジョン・F・ケネディ大統領が暗殺された。その後を受けたのはリンドン・ジョンソン大統領だった。ジョンソンに心臓の持病があることは周知のことだった。これに続く継承権は、七十二歳の下院議長ジョン・W・マコーマック、これに八十六歳の上院議員カール・ヘイデンが続くことになった。どちらも高齢の議員であった。このため継承順位問題が再び議論されることになった。このときの議論の焦点は、大統領になった人物が肉体的に、そして精神的にその職に耐えられるかどうか、どのようにチェックしたらよいかであった。議論はルーズベルト大統領の前例を念頭にしていた。

一九六〇年代初めごろの議会では、副大統領は最高裁に職務遂行上、障害になる可能性のある疾病を明かしておくことを義務づけたらどうかという提案が検討された。そして裁判官が、民間人による審議委員会に疾病の程度について判断を委ねるという方法である。しかし、最高裁にそうした権限を委譲することは憲法の三権分立の考えにそぐわなかった。また審議委員会は、最終判断を国民にどのように説明するかという問題もあった。

議会が医師で構成される審議会を設置し、大統領になった者の健康状態をチェックさせたらどうかという案もあったが、そのような検査を強制することの法的根拠が懸念されたし、大統領個人の尊厳を毀損することも心配された。

修正第二十五条の問題点

一九六六年、憲法第二十五条の修正で最終的に決着がついた。副大統領職が空席になった場合、大統領が指名したうえで、上下両院の過半数の信任を受けることとしたのである。この修正が適用された事例は二つあり、一九七三年にアグニュー副大統領が辞職した際にニクソン大統領によってジェラルド・フォードが指名され、ニクソン大統領の辞任を受けて大統領になったフォードが副大統領にネルソン・ロックフェラーを指名した。

またこの修正で、大統領は自らが職務執行できないと判断した場合、それを議会に通知し、職務を離れることが可能になった。職務執行ができる状態に戻ったことを文書によって議会に通知すれば、職務に復帰できる。この条項は何度か適用されている。大統領が麻酔を使用する手術を受けるケースがあったからである。手術前に副大統領に権限を委譲したのである。ただレーガン大統領のケースでは、暗殺未遂事件の際も、腸の手術を受けたときもこの条項を使っていない。

大統領自身が職務遂行能力を失ったことを宣言できないケースもあるが、その場合も修正憲法は手続きを決めている。副大統領は閣僚の多数の賛成によって大統領が職務遂行能力を失ったと宣言し、一時的に大統領職から退かせることができることとなった。仮に大統領がその決定に異議を唱えた場合、あるいは健康回復後でも副大統領および閣僚の過半数がそれを認めない場合は、議会が投票によって職務に戻れるか否かを決める。

修正第二十五条で、ＦＤＲとその主治医が隠していたような、職務遂行ができないほどの健康悪化に対処することができるようになったと思われる。それでも修正第二十五条には問題が残っていると主張する学者は少なくない。その一人がハーバード大学のアーロン・ケッセルハイムである。大統領に職務遂行能力があるか否かの判断が閣僚に委ねられているが、彼らはみな大統領に恩義のある者ばかりである。自らの立場に大きな影響を与える判断を、本当の意味で正しくできるのか。そのプロセスは厳格に文書化されて、法的な裏付けもできているが、副大統領や閣僚が実際にこれを利用した行動をとるとは考えにくい。[*2] また、大統領の職務執行能力が失われたかどうかが、はっきりしない場合はどうするか。国民は閣僚によるクーデターと受け止めかねない。ＦＤＲの場合、閣僚は大統領の健康に強い不安を持ちながら、誰もそのことを問題にしなかった。

修正第二十五条について、ケッセルハイムはもう一つ重大な欠陥を指摘している。大統領の執務能力を専門の医師によって判断するプロセスが欠如していて、その判断はすべて政治判断となっている点である。この問題は、修正をめぐる議論の際に見落とされていたわけではない。中立な立場の医学専門家の委員会を作って判断させることを議会が拒否したのである。大統領をその職務からはずす決断は、医学専門家の単純な科学的判断ではなく政治判断を含むものだからである。大統領の主治医に判断を仰ぐことが危険であることは、ＦＤＲとマッキンタイア医師の関係でも明らかである。近年は、この二人のような親密な関係は薄れてはいるが、いずれにせよ大統領を診る医師は軍医のなかから選ばれる。彼らにとって大統領は患者であると同時に軍の最高指揮官である。医師たちはなおも二つの忠誠心のジレンマに悩んでいる。[*3]

病気隠しはギャンブルである

この問題に対処するうまい方法はまだ見つかっていない。医学の専門家によって構成され、大統領の健康をチェックする機関を設置し、必要に応じて大統領を診断し、その結果を副大統領と閣僚に報告させるとのアイデアもあるが、大統領が診断を望まない場合、強制できるのか、専門家の間で意見が割れた場合はどうするのかについての妙案はない。

大統領の主治医を公的なポストに上げるというアイデアも出されている。大統領は担当医師を選べるが、その地位が公的なものとなれば、大統領に対してより強く、かつ党派性を帯びない意見が言えるようになるだろうと期待される。しかし前述のケッセルハイムは、それでは大統領と医師の信頼関係に楔《くさび》が入り、大統領が本当の体調を隠してしまう可能性が出てくると指摘している。

皮肉なことに、中央情報局（ＣＩＡ）、国防総省、あるいは国務省のような、政治任用される高官は事前に健康チェックが要求される。チェックするのは独立の機関であって、自分で検査する医師を選べない。ルーズベルト大統領も、駐ソビエト大使にジョセフ・デイヴィスを任命する前に、レイヒー・クリニックでの健康チェックを要求している。しかし、大統領候補となる人物に対して健康チェックは要求されていない。それをさせることができるとしたら、それは世論が要求した場合だけである。

ルーズベルト大統領とそれを取り巻く医師たちは重篤な疾病の存在を隠し続けた。彼が亡くなってからすでに六十年以上が経つ。にもかかわらず、ＦＤＲと同じような病を持っていても、それを隠すことは今でも可能である。ルーズベルトはそんな病を抱えながらも職務を遂行できると信じた。それはギャンブルのようなものだった。彼はそのギャンブルのほとんどに勝った。ヤルタ会談は例外的な敗北だった。将来、ＦＤＲと似たような病気を抱えた大統領が現れ、同じような勝負に出るかもしれない。そのときはＦＤＲほどの運には恵まれないかもしれないのである。

注

＊1 Andrew Johnson（一八〇八―七五）アンドリュー・ジョンソンはリンカーン政権の副大統領であった。南部民主党員でありながら、南部諸州の連邦脱退後も連邦の維持を訴えたため、リンカーン大統領に副大統領に登用された。リンカーン暗殺後に大統領に就任したが、荒廃した南部諸州の再建方針をめぐって議会と対立し、弾劾決議案が出された。

＊2 原注 Aaron Seth Kesselheim, Privacy Versus the Public's Right to Know, *Journal of Legal Medicine* 23 #4, December 2002, p539.

＊3 同右。原注

訳者あとがき

読者の多くは本書を日本人の視点で読んだはずです。ですからその読後感も日本人としてのものになります。それでは、アメリカ国民であったらどのように感じるのでしょうか。アメリカには皇室がありません。大統領は世俗の権力の頂点に立つと同時に権威の象徴でもあります。大統領は国家元首であり、国柄そのものです。彼の振る舞いもそれにふさわしくなくてはなりません。国民がそれを期待するからです。

翻って日本は、国家元首は天皇であり、天皇が国柄を象徴します。世俗の権力からは超越し、切り離された存在です。ですから、日本人は、最高権力者（内閣総理大臣）に対して、どのような批判を加えても心が痛みません。総理大臣は、ただ世俗権力のトップに立っているだけですから、彼への批判がブーメランのように批判者自身に還《かえ》ってこないからです。

しかしアメリカ国民にはそのような贅沢はありません。大統領批判は、国そのものを批難し、国民自身をも批判することになるからです。ですから、どうしても大統領批判には慎重になります。常に躊躇《ためら》いの気持ちと戦いながらの大統領批判にならざるを得ないのです。アメリカ歴代大統領にはあまり感心できない人物もいます。それでも彼らに対する批判は、少なくとも日本の論調にくらべれば、いたってマイルドです。

さて、本書の著者二人の心理はどのようなものだったでしょうか。本書のテーマはフランクリン・ルーズベルト（ＦＤＲ）の本当の死因を探ることにありますが、著者たちはそれだけではなく、大統領の生き方までも書いています。おそらくＦＤＲの性格まで、あるいは信条にまで踏み込まなければ、死因にまつわる謎も解けないと考えたのでしょう。

著者たちも述べているように、ＦＤＲは自身の病気に対して受け身ではありませんでした。「病を自らねじ伏せる」という強烈な自信を持っていたのです。その特異な個性ゆえに、彼を取り巻く医師も政権幹部も親族も、そして彼を愛した女たちも振り回されました。そして彼の進めた外交にまで影響をあたえたのです。この書を読んだアメリカ人の多くが、このような人物にアメリカの政治と外交を四期も任せた歴史があったことに愕然としたに違いないのです。

スターリンにヨーロッパの東半分を差し出した「ヤルタ会談」は戦後アメリカ国内でも強い批判を浴びています。本書で語られるＦＤＲの病状からすれば、おそらく、会談に臨んだ大統領の頭脳のほとんどは論理的思考機能を停止していた可能性があります。ヤルタ会談の写真に写るＦＤＲは深刻な表情を見せ、指導者の威厳を保っています。しかし本書から読み取れる彼の容態から、会談の実態は完全にスターリンの一人舞台であったろうことが窺われます。

このような大統領を描写することは、アメリカ人の執筆者として心苦しかったでしょう。著者たちも述べているように、本書の中心テーマがＦＤＲの真の死因を探ることにあったとしても、政治的意味合いを持つことは避けられません。冒頭に述べたように、大統領は国柄そのものの表徴です。本書に記された大統領の姿が本当であるはずはない、とアメリカ人読者が反発してもその心情は理解できるのです。

読者の多くが「歴史修正主義」という用語を知っているはずです。この用語には、第二次大戦以前にはネガティブな意味合いはありませんでした。公的な歴史解釈に間違いがあると考える歴史家は比較的自由に自らの意見を開陳することができました。

たとえば、第一次大戦の戦後処理を決めたベルサイユ会議（一九一九年）に対して、歴史家のシドニー・B・フェイは、「すべての責任をドイツ及びその同盟国にありとしたベルサイユ条約で下された判決はごまかしである」（『第一次大戦の起源』一九二八年）と批判しました。アメリカ建国の父たちはヨーロッパ問題に介入してはならないと国民を戒めていました。その戒めを破ってウッドロー・ウィルソン大統領はヨーロッパの戦いへの介入を決めました（一九一七年）。そしてベルサイユ会議では全ての責任をドイツ一国に押し付け、ヨーロッパ国境は民族問題にほとんど配慮せずに引かれたのです。それがのちの第二次大戦の火種になったのですから、フェイの指摘は正鵠を射ていたのです。

ベルサイユ体制の欠陥を指摘したフェイの解釈は次第に広がりを見せ、アメリカ国民の多くが「やはりヨーロッパの揉め事には介入すべきではなかった」と思うようになったのです。ですから、ナチスドイツが、ポーランドに侵攻（一九三九年九月）しても、イギリスへの空爆（一九四〇年九月）を始めても、国民の八〇パーセント以上がアメリカの参戦を拒否したのです。

ルーズベルト大統領は、強硬な対日外交をてこにして、結局はアメリカの参戦を実現しました。「全体主義の悪魔のような国」であるドイツと日本を降伏させ、米ソ英中の四カ国で世界をコントロールすれば平和が訪れると考えていたＦＤＲは、ソビエトを友国と扱い徹底的に支援したのです。彼は政治家として誰もが舌を巻くほどの演説の名手でした。その甘い声は電波に乗ってアメリカ国民にアメリカ参戦の正当性を訴えました。

しかし、現実には防共の砦となっていたドイツと日本が倒れると、ソビエトが猛烈な勢いで世界に共産主義を拡散していきました。東ヨーロッパ諸国は次々と共産化し、一九四九年には中国に共産党政権が成立しました。その翌年には朝鮮戦争が始まります。この戦争をアメリカは実質一国で戦わなくてはなりませんでした。

それまでのアメリカであればかつてのフェイがそうだったように、歴史家がＦＤＲの外交を批判しても一向に構わないはずでした。現実の世界の状況は彼の外交の間違いをはっきりと示していたのです。ところがそうはなりませんでした。ＦＤＲの外交を批判することが、まるで悪行であるかのような、いやもっと言えば、反アメリカ的な行為のような空気が生まれたのです。そして、ＦＤＲ外交を批判する歴史学者には「歴史修正主義者」という言葉が浴びせられることになったのです。かつては歴史修正に善悪の価値観はありませんでした。フェイがそうだったように、歴史解釈が間違っていれば修正されるのは当たり前でした。もちろん冒頭に書いたように、アメリカ人にとっては自身への批判になるだけに、その方法は慎重にそして丁寧なものになったはずです。しかしＦＤＲの外交についてだけは批判を一切許さなくなりました。批判的な学者たちに対して侮蔑の意味をこめた「歴史修正主義者」のレッテルが貼られるようになったのです。

なぜアメリカはそんな空気に突然覆われてしまったのでしょうか。私はＦＤＲの外交があまりに愚かだったからではなかったかと推察しています。ＦＤＲがアメリカの先人の知恵にならってヨーロッパ問題非介入の外交をとっていれば、ポーランドを巡るヨーロッパ方面の戦いも、中国での日中の戦いも局地戦で終了し、関係国間で落としどころが見つけられた可能性が高かったのです。ＦＤＲは戦いの当事者にならず、善意の第三者として仲介役を買って出ることができる立場にいました。アメリカのもつ強力な（潜在的）軍事力は仲介に大いに力を発揮したはずです。そうすることでＦＤＲは和平維持に大きな貢献ができたはずなのです。しかしＦＤＲの外交には、緊張を高めることはしてもそれを緩和する作業は全くと言っていいほど見られません。それがなぜなのかについては先人の多くの研究がありますから、機会があれば日本の読者に紹介したいと考えています。

いずれにせよアメリカはＦＤＲ外交の結果、多大な犠牲を払い、戦いに勝利したにもかかわらず、たちまち、ただ一国でソビエトの主導する世界革命（世界の共産化）に対峙しなくてはならなくなりました。大戦終了後わずか五年で再び朝鮮半島にアメリカの若者を送り出さざるを得なくなったのです。

そんな状況の中で、ＦＤＲの外交は間違いだった、アメリカは四十万人の戦死者も七十万人の負傷者も出すことなどなかったのだ、と歴史家に批判されたら国が持たないほどの窮地に立たされてしまっていたのです。当時のアメリカの孤独感と危機感は、国家安全保障会議（National Security Council）の機密文書ＮＳＣ６８号（一九五〇年）からも類推することができます。

「このままクレムリンの支配下に入る地域が増え続ければ、彼らとの戦いに、我が国と同盟を組む相手さえいなくなるだろう。この危急の時期にあって、我が国はまだ優勢にある。アメリカ国民は立ち上がらなければならない。我が国が直面している危機はわが国の存亡にかかわるだけではない。文明そのものの将来がかかっている。われわれは今あれこれ考えている余裕はない。アメリカ政府と国民は断固とした態度で運命的な決断を下す時に来ている」[*1]（翻訳および傍点筆者）

　これが朝鮮戦争勃発時のアメリカの心情だったのです。傍点部にある「われわれは今あれこれ考えている余裕はない」という文章がいみじくも示しているように、ルーズベルト外交の是非を悠長に議論している余裕などアメリカにはありませんでした。歴史学者に「防共の砦となっていたのはドイツと日本ではなかったか。それを破壊したのはルーズベルト外交である」などと主張されたら、朝鮮に若者を送り出す正当性まで崩れてしまいます。ヨーロッパでも共産主義者の動きは活発で、いつ再びヨーロッパで戦いが始まってもおかしくありませんでした。

　そうした世界情勢の中で、ＦＤＲ外交を批判的に語ってはならないという空気がアメリカの言論空間に生まれたのです。修正主義という用語に倫理性の意味合いを含ませて、ＦＤＲ外交批判に蓋をしました。私には、この方針を指導した特定の個人がいるとは思えません。おそらく時代の危機感の中で、そうした空気が自然発生的に醸成されたのではないでしょうか。

　アメリカの主流に属する組織もこの空気を作るのに一役買っています。ロックフェラー財団[*2]もスローン財団[*3]も「歴史修正主義者」の研究にはけっして資金を出そうとしませんでした。[*4]アメリカ外交に現在でも強い影響力を持つ外交問題評議会（ＣＦＲ）も、ルーズベルト外交を批判的に解釈する「歴史修正」を拒否したのです。クリントン元大統領、コンドリーザ・ライス元国家安全保障問題担当補佐官、スーザン・ライス国連大使らは、みなCFRの会員です。政治家だけでなくリチャード・ブッシュ三世のような東アジア外交立案に関与する立場にいる研究者もメンバーとなっています。CFRは現在でも大きな影響力を持っています。FDR外交を批判してはならない。批判するものは「歴史修正主義者」である。この空気は今でもアメリカの言論空間を厚く覆っています。

日本が「南京虐殺事件」や「慰安婦（売春婦）問題」について反論すれば、アメリカの主流メディア（とくにリベラルを標榜する『ニューヨーク・タイムズ』紙など）が色をなして怒りを見せるのは、〝日本は悪の国であった〟という評価に変更を加えさせたくないのです。アメリカによって潰されるべき国であった、という歴史理解に修正がなされるようなことをさせたくないからです。この関門が崩れると、ルーズベルト外交批判を閉じ込めていたパンドラの箱が開いてしまいます。（注：この点について興味のある方は拙論「南京事件・慰安婦論争：本当の敵はアメリカだ」〔『文藝春秋スペシャル』二〇一五年春号〕を参照されたい）

アメリカの歴史学者の多くが、今でもフランクリン・ルーズベルトは一流の政治家であったと著しています。しかし、歴史解釈に善悪の判断を持ち込まず、史実をベースにルーズベルトを冷静に語る史書も増えてきました。本書もそうした一群の書のひとつに分類されます。二人の著者もルーズベルトの行動を冷めた目で分析してはいますが、ルーズベルト個人を善悪の基準で批難するようなことはしていません。彼の政治と個性を、彼の患った「病」を通じて分析しているだけなのです。このような書に「歴史修正主義」のレッテルを貼ることがいかに意味のないことかよくわかると思います。

訳者まえがきに書いたように日本国内の太平洋戦争（大東亜戦争）の分析は、国内事情を語り、日中戦争の原因を語ることがほとんどでした。しかしそれだけでは、井戸の中から天気予報をするようなものだと書き、外に出ることを勧めました。本書だけで、井戸の外に出て、頭上に広がる天空を観察することはできません。それでも、たとえば、「あの戦争はフランクリン・ルーズベルトというアメリカ歴史上でも極めて特異な政治家によって起こされた側面が強い」という解釈に対して、それに同意できないとしても、少なくとも聞く耳だけは持てるに違いありません。

今回も面倒な編集作業を草思社編集部増田敦子さんが担当してくれました。この場をかりて感謝の意をお伝えしたいと思います。

二〇一五年春

渡辺惣樹

注

＊1 Stephen Kinzer, *The Brothers: John Foster Dulles, Allen Dulles, and Their Secret World War*, Times Books, 2013, pp96–97.

＊2 the Rockefeller Foundation

＊3 the Alfred P. Sloan Foundation

＊4 *Revisionism and the Historical Blackout*, Mises Institute, February 17, 2010. http://mises.org/library/revisionism-and-historical-blackout

5・8　ドイツ降伏（V-E Day）
1946年　月刊誌『ニュースストーリー』が、「ルーズベルト大統領の不可解な死」と題する記事を掲載（6月）
1951年　ジェイムズ・ファーリー（元郵政長官）、FDRは4期目には死ぬ人間だと誰もが知っていたと『ニューヨーク・タイムズ』に語る
1954年　ロバート・F・ケネディ、ヤルタ会談を批判
1957年　エレノア、海軍軍医総監にFDRの診療記録を求める
1959年　マッキンタイア軍医死去
1962年　エレノア死去（11・7）
1963年　ハワード・ブルーエン医師、FDRの死因について初めて口を開く
1966年　憲法第25条の修正で継承順位問題に決着（副大統領職が空席になった場合、大統領が指名したうえで、上下両院の過半数の信任を受ける）
1970年　ブルーエン医師、『内科学会年報』に論文発表。ヤルタにおいてFDRの機能低下はなかったと主張
1975年　『シカゴ・トリビューン』のウォルター・トローハン記者、FDRの死因にまつわる噂を掲載
1979年　ハリー・ゴールドスミス医師、『外科および産婦人科学（*Surgery, Gynecology, Obstetrics*）』に「フランクリン・ルーズベルトの死因の秘密」発表
1991年　マーガレット・サックリー死去
1995年　マーガレット・サックリーの「日記」公表

地）で4時間の雨中の選挙キャンペーン

11・7　4選を果たす。体調はすぐれず、疲労感、腹部の不快感、食欲不振続く

11・29　衰えが目立つ。10歳も老けこんだ感じ（FDRの遠縁の従姉妹にあたり、彼と親交が深かったマーガレット・サックリーの「日記」）

1945年

1・14　片側視野欠損の症状示す

1・20　ホワイトハウスで極めて短い年頭教書演説、この後倒れ込む。息子のジェイムズと遺言の打ち合わせ。この数日前に孫たちをホワイトハウスに呼ぶよう指示

2・2　戦艦クインシーでマルタ島に到着、チャーチルとヤルタ会談前の予備会談

2・3　FDR、クリミア半島のサキ空港に到着、車でヤルタに移動。咳が続く

2・4　ヤルタ会談（FDR、チャーチル、スターリン）始まる。娘のアンナ・ルーズベルト、FDRの体調の悪いことを強く危惧。2・8　ポーランドの戦後処理にかかわる協議。FDRに交互脈が現れる

2・11　ヤルタ会談終了

2・14　サウジアラビア国王（イブン・サウード）と会談

2・20　エドウィン・ワトソン将軍、戦艦クインシーの艦上で死去

2・27　FDR、戦艦クインシーにてニューポート港に帰国

3・1　演説に変調（ヤルタ会談議会報告演説）

3・17　エレノアとの結婚40周年を祝う食事会。出席したロバート・ジャクソン最高裁判事夫人、その帰途、夫に「大統領は長くないわね」とコメント

3・29　ウォームスプリングスの休暇に発つ。休暇中、死を予感したような発言。4・1　イースターの礼拝、衰え顕著。4・11　モーゲンソー財務長官と夕食。激しい手の震え

4・12　FDR、首の痛みを訴える。海軍次官時代の愛人ルーシー・マーサーの依頼で肖像画のポーズをとる。午後1時半倒れる。3時35分死去

4・13　零時半から遺体の防腐処理作業開始、5時45分作業終了、9時45分霊柩車、ウォームスプリングス駅に移動、10時15分特別列車がワシントンに向かう

4・14　FDRの遺体、ワシントンに到着

4・15　ニューヨーク、ハイドパークのローズガーデンに埋葬

4・23　『セントルイス・ポスト・ディスパッチ』紙、FDRの死因についての公式発表に疑問を呈する記事掲載

ロライナ州）に移動（体調、極度に悪化）。 4・23　ジギタリスの処方量増やす。 4・28　腹部の膨張感を訴える

5・ 5　FDR、この頃心臓疾患の存在に気づく。医師が容態についてすべてを語っていないことを悟る

5・ 6　FDR、ホブコー・バロニーで記者会見

5・ 8　『ニューヨーク・タイムズ』、FDR の体調は万全との記事掲載

6・ 4　イッキーズ内務長官、「4 選後の FDR の健康に不安」と日記に綴る

6・ 6　ノルマンディー上陸作戦

6・ 8　ホワイトハウス記者会見で FDR の心臓疾患についての質問

7・ 8　フランク・レイヒー医師、大統領診察後にマッキンタイアに FDR は 4 選されても任期は全うできないとの意見伝える。マッキンタイアも同意見

7・10　フランク・レイヒー医師、上記意見のメモを残す

7・11　FDR、4 選出馬をロバート・ハネガン（民主党全国委員会委員長）に伝える。副大統領にハリー・トルーマンを指名。 7・12　民主党大統領候補に選出される（4 選を目指す）

7・20　サンディエゴで民主党大統領候補受諾演説。カリフォルニアへの列車移動の最中に激しい腹部の痛みに襲われる

7・22　戦艦ボルチモアで真珠湾に向かう

7・24　『タイム』誌、4 選を狙う FDR の副大統領人選をめぐる議論（副大統領が大統領に昇格する可能性論じる）

7・28　マッキンタイア、4 選に向けて FDR に健康不安はないと語る（『ライフ』誌）

8・ 6　『シカゴ・トリビューン』紙、FDR に心臓専門医が付いていることを報道

8・12　FDR、駆逐艦カミングス艦上（ワシントン州ブレマートン海軍工廠）からラジオスピーチ（体調の悪さを示す最悪のスピーチ）。体重減少、足元のふらつき。胸の痛みを初めて訴える

9・12　FDR、カナダ・ケベックシティでチャーチルおよびマッケンジー・キング・カナダ首相と会談（ケベック会談。～16）

9・23　FDR、全米トラック運転手組合（IBT）のパーティーで見事な演説（愛犬を話題にした「ファラ・スピーチ」として有名）

10月　「ハリウッドのメイキャップ・アーティストが FDR を担当」の噂

10月中旬　この頃、体重の減少が顕著

10・17　『シカゴ・トリビューン』紙、FDR が 4 選されたら任期を全うできないと報道。28 日にも同趣旨の報道。

10・21　ニューヨークのイーベット球場（ブルックリン・ドジャースの本拠

11・ 5　大統領選挙に勝利。3選を果たす
12・27　FDR、武器貸与法成立をめざした「民主主義のための兵器廠（Arsenal of Democracy）」演説

1941年

1・20　3期目の就任宣誓
5月　赤血球の数激減、輸血、微熱続く。 7・15　便検査、下血続く
9月　左眉上の色変の消失（外科的処置)、1942年半ばには殆ど消失
12・ 7　真珠湾攻撃

1943年

1・14　モロッコのカサブランカ会談に出席、チャーチルと会談（〜23)。主治医マッキンタイア、FDRの搭乗機が9500フィート以上の高度を取ることを禁ずる。マッキンタイアはFDRの心臓疾患の存在を知っていた
1・31　ワシントンに戻る。健康悪化顕著となる
2月下旬　原因不明の高熱、3月に入っても疲労感がひどく、手の震え発症。10月　踵に浮腫、発熱続く、腹部の痛み（悪性黒色腫の転移によるものか）
11・28　チャーチル、スターリンとのテヘラン会談（〜12・1)。28日のディナーで体調を崩し退席、スターリンとの会話では見当違いの会話

1944年

1・ 8　政治コラムニスト、ドリュー・ピアソンの「大統領の健康は万全」の記事
1・11　FDR、「炉辺談話」で体調の悪いことを明らかにして謝罪
2・ 5　後頭部の脂肪の塊（良性の表皮嚢胞）を切除、車椅子に座ったままで手術
3月　起坐呼吸（横になることが苦しいため上半身を起こしての呼吸）の症状を見せる。アポイントメントのキャンセル続く。娘のアンナが身の回りの世話を開始、アンナには「日記やメモを残すな」と命じる。突然意識を失う症状を見せる
3・20　チャーチルとの会談（4・5に予定）のキャンセルを伝える
3・27　ベセスダ海軍病院で検査。担当は心臓病専門医のハワード・ブルーエン。重篤な心臓疾患が見つかる。主治医マッキンタイアは心臓疾患の存在をすでに知っていた可能性大
3・31　増員された医療チームによるFDRの健康問題に関する検討会
4・ 4　ホワイトハウス、健康不安を打ち消す記者会見。実際は大統領の職務を殆どこなせない体調
4・ 9　FDR、バーナード・バルークの別荘ホブコー・バロニー（サウスカ

1928年
6月　民主党大統領候補選で再びアル・スミスを支援
6・28　『ニューヨーク・タイムズ』、FDRのスミス応援演説を絶賛
11月　FDR、ニューヨーク州知事選に勝利
11・11　『ニューヨーク・タイムズ』、FDRを次代の民主党のリーダーと報道
1929年　大恐慌のきっかけとなるニューヨーク証券取引所の暴落始まる（10・24）
1930年　エクイタブル生命ほか21社、ルーズベルトの生命保険の引き受けを発表（10・18）
1932年　FDR、現職のフーバーを破り大統領に当選（11月）
1933年
2・15　マイアミでFDR暗殺未遂事件、シカゴ市長アントン・セルマックが死亡
3・4　大統領就任。この頃、左眉上のシミは誰もが気づく大きさになる
4月　ロス・マッキンタイア、FDRの主治医に推薦される（1938年に軍医総監）
1935年　「悪性黒色腫は不治であるが、患者の生命を急激に奪うものではない。生命が危なくなるまでに3年程度かかる」とする論文が医学専門誌『ランセット』に発表される
1936年
1・30　日差しがまぶしく顔をしかめた顔写真が農業問題と関連づけて掲載される。以後、FDRが写真撮影と認識している写真のみが許可され、三脚の使用が義務づけられる
1937年
3月　FDRの健康問題表面化
10月　FDR、歯の周囲に膿が溜まり、胃腸の調子が悪化する。12・5　抜歯から3週間後の記者会見で痛みが残っていると語る
1938年　突然意識を失う症状が見られるようになる
1939年　ドイツ、ポーランド侵攻（9・1）
1940年
1月　FDR側近のハリー・ホプキンス、FDRの3選の意志を漏らす
2月半ば　FDR、重巡洋艦タスカルーサで2週間の巡視（おそらくこの時に艦内で左眉周辺の色変部の切除手術があった）
3月　家畜感染症（スワンプ熱）に罹患
6月　フランス、ドイツに降伏
7・12　民主党大会で大統領候補指名
9月　米国で初めてとなる平時における徴兵実施法案成立

関連年表

＊フランクリン・デラノ・ルーズベルトの表記はFDRとする

1882年　FDR、ニューヨーク、ハイドパークに生まれる（1・30。父ジェイムズ、母サラ・デラノ）
1889年　チフスに感染
1892年　唯一の公教育をドイツで受ける
1898年　米西戦争開始（4・25）
1905年　エレノア・ルーズベルトと結婚
1910年　ニューヨーク州議会議員に当選
1912年　夏、チフスに罹患。ニューヨーク州議会議員に再選、選挙参謀ルイス・ハウの活躍
1913年　ウィルソン大統領選挙応援の論功行賞で海軍次官に抜擢
1914年　第一次世界大戦勃発
1915年　夏、虫垂炎を患う
1917年
　4・2　アメリカ対独宣戦布告　この夏、FDRの扁桃腺炎悪化、フランスの前線視察でインフルエンザ罹患。秘書ルーシー・マーサーとの不倫が発覚、エレノアとの離婚の危機。母サラと選挙参謀ハウの説得で離婚回避
1919年
　4・3　ウィルソン大統領、倒れる（脳卒中）。9・26　大統領、脳塞栓となり、発作が続く。イーディス夫人と主治医グレイソンは病状を隠蔽
1921年
　8・10　FDR、ポリオ（小児麻痺）に罹患、下肢の自由を失う。9・16『ニューヨーク・タイムズ』、1面でFDRのポリオ感染報道
1922年
　3月　歩行訓練開始。夏、水泳による歩行機能回復訓練開始
1923年
　5・28　『タイム』誌掲載のFDRの顔写真、左眉上に小さなシミ
1924年
　6月　FDR、民主党大統領候補選でアル・スミスを支援
1926年
　4月　ウォームスプリングスのリハビリ施設買収、ウォームスプリングス基金設立

ワ

ヤ

ラ

マ

タ

ナ

ハ

サ

人名索引

＊FDRは除く

ア

カ

著者略歴――――
スティーヴン・ロマゾウ *Steven Lomazow*

神経科専門医。マウントサイナイ医科大学（ニューヨーク市）神経学助教授。ニュージャージー州検視医会所属。同州神経科学会会長。連邦取引委員会では米国神経科学学会を代表して証言。「報道・表現の自由、自由な精神」のために設立された無党派の組織「ニュージアム」顧問。

エリック・フェットマン *Eric Fettman*

『ニューヨーク・ポスト』紙論説副主幹。同紙で35年にわたりジャーナリスト活動（政治コラム、首都面担当）。『ネーション』誌、『ＵＳＡトゥデイ』紙等に寄稿。ジャーナリズム史家として多くの百科事典編纂に携わり、ＢＢＣの歴史部門顧問としても活躍。

訳者略歴――――
渡辺惣樹 わたなべ・そうき

日本近現代史研究家。1954年生まれ。東京大学経済学部卒業。著書に『日本開国』『日米衝突の根源 1858-1908』『日米衝突の萌芽 1898-1918』（第22回山本七平賞奨励賞）『ＴＰＰ知財戦争の始まり』『朝鮮開国と日清戦争』、訳書に『日本 1852』『日米開戦の人種的側面　アメリカの反省 1944』『ルーズベルトの開戦責任』（いずれも草思社刊）がある。

ルーズベルトの死の秘密
日本が戦った男の死に方

2015 © Soshisha

2015年3月25日　第1刷発行

著　者　S・ロマゾウ、E・フェットマン
訳　者　渡辺惣樹
装幀者　藤村　誠
発行者　藤田　博
発行所　株式会社 草思社
〒160-0022　東京都新宿区新宿 5-3-15
電話　営業 03(4580)7676　編集 03(4580)7680
振替　00170-9-23552

本文印刷　株式会社三陽社
付物印刷　日経印刷株式会社
製本所　大口製本印刷株式会社

ISBN978-4-7942-2116-2 Printed in Japan　検印省略

造本には十分注意しておりますが、万一、乱丁、落丁、印刷不良などがございましたら、ご面倒ですが、小社営業部宛にお送りください。送料小社負担にてお取替えさせていただきます。

草思社刊

日米衝突の根源 1858―1908

渡辺惣樹 著

米側資料をもとに、後の太平洋戦争を不可避なものとする米国内の事情と、T・ルーズベルトの〝ガラス細工〟のごとき対日外交を描き出す。新視点の「日米開戦史」。

本体 3,500円

日米衝突の萌芽 1898―1918

渡辺惣樹 著

懸命な外交努力も空しく、なぜ日本は米国の仮想敵№1となったのか。第一次大戦時の列強のせめぎ合いの中にその萌芽があったと指摘。第22回山本七平賞奨励賞受賞

本体 3,500円

ルーズベルトの開戦責任

大統領が最も恐れた男の証言

ハミルトン・フィッシュ 著
渡辺惣樹 訳

対日宣戦布告を支持した共和党重鎮は後に大統領の欺瞞を知り深く後悔、世界を大戦に導いたルーズベルトの責任を厳しく問う。同時代の重要政治家による歴史的証言。

本体 2,700円

アメリカはいかにして日本を追い詰めたか

「米国陸軍戦略研究所レポート」から読み解く日米開戦

ジェフリー・レコード 著
渡辺惣樹 訳・解説

日本に「戦争か隷属か」の選択を迫ったルーズベルト外交に開戦原因の一半があったとする公式レポートに、米国における開戦史研究の現状等の詳細な解説を付す。

本体 1,800円

＊定価は本体価格に消費税8％を加えた金額です。